KB138878

달마티아 해안을 찾아서

크로아티아의 와인 역사는 매우 오래되었다. 기록에 의하면 예수가 탄생하기 몇 세기 전부터 포도를 재배했다고 한다. 〈기적의 와인〉 저자 미엔코 마이크 그르기치는 올해 98세가 된다. 2차 세계대전 후 크로아티아의 공산 체제를 피해 미국으로 이주한 그가 와인 메이커로 성공하는 이야기는 마치 아메리칸 드림의 전형을 보는 것 같았다.

마이크가 36년 만에 자유를 찾은 고향을 방문하고, 트르스테니크에 와이너리를 설립한 이야기를 읽을 때는 깊은 감동이 전해졌다. 그르기츠 비나Grgić Vina는 와인과 음식으로 유명한 펠레샤츠 반도의 남쪽, 아드리아해의 맑고 푸른 물을 내려다보는 언덕 위에 있다. 달마티아가 자랑하는 해안 성곽 도시 두브로브니크에서 멀지 않은 곳이다.

와인은 오감을 만족시키는 음료이다. 빛나는 색깔, 유혹적인 향기, 잔을 부딪치는 소리, 풍부한 맛과 감촉, 그리고 여섯 번째 기쁨을 더한다면 와인 속에 숨어있는 이야기들을 듣는 것이다. 저자는 인간에게 최고의 기쁨을 주는 와인과 포도의 뿌리를 찾아, 그 이야기들을 열정적으로 들려주고 있다. 물론 그의 뿌리는 따뜻한 조상들의 나라, 고향 크로아티아에 깊이 숨어있다.

마르코 조르치츠Marko Zoričić

주한 크로아티아 대사관

'샤토 몬텔레나'는 알아도 '그르기치 힐스'는 몰라

미엔코 마이크 그르기치(1923년 출생)는 우리나라에는 잘 알려지지 않았지만, 와인 애호가라면 누구나 알 수 있는 인물이다. 1976년 '파리의 심판'에서 그가 만든 '샤토 몬텔레나' 샤르도네가 기라성 같은 부르고뉴 와인을 제치고 1등으로 선정되었다면, "아~ 그 사람이 이 사람이구나!"하고 금방 알아챌 것이다.

〈기적의 와인〉은 바로 그 사람, 그르기치의 자서전이다. 크로아티아의 가난한 농부의 아들로 태어나 양 떼를 몰고 다니던 소년이 2차 세계대전과 공산화를 겪으며 수많은 고생 끝에, 기회의 나라 미국으로 건너가 세계 최고의 와인 메이커가 되는 파란만장한 인생을 담은 책이다.

책은 잔잔한 목가적인 전원생활로 평화롭게 시작되지만, 이탈리아군과 독일군의 위협 속에서 철의 장막을 탈출할 때는 스릴러 영화를 보는 것 같다. 캘리포니아에 정착해서 좋은 사람들을 만나 일하며 성공하는 이야기는 정말 자랑스럽게 느껴진다. 그리고 대통령 이상의 대접을 받으며 자유를 찾은 고향을 방문할 때는 눈물이 날 정도로 감격스럽다.

20대까지는 그의 조국 크로아티아의 운명처럼 기구했지만, 그 후 미국으로 건너가 펼친 그의 인생은 캘리포니아 와인 역사와 맥을 나란히 한다. 한 와인 메이커의 자서전이지만, '위대한 미국 와인의 탄생'에 관한 책이며, 캘리포니아 와인의 발전사를 보여주는 책이기도 하다.

이 책에는 1976년 '파리의 심판'에 대한 실제 이야기도 자세하게 묘사되고 있다. 〈보틀 쇼크*Bottle shock*〉(한국 제목: 와인 미라클)는 이 대회에서 최고점을 받은 '샤토 몬텔레나'의 이야기를 영화화한 것이다. 그러나 영화는 샤토 주인의 이야기가 주를 이루며 내용도 사실과는 다르다. 이 영화가 캘리포니아 와인의 우수성을 홍보하는 데는 많은 기여를 했지만, 정작 샤토 몬텔레나 샤르도네를 만든 와인 메이커인 '그르기치'의 명성은 가려진 측면이 있다.

그는 이 성공 신화를 바탕으로 1977년 '그르기치 힐스 셀러Grgich Hills Cellar'라는 와이너리를 설립했다. 또한 근원을 알 수 없었던 '진판델'의 고향이 크로아티아라는 확신을 갖고, 학자들과 함께 진판델의 족보를 밝히기도 했다. "누구를 만나든 그 사람에게 배우라."라는 아버지의 말씀을 일생 동안 실천하면서, 2008년에는 드디어 미국 와인 명예의 전당에 이름을 올렸다.

이 책의 역자는 영문학 박사이기도 하지만, 누구보다도 와인을 사랑하고 잘 알며, 특히 양조학에 대한 이해가 깊다. 그르기치의 글과 그의 숨은 뜻을 가장 잘 표현했다고 생각한다. 우리나라에서 포도를 재배하고 와인을 만드는 분은 물론, 와인에 대해 강의하는 분, 그리고 와인을 수입하고 판매하는 분들도 교양 차원에서라도 이 책의 내용을 알아야 하며 와인 애호가들에게 꼭 권하고 싶은 책이다.

한국와인협회 회장 / 김준철 와인스쿨 원장

김 준 철

기적의 와인

A Glass Full *of* Miracles

‘파리의 심판’과 미국 와인 이야기

기적의 와인

A Glass Full *of* Miracles

미엔코 마이크 그르기치 자서전

박원숙 역

A Glass Full of Miracles
ISBN : 978-0-692-60120-4
© Copyright 2015 by Violetta Press
All rights reserved.

Korean language edition © 2021 by GASAN BOOKS.
Korean translation rights arranged with Violetta Press.

이 책의 한국어판 저작권은 Violetta Press와 독점 계약한 가산출판사에 있습니다.
저작권법에 의하여 한국 내에서 보호를 받는 저작물이므로 무단 전제와 복제를 금합니다.

기적의 와인

- 미엔코 마이크 그르기치 -

이 책을

인생의 최고 가치를 깨닫게 해주신

부모님 이브카와 니콜라 그르기츠, 그리고

하늘나라에 계신 열 명의 형, 누나들에게 바친다.

이브카와 니콜라 그르기츠

차 례

뿌리를 내리다

성공을 향한 열정

일러두기

- 외래어 표기는 외래어 표기 규정을 따르면서, 지명과 와인명 등 일부 고유명사는 흔히 쓰는 표현에 따랐습니다.
- 저자 이름 그르기치**Grgich**는 미국 이름이며, 가족들 이름 그르기츠**Grgić**는 크로아티아 이름 그대로 표기하였습니다.
- [ ]는 역자 주입니다.

추천의 글

마이크 그르기치는 특이한 인생을 살아온 훌륭한 인물이다.

마이크는 크로아티아에서 온 이민자이며 1958년 캘리포니아에 도착하여 와인 인생을 시작했다. 나파 밸리에 정착한 후 뛰어난 양조 기술로 주목을 받았으며, 특히 그의 손으로 만든 샤르도네가 여러 번 수상을 거듭하며 이름이 알려지기 시작했다.

1976년에는 프랑스 유명 비평가들이 참석한 '파리의 심판The Judgment of Paris'이라는 블라인드 테이스팅에서 그가 만든 1973년 샤토 몬텔레나Chateau Montelena가 최고의 프랑스 샤르도네를 제치고 일등의 영예를 차지하였다.

그 후 그의 와인은 나파 밸리 고급 와인의 아이콘으로 자리잡게 되었으며, 그의 승리로 나파 와인과 신세계 와인은 새로운 '전환점'을 맞게 되었다. 유럽의 애호가들과 언론들은 단지 '호기심을 일으키는 와인'으로만 간주했던 나파와 캘리포니아 와인을 주목하기 시작했으며, 점차 세계적인 고급 와인으로 인정하게 되었다.

마이크는 포도나무와 와인 속에서 어린 시절을 보냈다. 가족들은 대대로 크로아티아에서 포도를 재배하고 와인을 만들어 왔으며, 그는 걸음마를 시작할 때부터 포도밭에서 자랐다. 캘리포니아 나파에 자신의 와이너리인 그르기치 힐스Grgich Hills를 설립했을 당시는 56세였으며, 이미 47년간 포도밭에서 일하고 와인을 만든 경험이 있었던 때였다. 미국 시민으로 수십 년을 살아왔지만, 그의 영혼은 아직도 크로아티아에 깊이 뿌리박고 있다.

마이크의 고향에 대한 애착은 이주 36년 만에 고향 달마티아 해변에 와이너리를 설립하며 이어졌다. 또한 캘리포니아의 대표 품종 진판델의 근원을 찾는 데도 기여했다. 2000년에 진판델의 조상이 크로아티아의 토착 품종인 클리예낙 카스텔란스키Crljenak Kaštelanski라고 과학적으로 밝혀지자 그는 크게 기뻐했다.

진판델도 역시 1800년대에 미국으로 이주해 왔던 이름 없는 포도였다. 마이크는 지금도 캘리스토가 외곽 나파 밸리의 집 포도밭에서 진판델을 재배하며 향수를 달래고 있다.

나는 1970년 캘리포니아 대학, 데이비스에서 양조학을 공부할 때 마이크를 처음 만났다. 그는 나에게 학교를 잠시 쉬고 로버트 몬다비 와이너리에서 수확기 인턴을 하면 어떻겠냐고 제안했다. 인턴 일은 풀 타임으로 이어졌으며, 그에게서 배울 수 있는 좋은 기회가 되었다.

마이크는 타고난 이야기꾼으로 와인에 대해서도 감각적이며 직관적으로 가르치는 스타일이었다. 그의 이야기들은 나의 와인 메이커 인생에 지울 수 없는 인상을 남겼다. 그는 위대한 와인 메이커가 될 수밖에 없는 전문적인 지식과 열정적인 헌신을 겸비하고 있었다.

마이크는 크로아티아 자그레브 대학에서 포도 재배와 양조학을 전공했으며 와인을 전문적으로 공부했다. 나파의 보리우 빈야드에서 앙드레 첼리스체프의 조수로 일하는 동안 더욱 기술적으로 발전하였으며, 와인에 대한 전문적인 이해를 넓혀갔다. 그러나 내가 기억하는 마이크는 교육보다 더 중요한 어떤 것을 와인과 접목하고 있었다. 그는 와인을 사랑했고 와인은 바로 그의 열정의 대상이었으며, 와인과는 가족처럼 끈끈하게 얽혀 있었다.

와인은 그가 늘 사랑의 손길로 키우는 아이들과도 같았다. '마스터'나 '전문가'가 만드는 와인이 아닌, 아버지나 어머니처럼 보살피고 마음의 눈으로 깊이 조심스럽게 양육하는 와인이었다. 나는 프랑스와 이탈리아 와인 여행을 하면서 비로소 마이크와 와인의 심오한 관계를 이해하게 되었으며, 그의 와인이 특별히 아름다운 이유도 알게 되었다. 이는 바로 유럽적인 감성에서 우러나온 것이었다.

요즈음은 젊은 와인 메이커들도 와인을 '양육raise' 해보려는 열정을 갖고 있다. 포도를 조심스럽게 다루며 포도의 DNA와 포도밭의 개성을 표현하기 위해 노력한다. '양육'의 방법이 때로는 양조의 '새로운 방법'처럼 제시되기도 하지만, 나는 이미 1970년대에 마이크와 일하면서 이를 느끼고 배웠다. 와인 메이커는 누구나 마이크처럼 포도밭에서 보내는 시간을 늘리며, 포도와 친밀하게 지낼 수 있다.

마이크의 이야기는 1970년대와 1980년대 나파 밸리의 와인 르네상스 역사를 조명해 보는 데 도움이 된다. 그의 와인 경력은 수버랭 Souverain의 리 스튜어트Lee Stewart, 보리우Beaulieu의 앙드레 첼리스체프André Tchelistcheff, 또 로버트 몬다비Robert Mondavi 등 나파 밸리 초기의 '위대한 인물들'과 연결되어 있다.

또한 1973 샤토 몬텔레나를 만든 샤르도네 포도와 양조 과정에 대한 자세한 기록도 현재나 미래의 와인 메이커들에게 중요한 역사적인 기록이 될 것이다.

마이크가 와인 세계에 남긴 많은 업적 때문에, 독자들은 이 책이 단순히 와인 교육과 성공에 대한 이야기라고 추측할 것이다. 하지만 실제로는 그의 인생 전체를 폭넓게, 독특한 색채로 그린 그림 같은 이야기이다.

책의 전반부는 어린 시절 단단한 기반이 되었던 가족의 이야기와 캘리포니아에서 와인 인생을 시작하게 된 깊은 고심, 그리고 길고 결의에 찼던 오랜 여정이 그려진다. 그의 열린 생각과 성실하며 밝고 따뜻한 마음, 분명한 가치관은 놀라운 기적들을 만들어간다. 이 책은 인생을 충만하게 살아온 한 인간의 진솔한 이야기이다.

젤마 롱Zelma Long

와인 메이커, 로버트 몬다비 와이너리

2015년 9월

젤마 롱

감사의 글

90세가 되던 해부터 딸 바이올렛은 나에게 회고록 집필을 강하게 권유했다. 어려운 결정이었지만, 그때부터 나는 많은 친지들의 격려와 지원을 약속받으며 자서전을 쓰기 시작했다. 이 책을 쓰는 데 도움을 주신 모든 분들께 깊은 감사를 드린다.

나파 밸리의 저널리스트인 사샤 폴슨은 집으로 와서 나의 이야기들을 듣고 기록했다. 머릿속에서만 머물고 있던 생각들이 그녀의 노력으로 글로 드러나게 되었으며, 마침내 내가 인생에서 성취한 일들이 〈기적의 와인〉이라는 책으로 빛을 보게 되었다.

친구인 마리아 루이자 모레노 레이스는 나의 기억들을 찾아내고 타자치면서 책의 초고를 만들었다. 그녀는 원고가 끝날 때까지 수많은 시간을 밤늦게까지 불을 밝히며 일했다.

사샤 폴슨의 딸이며 캘리포니아 대학, 데이비스에서 언어학 석사 학위를 받은 에리얼 잭슨은 원고를 재검토하며 교정을 맡아 주었다.

스티븐 스퍼리어는 1976년 파리에서 프랑스 최고 와인 대 무명 캘리포니아 와인 블라인드 테이스팅을 주관한 브레인이다. 이 대회로 인해 미국은 프랑스만큼 좋은 와인, 아니 더 나은 와인을 만들 수 있다는 확신을 얻게 되었다.

조지 테이버는 파리의 인터컨티넨탈 호텔에서 열린 대회에 참석했던 유일한 저널리스트였다. 이제는 역사적인 사건이 된 1976년 파리 테이스팅을 기사로 남겼으며. 그의 책 〈파리의 심판*The Judgement of Paris*〉은 이 책을 쓰는 데 많은 도움이 되었다.

변호사 테오도르 콜브는 2015년 세상을 떠날 때까지 나를 도와준 고마운 친구였으며, 메리 리 스트레블과 오스틴 힐스는 좋은 동업자였다. 조카 이보 예라마즈와 그르기치 힐스의 충직한 직원들, 그리고 언급하지 못한 모든 분들께 감사를 드린다.

무엇보다 이 책을 쓰도록 권유하고 끝까지 보살펴준 딸 바이올렛에게 고마움을 전한다.

글을 시작하며

1954년 여름이었다. 날씨는 무더웠다. 유고슬라비아의 국경을 향해 떠나는 기차에 몸을 실은 나는 온몸에 얼음을 끼얹은 것 같은 찬 기운을 느꼈다. 기차가 멈추려고 속력을 늦추자 가슴은 엔진보다 더 요란한 소리를 내며 뛰기 시작했다. 총을 든 군인이 나타나더니 굳은 표정으로 국경선을 통과하려고 내리는 사람들을 감시했으며, 조사관들은 유고슬라비아를 떠나려는 모든 승객들을 검문했다. 잘못되면 다시 기차를 탈 수도 없고 국경을 통과하지도 못하게 된다.

서류는 완벽했다. 미엔코 그르기치는 공산 유고슬라비아에 속한 크로아티아 자그레브 대학 학생이다. 나는 유엔 교환 학생 프로그램에 참석하기 위해 4개월의 여권을 발급받았으며, 독일의 와이너리에서 포도 수확을 돕는 일을 하기 위해 유고슬라비아를 떠난다.

조사관이 나의 짐을 검사했다. 작은 골판지 가방에 들어있는 물건들은 내가 지금 이 세상에서 소유하고 있는 모든 것이다. 그 중 양조 교과서 열다섯 권이 가장 중요한 물건이었다. 내가 쓰고 있던 프랑스식 베레모자도 검사할 것이라고도 생각했다. 우산을 잃어버렸고 다시 살 돈이 없어 모자로 대신 머리를 가리는 것이라고 사실대로 대답했다면 믿었을까? 비가 오지 않을 때는 주머니에 넣을 수도 있었으니 편리했다.

나는 제발 모자에 대해 묻기를 바랐다. 내 구두만 자세히 검사하지 않는다면 다행이었다. 구두 밑창에는 다른 보물이 숨겨져 있었다. 32달러였다. 공산 치하에서는 금지 사항도 많았지만 외화 유출도 금지되어 있었다. 돈이 발각되면 몰수당하고 여권도 빼앗긴다. 감옥에는 가지 않게 되더라도, 다시 여권을 발급받을 수도 없고 탈출의 기회도 어려워진다.

그렇다. 이 나라를 떠나는 것이 목적이다. 국경선을 통과하기만 하면 공포와 탄압에 시달리는 내 나라를 떠나는 것이다. 사라진 사람들이 영영 돌아오지 않으며 비밀경찰이 미행하고 있는지도, 내일 당장 내가 죽을지도 모르는 나라, 꿈을 위해 일할 수 있는 기회가 박탈당한 내 고향에는 다시 돌아오지 않으리라 결심했다.

나는 조심스럽게 32달러를 모았다. 어떤 방법으로든 귓속말로만 들던 미국으로 가고 싶었다. 캘리포니아에 내 땅이라고 부를 수 있는 한 조각의 땅을 마련하고 와인을 만들어 보고 싶은 꿈을 이루고 싶었다. 그러나 나는 그 무엇보다도 더 자유를 갈망했다.

일생동안 늘 나와 함께 계신다고 믿었던 신은 그날도 나의 편이었다. 조사관은 여권에 도장을 쾅 찍어주었으며, 나는 기차에 다시 올라탈 수 있었다. 마침내 안도의 한숨을 내쉬었다.

반세기가 지난 오늘날 생각해 보면, 그때 그 젊은이의 광기어린 계획들과 크기만 했던 꿈처럼 미래에도 역시 상상할 수도 없었던 일들이 일어났다. 크로아티아의 작은 데스네 마을에서 양을 치던 한 소년이 미국에 정착했을 뿐만 아니라, 들고 왔던 골판지 가방과 와인 양조 책들, 쓰던 베레모까지 워싱턴 D.C.의 스미소니언 박물관에 전시되었다면 누가 믿겠는가?

그리고 어느 날 그가 한 조각의 땅이 아닌 수백 에이커의 포도밭과 세계 곳곳에서 방문객이 찾아오는 유명 와이너리를 갖게 되었다면? 또 어느 날 가족과 친구가 살고 있는 크로아티아 고향으로 돌아가 그의 와이너리를 설립하게 되었다면?

1954년 크로아티아를 떠나는 기차를 타고 있던 나에게는 기적이 아니면 일어날 수 없는 꿈같은 일들이었다. 수십 년이 지난 오늘에도 나는 이 모든 일들이 기적같이 일어난 일들이라고 말하고 싶다.

스미소니언 박물관에 전시된 베레모와 여행 가방, 양조 교과서

1954년 여름 어느 날 시작된 긴 여행은 마침내 나파 밸리에 있는 캘리스토가의 집에서 끝이 났다. 마지막 종착역인 캘리스토가 언덕 위의 내 집은 우연인지 모르지만 수천 마일 떨어진 크로아티아 데스네의 고향 집을 연상시킨다.

언덕 위에는 집이 있고 아래에는 어린 시절에 놀던 포도밭처럼 포도나무가 자라고 있다. 나는 옛날 가족들이 먹던 복숭아와 살구, 무화과 등 과일나무를 심었고 토마토와 가지도 키운다. 크로아티아에 흔한 라벤더도 심었고 크로아티아는 물론 나파 밸리에도 무성한 갖가지 장미도 심었다.

캘리스토가에서는 나파 밸리에서 가장 높은 산인 세인트헬레나 산이 보인다. 이 산은 고향을 생각나게 한다. 어릴 때 양 떼를 몰고 오르내리던 데스네의 장엄한 바비나 고밀라 산을 연상시킨다.

나는 옛날 고향의 바비나 고밀라 산을 올랐던 만큼 세인트헬레나 산을 수없이 올랐다. 산을 어떻게 오르느냐고 물으면 한 번에 한 걸음씩 오르면 된다고 말하고 싶다. 중간에 되돌아올 때도 있지만, 다시 돌아가 정상에 도달할 때까지 계속하여 오른다.

기적은 오직 신만이 만들 수 있다고 말한다. 하지만 매일 배우고 또 배운 것을 기억하며, 꿈을 향해 한 발자국씩 나아가면, 우리도 기적을 만드는데 도움이 될 수 있다고 생각한다.

가난했던 어린 시절, 극적인 탈출, 그리고 많은 성공들. 나는 지금 과거를 돌아볼 여유가 있다. 또한 나에게는 중요한 네 가지, 신과 가족, 친구, 와인이 있기 때문에 만족하며 살고 있다. 평화로운 바비나 고밀라 산의 언덕에서 양을 치던 가난한 소년으로는 감히 상상도 할 수 없었던 기적들이 현재의 나를 만들어 왔다.

많은 사람들이 나의 꿈을 이루는 데 도움을 주었다. 특히 훌륭한 선생님들에게서 배울 수 있었던 행운이 따라준 것에 감사한다.

그러나 가장 마음 깊은 곳에 남아 있는 인생 수업은 부모님으로부터였다. 나는 이곳에서 아버지가 데스네 포도밭에서 하던 옛날 방식대로 진판델을 재배하고 있다. 포도나무는 꼭 필요하면 지주 하나만 세워주며 시렁에 묶지 않는다. 나는 포도나무도 사람처럼 자유를 누려야 한다고 믿는다.

Miljenko Mike Grgich

미엔코 마이크 그르기치
캘리스토가, 캘리포니아, 2015년

CROATIA

AUSTRIA
SLOVENIA
ITALY
HUNGARY

Point Savudrija
Rijeka
Rovinj
Pula
Point Kamenjak
Krk
Rab

Varaždin
Zagreb
Karlovac
Ogulin
Sisak
Bjelovar
Čepin
Vinkovci
Vukovar
Slavonski Brod

Drava
Sava
Sava
Sava
Drina

Plitvice Lakes National Park
Gospić
Zadar
Knin
Šibenik
Split
Solin
Imotski
Brač
Hvar
Makarska
Metković
Korcula
Mljet
Dubrovnik
Cape Ostri

BOSNIA-HERCEGOVINA

SERBIA & MONTENEGRO

ALBANIA

ADRIATIC

ITALY
0 ———— 100 km
0 ———— 120 miles

ZAGREB	SPLIT	DESNE	METKOVIC
자그레브	스플리트	데스네	메트코비츠

A GLASS FULL *of* MIRACLES

~

고향 크로아티아

내가 태어나고 자란 집

1

데스네의 양치기 소년

크로아티아에서는 아기가 태어나면 친척의 이름을 붙인다. 나는 열한 번째로 태어난 막내였기에 더 이상 가족 중에서 이름을 찾기가 어려웠다. 하지만 데스네Desne의 우체부 이름이 내 이름이 된 이유는 이 때문만은 아니었다. 부모님은 어떤 이름이라도 지어야 했으며, 이 우체부는 우리 가족에게는 중요한 사람이었다. 그는 일 년에 한 번씩 미국에서 오는 편지를 배달해 주었다.

큰 누나 만다Manda는 내가 태어나기도 전에 미국으로 가서 비데 도만디치Vide Domandich와 결혼했다. 워싱턴 주의 애버딘에서 살고 있었으며, 크리스마스 때마다 집으로 5달러짜리 지폐를 보내주었다. 그 돈은 우리 가족이 일 년 중 볼 수 있는 가장 큰돈이었다.

어머니는 외할아버지 이름을 따서 나의 이름을 조지George라고 짓고 싶어 하셨다. 세인트 조지는 데스네 마을의 수호 성자이며 스베티 유레Sveti Jure(St. George) 성당도 그를 기리며 세워졌다. 그러니 조지로 이름을 지어야 했지만, 어머니는 외할아버지와 어머니 두 분 다 위장이 안 좋으셨으니, 차라리 우체부 이름이 좋겠다고 생각하신 것 같다. 아무튼 나의 이름은 매년 5달러씩을 배달해 주던 우체부 미엔코가 되었다. 그래도 위장병은 피할 수가 없었지만, 이름 때문에 미국과 인연이 닿게 되었는지도 모르겠다.

크로아티아는 남부 유럽 이탈리아 건너편의 아드리아 해안에 걸쳐 있는 작은 나라이다. 크기는 미국 웨스트버지니아 주 정도이며 해안을 따라 1천 개가 넘는 섬들이 흩어져 있다.

크로아티아는 역사가 오래된 나라이며, 925년에 독립 왕국이 세워졌다. 1102년에는 헝가리와 연합 관계를 수립하여 오스트리아 헝가리 제국의 일부가 되었다. 1차 세계대전이 일어났을 때는 오스트리아 헝가리 제국에 속해 있었을 때였으며, 아버지 니콜라 그르기츠Nikola Grgić는 집을 떠나 5년간 오스트리아 군대에 배치되었다. 그동안 어머니 이브카 Ivka는 아버지의 소식도 듣지 못했고 생사도 알 수 없었으며, 혼자 여덟 아이를 키우면서 농사일을 하는 고된 날들을 보내셨다.

그때의 힘든 생활은 상상할 수도 없지만, 어머니는 강하셨고 현명하셨다. 학교에는 다니지도 않으셨지만 사는 방법을 알고 계셨다. 어머니는 매일 아이들을 바깥으로 내보내 먹거리를 구해 오도록 하셨다. 산과 들에는 야생 석류, 오디 열매들이 자라고 있었고 아스파라거스도 널려 있었다. 마린Marin 삼촌은 낚시를 가르쳐 주고 새를 잡는 덫도 만들어 주셨다. 이웃들로부터도 많은 도움을 받으며 우리는 그럭저럭 연명하며 살았다.

아버지가 전쟁에서 살아 돌아오셨을 때 데스네에는 스페인 독감이 퍼졌다. 어머니와 형제들이 모두 앓아누웠으며, 아버지는 가족들 간호에 온갖 정성을 다하셨지만 결국 형 둘과 누나 둘을 독감으로 잃게 되었다.

전쟁 후 오스트리아 헝가리 제국은 와해되었고, 1923년 4월 1일 내가 세상에 태어났을 때 크로아티아는 세르비아, 크로아티아, 슬로베니아 왕국(1929년 유고슬라비아 왕국으로 개명)으로 나누어져 있었다. 세 나라가 동등하게 되리라는 열망이 있었지만, 실제로는 세르비아인들이 수도 베오그라드에서 권력을 잡고 있었다.

크로아티아인들이 불만을 토로하자, 세르비아인들은 크로아티아의 지도자 스티에판 라디츠Stjepan Radić를 죽였다. 그는 임종할 때 크로아티아 지도자들에게 "베오그라드에는 다시 가지 말라!"라고 말했다고 한다. 크로아티아는 1991년까지 독립 국가가 되지 못했다.

[크로아티아는 1차 세계대전이 종식되면서 오스트리아 헝가리 제국으로부터 독립(1918)하여 유고슬라비아 왕국의 일부가 되었다. 1929년에 유고슬라비아로 개명하였으며, 2차 세계대전 시기에는 나치 독일의 괴뢰 정권인 크로아티아 독립국NDH이 수립되었다. 1945년 2차 세계대전이 종식되며 유고슬라비아 사회주의 연방 공화국의 일원이 되었다. 1991년 6월 25일 유고슬라비아로부터 독립하였다.]

유고슬라비아 왕국의 일부였던 크로아티아는 2차 세계대전중, 처음은 이탈리아 파시스트, 다음은 독일 나치에 점령당했다. 전쟁 후에는 공산 유고슬라비아에 속하게 되었다. 작은 산골 마을 데스네에 살고 있었지만, 이 모든 세계적인 사건들이 나의 인생에 그림자를 드리우게 되었다.

내가 살던 데스네는 인구 1천 명 정도의 작은 마을로 아드리아 해로 흘러가는 네레트바Neretva 강의 서쪽에 있었다. 대부분의 옛날 집들은 내가 태어났던 집처럼 바다에서 침입하는 해적들을 피하기 위해 강이나 호수 위쪽 높은 곳에 있었다. 해적들의 침입이 뜸해지자 주민들은 점점 아래쪽으로 내려와 바비나 고밀라Babina Gomila 산기슭에 집을 짓기 시작했다.

그르기츠 일가가 언제부터 데스네에 살았는지는 너무 오래되어 아무도 모른다. 마을에는 대대로 가족 중 한 사람은 고향에 남고 나머지는 고향을 떠나 새로운 곳에 정착하는 관습이 있었다. 아저씨들이 미국에 간 것도 그런 이유였다.

아버지 니콜라 그르기츠는 데스네에 남아 가족을 이루고 그르기츠 가문을 이어갔다. 할아버지 미요 그르기츠Mijo Grgić가 돌아가셨을 때 마린 삼촌은 장례식에서 이웃들이 수군거리는 소리를 들었다. "이제 미요 그르기츠가 갔으니 그르기츠 가족은 어떻게 될까?" 마린 삼촌은 해결책을 강구했다. 삼촌이 결혼하지 않으면 형인 니콜라 그르기츠 가족과 함께 살며 떠나지 않아도 되었다. 결국 그는 평생 독신으로 지내며 우리들을 자신의 아이들처럼 보살피며 살았다. 아버지와 같은 정말 좋은 삼촌이었다.

크로아티아에서는 한 세대는 다음 세대를 위해 산다고 믿는다. "92세인데도 아직도 일을 하세요?" 오늘도 사람들은 묻고 나는 대답한다. "나를 위해서 일하는 것이 아닙니다. 내 딸과 손자, 또 그다음 세대를 위해서 일하지요." 바로 크로아티아식 삶의 방식이다.

데스네의 우리 집은 언덕 위에 있는 돌집이었다. 2차 세계대전중 독일군의 공격으로 지금은 폐허가 되었지만, 나의 기억에는 아직도 생생하다. 전기와 수도도 없었고, 물론 현대식 목욕탕도 없었지만, 그 집은 우리들의 소중한 안식처였다.

부엌 입구의 벽에는 작은 구멍이 여러 개 나 있었다. 우리 집 '시계'였다. 햇빛이 구멍을 통과하면 빛과 그림자가 방안에서 움직이며 시간을 알려 주었다. 이 시계는 자연과 가까이 살아가는 한 방법으로, 우리에게 대자연의 법칙을 깨우치게 해주었다.

집 안의 중앙에는 적벽돌로 만든 난로 '오그니시테ognjište'가 있었다. 난로에서는 음식도 했는데, 쇠 냄비 '사추라saćura'의 뚜껑 위에 타는 석탄을 얹어 빵을 구웠다. 집안에 화기라고는 이 난로밖에 없었기 때문에, 우리 집의 심장이었으며 가족이 모이는 곳이었다. 아기들도 난로 옆에서 태어났다. 겨울밤에는 기름 램프에 불을 붙이고 난로에 둘러앉아 오손도손 놀았다.

우리 가족은 농사를 지었으며 일상은 단순했다. 가진 것이라고는 우리가 직접 키우고 만든 것들뿐이었다. 악기도 만들었다. 나뭇가지를 꺾

사추라와 빵

어 피리도 만들어 불었다. 데스네 마을의 한 사람은 아코디언이 있었는데, 일요일에는 교회에서 연주도 했고 동네 사람들은 이에 맞춰 춤도 추었다. 우리들 대부분은 물건을 살 돈이 없었다.

나는 여섯 살 때쯤 카메라를 처음 보았다. 미국에서 고향을 방문한 루차Luca 아저씨가 카메라를 가지고 와서 사진을 찍어주겠다고 하셨다. 그는 사진을 찍으려면 우선 겉옷을 입어야 한다고 말했다. 겉옷이라니? 나는 옷이 없었지만 사진을 찍고 싶어 세 살 위의 형 안테Ante의 겉옷을 입었다. 소매가 길어 손등을 덮었지만 루차 아저씨는 사진을 찍었다. 이 사진이 내 인생 최초의 사진이었으며, 데스네 소년 시절의 유일한 사진이 되었다.

우리 가족은 돈은 없었지만 생계는 이어갈 수 있었다. 아버지는 양을 키우셨고 채소 밭과 옥수수 밭도 있었다. 무화과와 아몬드, 오디 등도 널려 있었다. 우리는 원숭이처럼 나무에 기어올라 열매를 따 먹고 집 근처 호수에서 낚시도 했다.

온 가족이 모두 일했다. 어머니는 매일 해뜨기 전에 일어나셨다. 먼저 우물에서 물을 길러 오시고 땔감을 구해 집을 데우고 음식도 만드셨다. 어머니는 시계를 가져본 적이 없었지만 대자연은 어김없이 시간을 알려주었다.

어머니는 매일 가족들을 위해 신선한 빵을 구우셨다. 나는 돌절구로 밀을 가는 어머니의 빙빙 도는 치맛자락을 잡으려고 기어 다녔던 기억이 있다. 밀가루 반죽이 끝나면 사추라에 굽기 전에 어머니는 한 줌을 따로 떼어 놓으셨다. 작은 반죽 덩어리를 먼저 뜨거운 사추라 뚜껑 위쪽에 놓으셨고, 나는 빵이 구워지기를 기다렸다. 나만을 위한, 특별한 아기를 위한 빵이었다. 다른 빵과는 비교할 수 없을 정도로 맛있었다. 나만을 위해

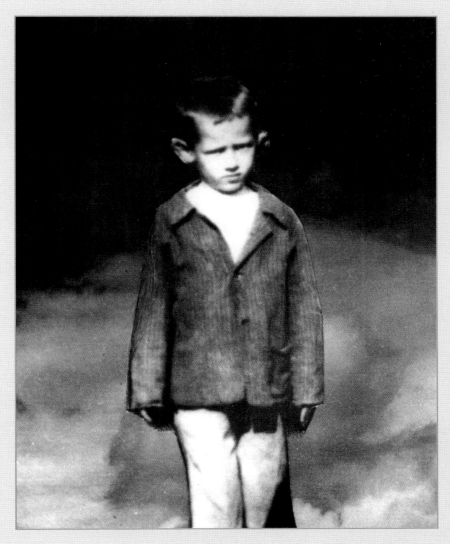

6살, 첫 사진

구운 빵이었기 때문이다. 엄마는 사탕 대신 이 작은 빵을 나만을 위해 구워 주셨다.

부모님은 내가 열한 형제들 중 막내였기 때문에 특별히 귀여워하셨던 것 같다. 아버지는 난로의 석탄불에 달걀을 익혀 나에게 주셨고, 껍질을 벗기는 법도 가르쳐 주셨다. 나를 무릎에 앉히고 작은 빵 조각을 계란 노른자에 찍어 새끼 새에게 먹이는 것처럼 입에 넣어주셨다. 그 맛은 천국의 맛이었다.

나는 두 살 반까지 엄마 젖을 먹었다. 그러던 어느 날 내가 무슨 잘못을 저지르자 엄마가 이제는 젖을 안 줄 거라고 하셨다. "젖을 안 주면 나는 죽을 거야, 엄마!" 나는 소리치며 울었다. 영원히 젖을 먹을 거라고 믿었던 아기가 얼마나 충격을 받았던지, 지금도 잊혀지지 않는다.

그러자 어머니가 말씀하셨다. "울지 마. 이제부터는 젖 대신 와인을 줄 테니까." 그 후로 와인과 물을 반반 섞은 베반다bevanda를 주셨는데, 식탁 가운데는 나만을 위한 베반다를 담은 나무통 부카라bukara(1리터 정도)가 늘 놓여 있었다. 다른 식구들은 물을 섞지 않은 와인을 바로 마셨다.

"언젠가는 엄마에게 고마워할 때가 올 거야." 엄마가 옳으셨다. 나는 베반다를 좋아했고 그때부터 늘 와인을 좋아하게 되었다.

어머니는 물통에 받은 물보다 베반다가 더 안전하다는 것을 아셨다. 그때는 지붕에서 떨어지는 빗물을 통에 받아 식수로 썼는데 소독약이 없어 아이들이 마시면 배탈이 났다. 하지만 베반다는 물속의 나쁜 해충을 죽이기 때문에 그럴 염려가 없었다. 또 마시고 탈이 나더라도 통증이 심하지 않았다. 베반다는 아이들을 행복하게 해주었다.

나는 베반다를 마시며 더없이 행복한 어린 시절을 보냈다. 다른 아이들보다 더 힘이 넘쳤으며, 누구한테도 지지 않았다.

나의 첫 직업은 와인 양조 도우미라 할 수 있었다. 수확 때 엄마가 포도를 따러 나가시면, 나를 깊은 나무통에 안전하게 가둬놓으셨다. 엄마는 포도를 따서 이 통에 쏟아 부으시고 나는 배가 고프면 포도를 먹고, 목이 마르면 포도를 밟아 주스를 마셨다. 세 살이 되었을 때 나는 이미 포도를 으깨는 일을 돕고 있었다.

아버지는 그해에 만드신 와인 중 절반은 내다 파시고, 절반은 식구들이 일 년 내내 마시도록 집에 보관하셨다. 물론 좋은 것은 집에 두고 못한 것을 파셨다. 나는 미국에 와서 좋은 와인을 집에서 마시지 않고 반대로 바깥에 내다 파는 것을 보고 놀랐다.

어머니는 내가 교육을 받아야 한다고 생각하셨고, 여섯 살이 되어야 가는 학교를 다섯 살 때 보내셨다. 어머니는 책가방 대신 보자기에 학용품을 싸서 묶어 형 안테와 함께 데스네 마을에 있는 학교로 보냈다. 결국 첫날 하루 종일 울어 선생님은 여섯 살이 되면 오라고 하며 집으로 돌려보냈다.

그때부터 나는 양치기가 되었다. 엄마는 형이 돌보던 양 스무 마리를 나에게 맡기셨다. 나는 초록 풀이 무성한 바비나 고밀라 산으로 양을 몰고 올라갔다. 산은 국유지였으나 상관이 없었다. 나에게는 양들이 배불리 먹게 하고 집으로 데리고 오는 것이 무엇보다 중요했다. 양들이 통통해지면 나도 행복해졌다. 실컷 풀을 뜯어 먹게 했으니까.

일은 어릴 때부터 나의 생활의 일부였다. 다섯 살 되던 어느 날 어머니는 나를 포드루이니차Podrujnica 마을에 살고 있는 누나 스타나Stana의 집으로 보내셨다. 스타나는 결혼하여 아기가 있었는데 아기 보는 일을 도우라고 하셨다.

어느 날 누나가 일을 하러 나가며 요람을 흔들어서 아기를 재우라고 했다. 나는 천장을 쳐다보며 계속 요람을 흔들었는데 갑자기 요람이 가벼워졌다. 내려다보니 아기가 없었다. 너무 흔들어 요람에서 떨어져 마룻바닥에 엎어져 있었다. 놀라서 안아보니 다행히 웃고 있었고 다친 데는 없었다. 다시 요람에 넣어 자장가 "쿠니 누니cuni nuni 내 아가, 쿠니 누니 내 아가"를 계속 부르며 재웠다. 스타나에게는 무슨 일이 일어났는지 말하지 않았다. 다섯 살에 처음 얻은 일자리를 놓치고 싶지 않았다.

여섯 살이 되어 다시 학교에 갔다. 이번에는 지난번보다는 나았으나 신 때문에 문제가 생겼다. 어머니는 소가죽으로 신을 만드셨다. 보트 모양의 오판치opanci라는 신이었는데 양가죽으로 가는 끈을 만들어 양쪽을 묶었다. 양말을 신고 다음에 작은 보트 모양의 털실로 짠 테를루치terluci를 신으면 쿠션 역할을 해주었다. 오판치는 비 오는 날에는 신으면 안 된다.

오판치(모카신), 테를루치(울 라이너), 부카라(나무 머그)

어느 날 학교에 가는데 비가 억수로 퍼부었다. 교실에 들어서니 한 발짝 뗄 때마다 "칙, 칙, 칙" 소리가 났다. 내가 지나가면 친구들이 모두 쳐다보며 웃었다. 선생님이 나를 부르시더니 도대체 무슨 소리냐고 물으셔서 "테를루치와 신발이 모두 비에 젖었어요."라고 대답했다. 선생님은 "아버지가 좋은 신발을 못 사주시면 학교에 오지 말라."고 하셨다. 하지만 나는 다음날도 같은 오판치를 신고 학교에 갔다. 이제는 모두 내 신발 소리에도 익숙해졌다.

우리는 제대로 된 신 한 컬레도 사지 못할 정도로 가난했지만 행복했다. 우리 가족처럼 마당에 먹거리를 심고, 와인을 만들고, 가축들을 돌보며 살면 학교에서 배우지 못하는 많은 것들을 자연 속에서 배울 수 있었다. 비와 바람, 눈과 햇빛의 의미를 알게 되며, 사람들과 함께 일하고 거래하는 법을 배우게 된다. 외부와의 강한 유대 관계를 인식하게 되고, 특히 대자연과의 관계에 대한 깨우침을 얻게 된다.

데스네는 초등학교가 4년제이다. 대부분 크로아티아 사람들처럼 우리도 가톨릭이다. 어머니는 내가 사제가 되어 외국에서도 일할 수 있기를 원하셨다. 하지만 문제가 있었다. 사제가 되려면 처음 2년 동안은 학비를 내야 하는데 그럴 돈이 없었다.

어머니는 다른 아이디어를 내셨다. 요람에서 아기를 떨어뜨렸던 누나 스타나의 집으로 보내 같이 살도록 하셨다. 누나는 소도시인 메트코비츠Metković 살고 있었고, 나는 열네 살까지 거기에서 학교에 다닐 수 있었다.

어머니는 읽기도 쓰기도 못하셨지만 늘 내가 교육을 받아야 한다고 생각하셨다. 어머니는 마을 의원의 딸이었다. 의사는 큰 도시에나 있었고, 마을 의원은 온갖 처방을 다 했으며 대부분의 병들을 치료했다. 내가 배우기를 좋아하고 기회가 주어지면 무엇이든 받아들이는 것은 어머니 가족에게서 물려받은 것 같다. 물론 나는 의사가 되고 싶지는 않았다. 과학은 좋아했지만 피를 보는 것은 싫었다.

아버지는 내가 10살밖에 안 된 어린 나이에 집을 떠나게 되자 너무나 슬퍼하셨다. 눈물을 흘리시며 "아들아, 나는 너에게 줄 돈은 없지만 충고는 해줄 수 있어."라고 말씀하셨다. "항상 너보다 나은 사람들과 어울리고 배워야 한다. 매일 하는 일에 최선을 다하고 적어도 매일 친구를 한 명씩 만들어라. 일 년이 지나면 365명의 친구가 생기게 되고 그건 돈으로 살 수 없는 거야. 곳곳에 친구가 있다면 어느 곳으로 가든지 잘 곳이 있다는 말이야."

나는 집을 떠나며 아버지의 말씀을 귀담아들었고, 일생 동안 늘 잊지 않고 그 말씀을 가슴에 새겼다.

현재 데스네의 그르기츠 돌집

바비나 고밀라 산기슭 데스네 마을과 호수 모드로 오코Modro Oko (푸른 눈)

2

유년 시절

    산으로 둘러싸인 동네에서 자라서인지 나는 항상 내려가기보다는 올라가기를 좋아했고, 앞으로 나아가기를 좋아했다. 배움의 길은 곧 올라가는 길이다. 어떤 목적을 향해 나아가면 온 세상이 그 목적을 이루는데 도움을 준다는 것도 경험으로 알게 되었다. 열 살 때 내가 공부를 더 하고 싶어하자 온 가족들이 힘을 합쳐 도와주었다.

    나는 크르바바츠Krvavac 마을의 사촌 스레츠코 그르기츠Srećko Grgić 집에서 살게 되었다. 결혼하지 않은 누나 리우비차Ljubica는 이미 사촌 스레츠코의 집으로 가서 일을 돕고 있었다. 크르바바츠는 데스네에서 5마일 정도 떨어진 네레트바 강가에 있었다. 나는 거기에서 또 5마일을 걸어서 메트코비츠에 있는 그라단스카 스콜라Gradanska škola에 다녔다. 스레츠코의 아버지 이반 그르기츠Ivan Grgić는 미국에서 돈을 벌어와 크르바바츠에 식품점을 열었다. 내가 갔을 때는 스레츠코가 가게를 운영하고 있었으며, 나는 누나와 함께 가게 위층에 살면서 일을 도왔다.

전쟁중 함께 살았던 리우비차와 사촌 스레츠코

스레츠코는 나의 인생에 큰 영향을 주었다. 그는 뛰어난 사업가였다. 교육도 받았고 지적이었으며 일도 열심히 했다. 그는 늘 책을 읽고 있었고 학교에 가지 않는 날은 나에게 식품점 일을 조목조목 가르쳐 주었다. 나는 그때 인생 최초의 경영 수업을 받았다.

겨울이 되자 메트코비츠에 있는 학교까지 걸어 다니기가 너무 멀었고 문제도 많았다. 비가 오는 날에는 더했다. 어느 날 한 손에는 우산을 들고 다른 손에는 그림 종이가 가득 든 상자를 들고 크르바바츠로 돌아오고 있었다. 비바람이 휘몰아치자 우산이 거꾸로 뒤집히고, 나는 우산을 잡으려다 상자를 놓치고 말았다. 상자를 끈으로 묶지 않아 뚜껑이 열리고 종이가 모두 날아갔다. 그림들은 사방으로 흩어져 밀밭을 덮었다. 몇 장이라도 주워 보려고 했으나 전부 젖고 흙탕이 되어 포기할 수밖에 없었다.

집에 도착했을 때는 나도 흠뻑 젖고 흙탕이 되었다. 문제가 생겼다. 옷이 단 한 벌이었기 때문에 저녁에 빨아야 하는데 갈아입을 옷이 없었다. 하지만 누나가 사촌 스레츠코의 옷을 입혀주고 두껍고 긴 코트를 걸쳐주어 따뜻하게 감싸고 있을 수 있었다.

스레츠코는 내가 조심성이 없어 종이들을 다 버렸다고 화가 단단히 났다. 설명을 구구히 했지만 흙이 묻어도 몇 장이라도 주워 와야 할 것 아니냐고 난리를 쳤다. 그가 너무 심하게 화를 내자 누나도 당황하여, 스레츠코를 진정시키려면 뭐라도 해야 된다고 생각한 듯 큰 회초리로 들고 나를 때리기 시작했다. 리우비차 누나도 마음 속으로는 때리고 싶지 않았으며, 다행히 코트가 두껍고 길어 몸에 멍이 들지는 않았다.

난리법석 후에 결론이 났다. 비가 오는 우기에는 학교와 가까운 메트코비츠에 사는 누나 스타나의 집에서 살기로 했다.

인구가 5천 명 남짓한 메트코비츠는 데스네보다는 훨씬 큰 마을이었

옛날 메트코비츠. 오른쪽 배경 세인트 일리야 성당

다. 2011년에는 메트코비츠의 인구가 1만5천 명으로 늘어났으나 데스네는 130명에 불과했다.

스타나의 남편 마테 브릴예비츠Mate Brljević는 메트코비츠 우체국 전화 담당자로 일하고 있었다. 집은 세인트 일리야St. Ilija 성당과 가까운 시내 중심에 있었다. 아래층에는 부엌, 위층에는 침실이 있었으며, 집 앞에는 지붕에서 떨어지는 빗물을 받는 물 탱크가 있었다. 이 탱크 물을 식수로 사용했으며, 몇 년 후에는 탱크 옆으로 방을 하나 더 늘렸다.

스타나와 마테는 필립과 이보 두 아들과 '세카'라는 애칭을 가진 딸 필라가 있었다. 누나 리우비차와 살던 때와 마찬가지로 나는 집을 떠났다는 느낌이 전혀 없었다. 집에서처럼 시간이 날 때는 언제나 집안일을 도왔다. 아침에 일어나면 난로의 땔감을 해놓았고, 누나와 매형이 일어나면 아침을 준비할 수 있도록 빵집에서 신선하고 따끈한 빵을 사왔다. 하지만 갓 구운 빵 냄새가 너무 좋아 집으로 오는 길에 치차cica(빵 양쪽 끝)를 떼어먹지 않을 수 없었다. 집에 도착하면 치차는 늘 사라지고 없었다.

나는 열 살부터 열네 살까지 그라단스카 스콜라에 다녔다. 학교는 상업 중학교여서 불어, 미술, 작문과 함께 회계도 배웠다. 여름에는 스레츠코의 식품 가게에서 일하며 스스로 사업가가 될 준비를 하고 있었다.

매우 바쁜 날들이었으며, 나는 어린 나이에 책임을 다하는 법을 배워야 했다. 때로는 정말 어려운 일도 있었다. 스플리트 마카르스카Split-Makarska 교구의 퀴리누스 클레멘트 보네파치츠Quirinus Clement Bonefačić 주교가 네레트바 강가의 쿨라 노린스카Kula Norinska 마을을 방문한다는 소식이 온 동네에 퍼졌다. 이전에 주교가 이 동네를 방문한 적이 없었기 때문에 모두들 흥분했다.

쿨라 노린스카 주민들이 수세기 전 무슬림들이 건축한 마을의 요새에

주교의 쿨라 노린스카 방문

십자가를 헌정하는 예식을 집전하기 위해서였다. 사제인 돈 라데 예르코비츠Don Rade Jerković 아저씨는 나를 예식의 제단 소년으로 지정해 주셨다. 정말 영광스러운 일이었다.

나는 어디를 가든지 늘 걸어 다녔다. 쿨라 노린스카는 크르바바츠에서 1마일쯤 가야 했고 더운 여름날이었다. 날씨는 점점 더 더워져 네레트바 강을 따라 걷던 나는 잠시 쉬며 강물에 손을 씻었다. 강물이 너무 시원하여 잠깐이라도 물속에 들어가고 싶었다. 좋은 옷은 벗어서 얌전히 나뭇가지에 걸어 놓았다.

강물에 풍덩 뛰어들어 신나게 헤엄을 치고 나왔더니 옷이 없어졌다. 아무리 찾아봐도 보이지 않았다. 지나가던 사람이 훔쳐간 것 같은데 그나마 바지는 남겨 두어 다행이었다. "셔츠도 입지 않고 제단에 어떻게 올라가지?" 나는 쿨라 노린스카로 걸어가며 걱정이 태산이었다.

성당에 도착하니 이미 수천 명의 군중이 모여 있었다. 셔츠도 입지 않고 사람들 속에 서 있으니 모두 쳐다보며 수군거렸다. "아주 편하게 보이네." 물론 동네 사람들은 이 역사적인 순간을 위해 제일 좋은 옷을 입고 나왔다. 마침내 아저씨를 만나 셔츠를 못 입고 온 이유를 고백하고 용서를 구했다. 나는 예식에는 참석했지만, 주교가 집전하는 성전의 제단에 오르는 영광스러운 기회를 놓치게 되어 후회가 막심했다.

내가 메트코비츠에서 학업을 마쳤을 때, 사촌 스레츠코가 데스네에 새 상점을 열고 싶어 했다. 내가 종종 잘못을 저질렀지만, 그는 나에게 매니저를 하면 어떻겠냐고 제안했다. 나였으면 열네 살밖에 안 된 아이를 믿고 상점을 맡기겠다는 생각은 가당치도 않았을 것이다. 그러나 스레츠코는 내가 할 수 있다고 믿었다.

중학교 졸업 날 전혀 예상치 못한 일이 일어났다. 아버지께서 새 바지와 셔츠, 그리고 처음으로 상점에서 파는 신을 사 주셨다. 나는 정말 새 바지가 꼭 필요했다. 학교에 입학할 때 입은 하나밖에 없는 바지는 원래 발목까지 내려왔다. 여름에는 더위를 겨울에는 추위를 막아 주었지만 4년 내내 입고 다녀 바지는 색이 바래고 곳곳에 헝겊 조각이 덧대어졌다. 물론 더 짧아져서 이제는 반바지가 되었다. 새로 산 고무신은 체코슬로바키아 제품으로 시장에서 살 수 있는 제일 싼 신이었다. 그러나 나는 새 옷과 새 신을 신고 왕이 된 것처럼 자랑스러웠다. 같은 반 친구들도 모두 기뻐해 주었다.

옛날을 돌이켜 보면 얼마나 많은 사람들이 서로 도우며 살고 있었는지 새삼 느끼게 된다. 나는 많은 그르기츠 가족들의 도움 때문에 특히 운이 좋았다고 할 수 있다. 그들은 돈은 없었지만 내가 학교에 갈 수 있도록 할 수 있는 만큼 도움을 주었다.

오랜 세월이 지난 후 나도 누나들을 도와 조카들을 미국으로 초청할 수 있었다. 스타나의 손자 마트코 브릴예비츠Matko Brljević는 내가 보증을 서서 미국으로 올 수 있었다. 현재 마트코와 아내 티하나는 로스앤젤레스에서 약국을 경영하고 있다. 누나 네다의 손자 이보 예라마즈Ivo Jeramaz가 미국에 오려고 했을 때도 내가 보증을 섰다. 그는 우리 집에서 삼 년을 같이 살았고, 그르기치 힐스 셀러에서 일을 하게 되었다.

사촌 스레츠코가 나에게 데스네의 일용품 상점을 맡겼을 때, 나는 미래가 이미 결정되었다고 생각했다. 당시에는 내가 어느 날 미국에 가서 친척들을 도울 수 있게 되리라고는 꿈에도 생각하지 못했다.

십자가와 현판이 보이는 쿨라 노린스카 요새

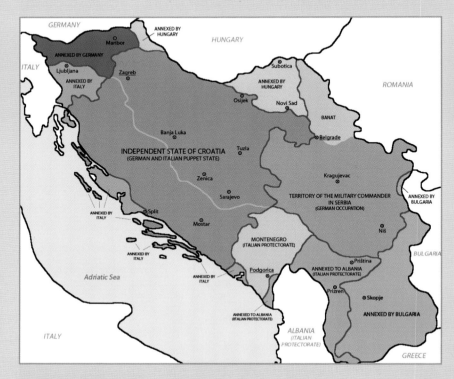

1941∼43년 유고슬라비아 영토

3
전쟁

평화로운 작은 데스네 마을에 밀어닥친 전쟁의 상흔을 어떻게 이야기해야 할지 난감하기만 하다.

1934년 독일 수상이 된 아돌프 히틀러는 세력을 계속 확장하고 있었지만, 데스네처럼 멀리 떨어진 곳에서는 별 변화를 느끼지 못했다. 그러나 히틀러가 폴란드를 침공하고, 영국이 전쟁을 선포한 1939년에는 전 유럽은 물론 우리 마을도 충격을 받았다.

내가 일용품 상점을 맡은 지 3년쯤 되던 해에 전쟁이 밀어닥쳤다. 상점은 일 주일 내내 문을 열었고 와인에서 옷감까지 마을 사람들에게 필요한 물건들을 팔고 있었다. 아버지가 만든 와인도 내다 팔았고, 마을에 보체bocce 경기가 있을 때는 선수들이 와인을 몇 리터씩 주문도 했다.

나는 물건을 쌓아 놓는 상점 위층 다락방에서 살았다. 한밤중에는 낚시꾼이 램프 연료를 사러 와서 잠을 깨우기도 했다. 어느 날 밤, 고된 하루 일을 마치고 모기에 물리지 않으려고 담요를 뒤집어쓰고 나무 침대에 쓰러져 자는데 갑자기 무언가가 나를 깨웠다. 연료를 사러 온 밤 낚시꾼은 아니었다. 생쥐 한 마리가 내 귀를 핥고 있었다. 담요가 모기는 막아 주었지만, 생쥐는 들락거릴 수 있었다. 침대가 식품들과 같은 층에 있었으니, 그날 밤은 생쥐들이 색다른 맛을 찾아와 내 귀를 핥고 있었던 것이다.

나는 메트코비츠에서 주문해오는 상품들이 가득 찬 상점에서 스레츠코와 함께 일했다. 그는 오랫동안 나의 사업 멘토였지만, 당시 나는 또 다른 롤모델들도 만났다. 데스네의 한 이웃이 나에게 책을 빌려주었는데 그 책들 속에는 놀라운 일들이 가득 차 있었다. "정말 이런 일들이 있어날 수 있을까?" 나는 스스로에게 물었고, 아마도 미국 같은 나라에서만 가능한 일일 것이라는 결론을 내렸다. 가난을 이겨내고 자수성가하여 세계 최고의 부자가 된 헨리 포드, 앤드류 카네기, 존 록펠러 등의 성공담들은 나를 사로잡았다.

나는 매일 바쁘게 지냈다. 외상으로 가지고 간 물건 값을 어떻게 받아내야 할지, 또는 여자들에게 옷감에 대해 어떻게 설명해야 할지 등을 배우며 일했다. 같은 옷감을 다른 사람이 사갔다는 말은 절대 하지 않아야 한다, 여자들이 듣기 싫어하는 말이다.

아버지는 어떤 상황에 있더라도 성공하기 위해서는 할 수 있는 모든 것을 다 배워야 한다고 말씀하셨다. 또 언제 성공의 기회가 올지는 아무도 모른다고 하셨다. 나도 배우기를 좋아했지만, 그때 배운 사업 기술이 실제로 미국에서 와이너리를 시작할 때 그렇게 큰 도움이 되리라고는 꿈에도 상상하지 못했다.

나는 데스네로 돌아와 부모와 함께 지낼 수 있게 되어 다행이라고 생각했다. 폐암을 앓고 계시던 아버지와 연로한 어머니를 가까이에서 도울 수 있게 되어 마음이 놓였다.

나는 아직 10대였지만 일을 하고 있었고, 마을 축제에도 참여했다. 마을 사람들은 일요일 오후 세인트 조지 성당의 미사가 끝나면 모두 모여 춤을 추고 놀았다. 그때는 남자가 여자보다 키가 작으면 여자에게 춤을 신청하지 못하는 전통이 있었다. 동네 여자들은 모두 나보다 키가 커, 나처럼 작은 남자는 짝을 찾을 수 없었다. 모두들 즐겁게 춤출 때, 나는 의자에 죽치고 앉아 발로 장단을 맞추며 구경만 할 수밖에 없었다.

전쟁이 일어나자 모든 것이 변했다.

우리는 신문도 라디오도 텔레비전도 없이 살고 있었으며, 바깥의 넓은 세계와는 동떨어진 생활을 하고 있었다. 마침내 데스네에도 전쟁이 시작되었다는 소식이 들렸다. 바로 이탈리아 군인들이 들이닥쳤다.

연합국과 싸웠던 주축국인 독일과 이탈리아가 1941년 4월 유고슬라비아를 점령했다. 크로아티아 독립국Independent State of Croatia (Nezavisna Drzava Hrvatska), NDH라는 괴뢰 정부가 크로아티아 중부와 북부 대부분을 포함하는 지역에 세워졌다.

남쪽의 달마티아 지역은 이탈리아에 합병되었다. 나의 전 세계였던 데스네, 크르바바츠, 메트코비츠는 모두 달마티아에 속해 있었다. 이제 이 지역은 사보이 아오스타Savoy-Aosta의 왕자, 아오스타 공작이 통치 (1941~1943)하는 왕국으로 공식 선포되었다. 그는 크로아티아인들이 사는 달마티아를 이탈리아가 합병하는 것에 반대하여 왕위를 거부했지만 이탈리아의 빅터 엠마뉴엘 3세의 압력으로 결국 수락했다. 그러나 크로아티아로 오지는 않았으며, 크로아티아 왕 토미슬라브Tomislav 2세로 지칭되었다.

독일 군대는 러시아 침공에만 전념하기 위해, 이탈리아가 달마티아를 점령하기를 원했다고 한다. 내가 생각해도 히틀러가 1941년에 러시아를 침공했을 때, 이탈리아는 그 전투에 전혀 참전하고 싶지 않았을 것이다. 이탈리아 군인들은 러시아의 꽁꽁 언 추위 속에서 전투하기보다, 화창하고 아름다운 달마티아에서 편히 지내기를 원했을 것이다.

이탈리아와 독일은, 데스네처럼 공산당 게릴라나 빨치산들이 출몰하는 산골 마을에는 이탈리아 군대가 주둔해야 한다는 데 합의를 보았다. 마침내 이탈리아는 데스네를 점령하게 되었고 곧 비극이 시작되었다.

그들은 제일 먼저 세인트 조지 성당의 신부를 살해했다. 죄목이 무엇이었을까? 성당에서 마을 주민들에게 미사를 알리는 종을 친 죄였다. 군인들은 그 종소리를 게릴라들에게 이탈리아 군대가 온다는 신호를 보낸 것으로 잘못 알았다. 신부는 침대에서 끌려 내려와 맨발로 무릎을 꿇고

세인트 조지 성당, 데스네

그 자리에서 총살당했다.

이탈리아 군대가 신부를 죽였다는 소식을 상점에서 들었을 때는 이미 아버지를 비롯해 데스네 주민들도 50명이나 잡혀갔다. 아버지는 병으로 누워 계셨지만, 위험한 빨치산으로 분류되어 집에서 끌려 나가셨다.

소식을 듣고 나는 상점을 뛰쳐나와 지휘관을 찾아갔다. "제발 늙고 병든 아버지를 돌려보내 주세요. 지금 암을 앓고 계세요. 위험한 인물은 전혀 아닙니다." 지휘관은 나를 보더니 말했다. "좋아, 아버지를 보내주는 대신 너를 집어넣겠어."

우리는 세인트 조지 성당 근처의 묘지로 끌려갔다. 왜 묘지로 끌고 갈까? 이제 마지막이구나 생각했는데 총을 쏘지는 않았다. 지휘관은 상부의 지시를 받고 명령을 내렸으며, 군인들이 손을 묶었다. 우리들은 긴 밧줄에 줄줄이 묶여 쿨라 노린스카로 행군했다.

침묵 속에서 5마일을 걸어 모래 강변에 도달했다. 군인들은 모래를 깊이 판 구덩이 전면에 우리를 줄지어 세웠다. 그들은 등 뒤에서 총을 겨누고 서 있었다. 나는 하늘을 쳐다보았고, 평화롭게 흐르는 강을 보았다. 또 앞에 파인 구덩이를 보았다. "죽는 건 확실한데 언제 죽을지 어떻게 알지?"

햇볕 아래 파 놓은 구덩이와 군인들 사이에서 얼마나 서 있었는지도 모르겠다. 별도리가 없었다. 기도만은 할 수 있었다. 그러면 고통은 줄어들겠지. 종교가 있고 하나님을 믿는다는 것이 위로가 되는 순간이었다.

그러자 이상한 일이 일어났다. 강을 따라 작은 트루피차trupica(네레트바 보트)가 내려오고 있었다. 누나 리우비차가 노를 젓고 있었다. 누나는 가까이 다가오며 소리쳤다. "겁내지 마, 죽이지는 않아. 메트코비츠로 끌고 갈 거야."

트루피차. 전통적 크로아티아 보트

누나는 마을에서 이 소식을 듣고 제일 빨리 강을 따라 노를 저어 왔다. 정말 대단한 용기였다.

사실이었다. 곧 큰 트럭이 와서 우리를 실었다. 메트코비츠에 있는 감옥에 도착하자 감방에 가두고 군인들이 경비를 섰다. 나는 경비병 한 명이 총으로 내 등을 떠밀었던 느낌을 아직도 기억하고 있다. "여기는 우리나라라고요!" 내가 소리치자 총 개머리판으로 나를 쳤는데 지금도 생각하면 그 자리가 쑤시는 것 같다.

우리는 나무 바닥에 납작 엎드렸고, 조금이라도 움직이면 도망치려는 줄 알고 군인들이 총을 들이대었다. 한 명씩 차례로 심문을 받았다. 나흘이 지나 석방되었다. 아무도 빨치산은 아니었다. 누나 네다의 남편인 마테 세트카Mate Šetka만 석방되지 못했다. 우리는 그를 다시 볼 수 없었고, 전쟁은 그런 것이었다. 사건은 일어나고, 이유도 모른 채 사람들은 사라지고, 어디로 갔는지도 모르고 도대체 사리에 맞는 것은 하나도 없는 세상이었다.

나중에 마테 세트카가 베오그라드 근처 감옥에 갇혀 있는 동안 연합군의 폭격으로 사망했다는 사실을 알았다. 네다는 남편을 잃고 혼자 두 어린 아이 예리차Jelica와 이보Ivo를 키웠다. 나는 틈나는 대로 누나와 아이들을 도왔다. 우리는 살아남기 위해 서로 도와야만 했으며, 당장 내일 무슨 일이 일어날지는 아무도 몰랐다.

나는 아버지가 병중이시고 집에 남은 유일한 아들이었기 때문에 징집 대상은 아니었다. 그러나 통행증을 발급받고 매달 메트코비츠에 있는 이탈리아 경찰서에 가서 도장을 받아야 했다. 보통은 관료적인 형식이었지만, 어느 날 보고를 하러 갔더니 통행증을 조사한 경찰관이 아무 설명도 없이 나를 감옥에 가두었다. 그날은 밤새도록 뜬눈으로 보냈다. 내가 무

네다 세트카와 가족, 뒷줄 오른쪽이 누나 네다와 딸 예리차

엇을 잘못했는가? 무슨 일이 일어나려는가?

사건은 우연히도 나와 같은 이름을 가진 악명 높은 산 속의 빨치산 때문에 일어났다. 그의 어머니의 이름도 어머니와 같았다. 엎친 데 덮친 격으로 나는 아버지가 주신 오스트리아제 작은 칼을 지니고 있었는데 망치와 낫이 새겨져 있었다. 이 로고는 옛날 오스트리아 헝가리 제국 때 있었던 공장의 로고였다. 이탈리아인들은 같은 이름과 작은 칼을 발견하고 공산주의자를 잡았다고 생각했던 것이다.

그날 밤 내가 집으로 돌아오지 않자, 리우비차 누나는 경찰서까지 걸어와서 내가 어디 있는지를 물었다. 감옥에 갇혔다는 소식은 들었지만 이유는 알 수 없었다. 누나는 할 수 있는 것은 기도뿐이라고 생각했다.

다음 날 아침 그들은 내가 그 악명 높은 공산주의자가 아니라 일개 상점 점원이라는 것을 알았고 착오가 있었다는 것을 인정했다. 감옥에서 나오니 돌 담벼락에 앉아 있는 누나 리우비차가 제일 먼저 보였다. 누나는 거기에서 밤을 지새우며 내가 안전하기를 기도하고 있었다. 하나님이 기도를 들어주셨다고 생각할 수밖에 없었다. 나는 살면서 신이 계신다는 느낌을 여러 번 받았으며, 그때도 마찬가지였다.

1943년 9월 8일 이탈리아가 항복하고 이탈리아 군인들이 달마티아에서 철수했다. 그들은 메트코비츠를 떠났으나 우리 앞에는 더 나쁜 날들이 기다리고 있었다. 나치가 달마티아를 장악한 것이다.

이탈리아가 점령했을 때에는 상점을 열고 상품을 배당받아 장사를 계속할 수 있었다. 바깥세상 소식은 들을 수도 없었고 어느 편이 이기고 있는지도 몰랐지만, 독일인들이 가끔 데스네에 오기는 했다.

우리의 목표는 살아남는 것이었고 살기 위해서는 싸움도 해야 했다. 예기치 않았던 상황이 나에게 닥쳤다. 데스네 근처 브르데스네라는 작은 마을에 요십 그니예츠란 몸집이 큰 깡패가 있었다. 그는 이탈리아가 메트코비츠를 점령하고 있었을 때는 그들과 친하게 지냈고, 독일인이 점령하니 또 그들과 잘 지내려고 분명 노력하고 있었다.

독일인들은 제일 먼저 크르바바츠에 있는 사촌 스레츠코의 상점을 마구잡이로 약탈했다. 식품을 모두 빼앗아 가서 잔치를 벌였는데, 물론 불한당 요십 그니예츠도 함께 있었다.

스레츠코가 물건들을 뺏기지 않으려고 상점으로 뛰어 들어갔고, 나도 같이 들어갔다. 요십 그니예츠는 스레츠코를 보자 움켜잡고 때리기 시작했다. 나는 겁에 질려 어찌할 바를 몰랐다. 아직 어렸고 싸움을 해본 적도 없었으나 아무튼 사촌을 도와야 했다. 그 불한당은 스레츠코를 계속 때리고 있었고 그는 도저히 피할 수가 없었다.

나는 제 정신이 아니었고 주위를 둘러보니 막대기가 하나 있었다. 막대기로 어깨를 치면 스레츠코가 벗어날 것 같았다. 나는 있는 힘을 다해 내려쳤는데 막대기가 빗나가 그의 옆머리를 쳤다. 너무 세게 쳐서 귀가 바로 떨어져 나갔다. 그도 나도 심한 충격을 받았다. 싸움은 끝이 났다.

그 후 놀랄만한 일들이 일어났다. 브르데스네 마을 사람들이 데스네의 스레츠코 상점에 찾아오기 시작했다. 달걀 한 바구니, 닭 한 마리 등 선물을 들고 와 나에게 주었다. 실수였지만 불한당 요십 그니예츠의 귀를 친 것에 대한 감사의 표시였다.

이탈리아는 데스네가 산 속에 숨어 있는 공산당 빨치산들의 위험한 요새라고 주장하며 러시아 전선을 피했다. 분명 그들의 주장은 잘 받아들여졌다. 독일군은 도착하자마자 이 문제를 해결하려고 작정했고, 데스네를 땅바닥까지 불태웠다.

데스네 마을 주민들은 어디든 피신할 곳을 찾아 나섰다. 아버지와 어머니, 우리 가족들도 모두 친척이 있는 곳을 찾아 나섰고 메트코비츠에 있는 스타나 누나의 집으로 갔다.

우리는 그때 독일이 전쟁에 지고 있다는 사실은 몰랐다. 단지 삶을 파괴하며 만행을 일삼는 잔혹한 군인들로부터 도망쳐야 했다.

나는 스무 살이었다. 형 안테는 크로아티아군에 징집되었지만, 나는 독일군을 마주칠 때마다 재빨리 피신했다. 하루는 메트코비츠 거리를 내려오는 군인을 발견하고, 누나 집 옆에 새로 짓고 있는 집으로 달려갔다. 아래층에 보트가 있었는데 나는 그 속으로 들어가 천막을 덮어썼다. 나중에 보니 머리만 가리고 등은 그대로 드러나 있었다. 다행히도 군인들이 집안으로 들어오지 않아 위기는 모면했다.

또 한 번은 군인들이 집으로 들어왔다. 나는 위층으로 도망갔는데 마루가 완성되지 않아 아래에 서 있는 그들을 볼 수가 있었다. 군인들은 담배를 피우려고 난로에 불을 붙였고 연기가 위층으로 올라왔다. "제발 하나님이시여. 재채기만 나지 않도록 해주소서." 나는 하나님께 기도할 수밖에 없었으며 제정신이 아니었다. 다행히 재채기는 나지 않았고 그들은 나를 못보고 나갔다. (또 하나의 기적이었다.)

나는 부모님에 대한 기억과 함께 그들의 맑은 영혼과 지혜를 평생 간직하며 살고 있다. 메트코비츠로 떠난 지 얼마 되지 않아 아버지는 폐암으로 돌아가셨다. 1945년 전쟁이 끝나고 독일 점령군이 떠났을 때 어머니는 데스네로 돌아오셨고, 1946년 평생 고통을 당하시던 위장병으로 돌아가셨다. 그때 나는 병으로 두브로브니크Dubrovnik에 있는 병원에 있었는데 리우비차 누나가 달려왔다. 누나가 오기 전에 나는 꿈에서 이미 어머니가 돌아가신 것을 알았다. 우리는 두 손을 마주 잡고 울었다.

유럽의 많은 곳처럼 수세기 동안 행복했고 번성했던 데스네도 전쟁 후 폐허가 되었다. 내가 태어나고 소년 시절을 보냈던 집은 돌로 된 형체만 남았다.

전쟁을 겪어보지 못한 사람들은 가정을 파괴하고, 가족과 친구를 죽이며 불청객으로 찾아오는 전쟁을 도무지 이해할 수 없을 것이다. 외국 군인들이 들어와 마을을 점령하면 어떻게 대항할 방법이 없다. 앞으로 무슨 일이 일어날지도 결코 알 수 없다.

전쟁은 생존의 의지에 불을 붙인다. 전쟁을 견딜 수 있으면 어떤 일이라도 견딜 수 있다. 생존의 의지는 나에게 크로아티아에 곧 닥쳐올 공산 체제를 이겨낼 수 있는 힘을 길러주었다.

폭격을 맞은 돌집

1945년부터 수십년간 정권을 장악했던 요십 브로즈 티토

공산당 치하

전쟁 후 우리가 겪었던 참혹했던 몇 주는 누구도 사실대로 묘사할 수 없을 것이다. 어디에서나 마찬가지이지만 전쟁에서 고통을 겪는 사람들은 보통 사람들이다. 전쟁이 끝나도 그들의 불행은 끝나지 않는다. 1945년 크로아티아는 유고슬라비아의 일부였으며 총체적인 혼란에 휩싸여 있었다. 아무것도 제대로 되는 일이 없었고 아무도 언제 무슨 일이 일어날지 알 수 없었다.

전쟁중 유고슬라비아 산속 공산 빨치산 대장은 요십 브로즈 티토Josip Broze Tito였다. 그는 크로아티아 태생으로 러시아에서 10년을 지내며 유고슬라비아에 공산주의 체제를 조직하기 위해 준비했다.

우리는 공산당 빨치산들이 어떤 사람들인지 잘 알고 있었다. 그들에게는 법이 없었다. 가끔씩 식품과 옷 등 일용품을 얻으려 마을에 내려왔으며, 상점에 편지를 보내 물건을 공급하도록 명령했다. 매우 곤란했다. 도와주지 않으면 죽임을 당할 것이며, 도와주면 독일 점령군이나 크로아티아 독립군NDH들에게 죽을 수도 있었다. 우리는 독일군들과 공산당들이 마을 주민을 여럿 죽이는 것을 보았다.

빨치산들이 우리 상점을 약탈하러 왔을 때, 다행히도 한 친구가 미리 알려 주었다. 나는 밤중에 친구의 집 지하실로 피신했고, 호수를 헤엄쳐 건너 코민Komin으로 갔다. 상점은 몽땅 털렸지만 목숨은 구할 수 있었다. 그러나 나는 사형수 명단에 올라 있었다. 사방에 위험이 도사리고 있을 때 어떻게 살아남아야 할 것인가라는 문제는 항상 나를 괴롭히고 있었다.

전쟁이 끝나자 서방 열강들은 유고슬라비아처럼 외진 나라에 대해서는 전혀 관심이 없는 것 같았다. 나는 윈스턴 처칠의 아들 랜돌프가 전쟁 중 유고슬라비아에 있었다는 소식을 들었다. 처칠이 그를 크로아티아로 보내 조사하도록 했고, 어떤 일이 일어나고 있는지 사실대로 파악하도록 했다.

랜돌프는 한편에서는 산속의 저항 세력들이 모두 공산당 빨치산들이라고 들었고, 다른 편에서는 빨치산들은 모두 세르비아 피터Peter 왕의 군대인 세르비아인들이라고 들었다. 사실 그들은 공산당이 아닌 왕의 빨치산이었다.

랜돌프는 영국으로 돌아가 아버지에게 "그들은 모두 공산당"이라고 보고했다. "그래, 공산당이 장악했어. 그러나 아들아, 걱정하지 마, 넌 거기서 살지는 않을 테니까." 처칠이 대답했다고 한다.

전쟁이 끝나고 독일이 유고슬라비아를 떠나자 소련이 들어왔고, 빨치산 대장 티토가 유고슬라비아의 새 지도자로 취임했다.

끔찍한 과도기였다. 공산주의는 무질서했다. 확고히 자리 잡은 법도 없었고, 누가 책임을 맡고 있는지, 무슨 일이 일어날지, 내일 내가 살아 있을지도 알 수 없었다. 사람들은 호주나 이탈리아, 또는 미국으로 탈출을 시도했다. 미국은 전 세계 사람들을 끌어들이는 자석 같은 나라였다. 이탈리아는 가까이에 있었다. 미국보다는 호주로 가기가 더 쉬웠지만, 대부분은 공산 치하에서 벗어나 친척들이 살고 있는 미국으로 가기를 원했다.

공산당의 점령으로 일상생활은 미국인들이 상상조차 할 수 없는 상태로 바뀌었다. 사업을 하는 사람들은 모든 재산을 빼앗기고 죽임을 당했다. 데스네에 공산당이 들어왔을 때 우리 상점은 완전히 약탈당했다. '사형자 명단'에 있었던 나는 다행히도 정보를 사전에 알았기 때문에 메트코비츠로 피신하여 전후의 첫 참사를 피해 살아남을 수 있었다.

공산주의는 교육을 받은 지식층에게 더 큰 타격을 입혔다. 그들은 적으로 간주되었으며 갑자기 어느 날 한 명씩 사라져갔다.

나는 전쟁 전에 러시아의 공산주의에 대해 알기 위해 책을 읽어 본 적이 있었다. 그들은 한 나라 한 나라씩 곧 전 세계가 공산주의가 될 것이라고 설파했다. 사람들은 대부분 이를 믿었다. 이제 이 나라에 공산주의자들이 들어왔으니, 그들은 영원히 떠나지 않을 것이라고 생각했다.

주민들은 다투어 공산당에 가입했고, 또 그 길이 앞서가는 길이라고 믿었다. 하지만 나는 그럴 수가 없었다. 나는 공산당원이 될 수가 없었으며, 사상도 맞지 않았다. 거기에는 개인의 자유가 없었다.

공산당은 유고슬라비아를 점령한 후 모든 일을 통제했다. 농부들조차도 곡물을 심으려면 유고슬라비아의 수도 베오그라드에 가서 허가를 받아야 했다. 나는 어느 날 아파서 병원에 가야 하는데 너무 오래 기다려야 했다. 한 친구가 차에 치인 것처럼 길에 쓰러져 있으면 병원에 빨리 갈 수 있을 거라고 넌지시 말했다. "그러면 의사를 볼 수 있을지도 몰라." 친구는 우스갯소리로 했지만 나는 그대로 했다. 경찰관은 내가 술에 취해 쓰러졌다고 생각하고 병원으로 데리고 갔으나, 다른 주정뱅이들과 한 방에 가두었다.

내가 또 하나 깨달은 것은 종교를 지키고 싶은 마음이 있었다는 것이다. 나는 가톨릭 신자로 자랐는데 공산주의자들은 종교를 버리고 그들만을 믿으라고 했다. 데스네에서 종교는 삶의 중요한 부분이었다. 나는 신을 믿지 공산주의자들을 믿지는 않는다. 공산주의자들은 평등을 주장했지만 그것은 웃음거리에 불과했다. 몇 명은 대단한 특권을 누리며 사는 반면, 보통 사람들의 삶은 전혀 나아지지 않았으며 살아남기에 급급했다.

사람들은 정부를 비웃는 이야기를 소일거리로 삼으며 견뎌 내고 있었다. 그 중 우스운 이야기가 하나 있다. 베오그라드에서 길거리 청소부가 일을 하고 있었다. 길을 쓸고 쉬며 빗자루를 수직으로 세우고 그림자를 보았다. 감시하는 러시아 군인이 이 광경을 보고 다가와서 "왜 빗자루를 세우느냐?"라고 따지고 물었다. 청소부는 "빗자루 그림자를 보고 점심시간을 알 수 있으니까요."라고 대답했다.

그러자 군인은 빗자루를 빼앗으며 "시계를 이리 내놔!"라고 소리쳤다.

또 하나는 한 남자가 큰 배낭을 메고 가는데 도둑이 덮쳤다. 배낭을 빼앗아 열어보니 유고슬라비아 돈이 가득 들어있었다. 도둑은 돈은 버리고 배낭만 갖고 갔다. 배낭이 유고슬라비아 돈보다 더 가치가 있었던 것이다.

혼란 속에서도 나는 미래를 생각해보았다. 공산주의는 나의 꿈을 앗아갔다. 상점을 열 가능성은 없었다. 내 인생을 어떻게 헤쳐나갈 것인가? 나의 미래는 어떻게 될 것인가?

크로아티아의 설화 하나가 생각났다. 참나무와 버드나무에 관한 이야기인데 어떤 경우에도 적용이 된다. 참나무는 실바람에도 흔들리는 약한 버드나무를 놀리며 꿋꿋함을 자랑했다. 강한 폭풍우가 거세게 부는 어느 날, 참나무가 부러져 개천에 쓰러졌다. 참나무는 시냇가에 아직도 바로 서 있는 버드나무를 올려다보며 말했다. "너는 아직 그 자리에 서 있는데 나처럼 강한 참나무가 쓰러지다니."

버드나무가 대답했다. "넌 너무 크고 강해 바람이 세게 불면 굽힐 수가 없어. 나는 연약하고 나긋나긋하지. 바람이 세게 불면 휘어지지. 그리고 바람이 멈추면 다시 바로 서는 거야."

공산 치하에서는 버드나무처럼 휘어져야 살아남을 수 있고, 또 내일도 살아갈 수 있다.

나에게 교육은 항상 앞으로 나아가고 위로 오르는 길이었다. 아무튼 학교로 돌아가야 한다고 생각했다. 하지만 무슨 공부를 해야 하는가?

사업 경험을 바탕으로 나는 회계사가 가장 적합한 직업이라고 결정했다. 메트코비츠에서 북쪽으로 153킬로미터 떨어진 스플리트Split 시에 3년 과정의 경영 대학이 있었는데, 회계사 자격증을 딸 수 있었다.

나는 스플리트로 갔다. 학비는 무료였지만 정규 학생으로 살려면 숙식비가 필요했다. 그러나 '정규 외' 학생으로 등록을 하면 집에서 공부할 수 있었다. 나는 수업에 필요한 책들을 사서 메트코비츠로 돌아왔다. 학기가 끝나기 한 달 전에 스플리트로 가서 그 학기에 배운 전 과정을 교수가 총정리를 하는 수업을 들었다. 기말 시험은 정규 학생들과 함께 보았다. 나는 해마다 시험을 통과했고 3년 후에 경영학 학위를 받았다. 무언가를 절실히 원하면 항상 성취할 수 있는 길은 열려 있었다. 공산 치하에서라도 ….

어렵게 학위를 받은 후 나는 메트코비츠로 돌아와 마을 협동조합에 회계사로 취업을 했다. 일 년을 일하고 난 뒤 내가 이룬 것이 무엇인가를 되돌아보았다. 캐비닛 두 개가 서류로 가득 차 있었다. 내가 35년을 더 일한다면 무엇을 성취할 수 있을까? 아마 캐비닛 70개가 서류로 가득 차 있을 것이다.

내가 원했던 인생이 이것이었을까? 아니다. 그럼 어떤 인생을 원했던 가? 나는 답을 찾기 위해 곰곰이 생각해 보았고, 결국 아버지가 하시던 가족의 일로 돌아가야 한다는 결론을 내렸다. 가족의 전통을 따르기로 한 것이다. 수세대에 걸쳐 본능적으로 해오던 일로 돌아가야 한다. 바로 와인을 만드는 일이었다.

포도나무 속에서

자그레브, 1669년 이래로 대학 도시였던 크로아티아 수도

5

자그레브로 향하여

　와인을 만들기로 결정했을 때는 물론 어떤 운명이 나를 기다리고 있을지 전혀 상상하지 못했다. 와인은 내가 물려받은 유산이었지만, 또한 현실적인 결정이기도 했다. 와인은 언제나 팔 수 있는 상품이다. 사람들은 기쁠 때는 와인으로 축하를 하고 슬플 때도 와인으로 마음을 달랜다. 와인은 언제라도 즐거움을 더해 준다.

　전쟁중에는 아버지의 포도나무를 거의 다 뽑아내고 채소를 심어 배고픔을 견뎌 내었다. 되돌아보면 오히려 포도나무를 재배하여 와인을 만들어 팔았다면, 그 돈으로 암시장에서 야채를 살 수도 있지 않았나 하는 생각이 들었다.

　아버지는 나에게 양조법을 가르쳐 주었다. 하지만 전문적인 와인 메이커가 되려고 결심을 하고 나니 과학과 기술을 배워야 한다는 깨달음이 왔다. 위대한 와인은 기술과 과학의 결합으로 만들어진다. 그러나 과학을 배우기 위해서는 우리 가족 중 누구도 가본 적이 없는 새로운 길을 택

해야 했다. 멀리 수도 자그레브에 있는 대학으로 진학을 해야 했다.

자그레브는 크로아티아에서 제일 큰 도시였고 현재 크로아티아 공화국의 수도이다. 자그레브 대학은 남유럽에서 가장 크고 오래된 대학이었으며, 당시에도 포도 재배 양조학과가 있었다. 해마다 12명만 입학 허가를 받았는데, 나는 그 중 한 명이 되어야겠다고 마음먹었다.

자그레브로 떠났다. 그곳은 집에서 가본 곳 중 가장 멀리 떨어진 곳이었다. 북쪽에 있는 자그레브는 바다 쪽이 아닌 내륙 지역이었으며, 데스네에서는 5백 킬로미터, 약 3백 마일쯤 쯤 떨어진 곳이었다.

자그레브에 도착했다. 나는 대학의 입학 접수 창구가 열리면 포도 재배 양조학과에 신청하는 첫 번째 학생이 되고 싶었다. 자그레브 대학은 내가 얻은 하숙집에서 3마일 거리에 있었다. 전차는 5시 반에 첫차가 출발했다.

나는 친구 이보 데렉Ivo Derek과 함께 새벽 2시 반에 일어나 걸어가기로 했다. 창구에 도착했더니 젊은 여자 한 명이 이미 줄을 서 있었다. 우리는 사무실 앞마당에 진을 쳤다. 그러나 전차가 운행될 때까지는 아무도 나타나지 않았다. 사무실 문이 열리자마자 우리는 원서를 접수시켰다.

회계사로 일하며 저축한 돈은 얼마 안 되었지만 대학 입학은 가능했다. 공산주의 사회에서 하나 좋은 점은 교육이 무료였다. 학비는 낼 필요가 없었으나 집과 친구들과 떨어진 이 도시에서 어떻게 정규 학생으로 살아가느냐가 문제였다. 부모님은 돌아가셨고, 나를 도와줄 사람은 아무도 없었다. 학자금 융자 같은 것도 없었지만, 돈을 빌리려는 생각은 아예 하지 않았다. 빚을 지는 것은 크로아티아 삶의 방식이 아니었다.

나는 방 한 칸을 얻었다. 1백 년도 넘은 맨션을 개조해 세를 주는 집이었다. 내 방은 하인들의 숙소였던 것 같았다. 침대도 집처럼 오래되었

자그레브 대학에서 함께 공부한 평생 친구, 이보 데렉

원예학 연구소, 오른쪽에서 두 번째 나

고, 매트리스는 중간에 큰 구멍이 나서 알루미늄 판을 깔아 놓았다. 자려고 누우면 움푹 들어가고, 오른쪽으로도 왼쪽으로도 움직일 수가 없었다. 첫 학기를 끝내고 가족과 지내려고 집으로 돌아가, 메트코비츠에 있던 내 침구를 옮겨 왔다. 드디어 매트리스가 생겼다.

방 안에는 침대 외에는 아무것도 없었다. 책상도 없고 수도도 없고, 난방도 되지 않았다. 겨울에는 너무 춥고 전구도 희미하여 방안에서는 공부를 할 수가 없었다. 나는 점심과 저녁 사이에는 따뜻한 카페나 호텔에 가서 물 한 잔을 주문해 놓고 오후 내내 천천히 마시며 공부를 했다. 저녁 손님들이 오기 시작하면 추운 내 방으로 돌아왔다.

"왜 프랑스 베레모를 늘 쓰고 다니십니까?" 많은 사람들이 묻는다. 어느 비 오는 날 전차를 탔는데 우산을 두고 내렸다. 내가 알아챘을 때는 전차도 우산도 사라지고 없었다. 그때는 너무 가난하여 다른 우산을 살수도 없었다. "비 오는 날에는 머리만 가릴 수 있으면 돼." 나는 스스로에게 말했다.

어느 날 자그레브 거리를 걷다가 여러 모양의 모자가 진열되어 있는 상점을 발견했다. 베레 모자가 눈에 띄었다. "베레는 매우 실용적이야. 비가 올 때 머리를 가려주기도 하고, 안 쓸 때는 접어서 주머니에 넣을 수 있으니까 잃어버릴 염려도 없지." 혼자 중얼거렸다.

이 베레 모자가 어느 날 미국의 수도 워싱턴 D.C.의 대 스미소니언 박물관Smithsonian Institution에 소장되리라고 누가 감히 상상이라도 했겠는가? 지금 되돌아보면 세계의 역사가 내 인생을 만들어 왔지만, 또한 그보다 중요한 그 무엇이 있었던 것 같다. 우리는 계획을 세우고 목표를 정해 나아갈 수는 있지만, 인생은 자신의 열망만으로 이루어지지는 않는다. 신, 가족, 친구 등 운명 같은 어떤 다른 힘들이 함께 하는 것 같다.

가난한 학생으로 자그레브에서 지내는 동안 생활은 힘들었다. 하지만 나는 배움에 정진하고 있었고 화학과 식물학을 비롯해 40개 과목을 이수했다. 두 연구 작업에 참여하면서 생활비를 벌었는데, 하나는 대학에 있는 유전학 연구소였다. 새로운 형태의 밀을 만드는 연구였다. 크로아티아의 밀은 키가 너무 커 비바람에 쉽게 넘어지고 재배하는데 어려움이 있었다. 대신 호밀은 키가 작고 단단하여, 둘을 교잡시켜 비가 와도 쓰러지지 않는 새로운 밀을 만드는 연구를 했다. 또 하나는 과수 원예 연구소에서 새로운 과일 종류를 만드는 연구였다.

대학 마지막 2년은 양조학과 포도 재배학을 공부하는 데 전념했다. 논문은 메트코비츠 네레트바 강 계곡에서 자라는 포도 품종 연구였다. 나는 이 지역에만 50여 종의 포도가 자라고 있다는 것을 알았다. 생각해보니 이상한 일도 아니었다. 크로아티아는 수세기 동안 그리스, 로마, 헝가리, 이탈리아가 거쳐 간 곳이며, 각 나라들의 영향이 교차하는 곳이었다. 그들은 당연히 포도나무도 심었다.

대학 생활 동안 외부에서도 많은 것을 배웠다. 미국의 헨리 포드나 앤드류 카네기, 록펠러 등 성공한 인물들의 이야기를 읽으며, 어떤 일에 심취하면 기대보다 훨씬 더 많은 것을 얻을 수 있고, 처음 계획보다 훨씬 더 큰일들을 이룰 수 있다는 생각이 들었다. 하지만 그들에게는 유리한 점이 있었다. 미국에 살고 있었던 것이다.

공산주의자들이 선전하는 미국은 기회의 땅이 아니었다. 좋은 점은 하나도 없는 나라였다. 미국은 범죄와 폭력이 난무하고, 주민은 가난과 불평등에 시달리고 있는 나라였다. 그들은 생쥐들이 득실대는 병원 사진을 보여주며 미국이 얼마나 살기 힘든 곳인가를 입증하려고 했다. 나는 도대체 진실이 무엇인지 궁금했다. 마침내 내 인생을 바꾸게 된 해답을

세르만 교수

얻게 되었다.

1954년 유고슬라비아는 공산 지배가 약간 느슨해지기 시작했다. 외국으로 여행이 다시 허용되었고, 교수님 중 한 분인 양조학과 포도 재배학 세르만Serman 교수가 6개월간 안식년을 얻어 캘리포니아로 갔다. 그가 돌아왔을 때 우리는 그를 둘러싸고 미국에 대한 궁금증으로 질문 공세를 퍼부었다. 그러나 세르만 교수는 답변을 피했다. 공산당들이 그의 말을 들을까 두려워하여 회피하는 것이 분명했다. 어느 날 몇 명이 그가 혼자 있는 방으로 들어가 졸랐다. "제발 캘리포니아가 어떤 곳인지 말해 주세요."

그는 마치 주위에 비밀경찰이 듣고 있는지 살펴보는 것처럼 둘러본 후, 손으로 입을 막고 나직이 말했다. "캘리포니아는 천국이야!"

"물이 없는 곳은 사막이지만, 물만 있으면 천국이지." 그가 덧붙였다.

그날 집으로 돌아오는 도중 내내 캘리포니아 – 천국 – 캘리포니아 – 천국이라는 말이 종소리처럼 귀에 울렸다. 온갖 생각이 머릿속에서 맴돌기 시작했다. "왜 죽은 후에 천국에 갈 때까지 기다려야 하지? 살아 있을 때 천국으로 갈 수도 있지 않을까?"

나는 천국 캘리포니아로 가는 길을 찾기 시작했다. 아이디어가 하나 떠올랐다. 당시 유고슬라비아의 학생들은 유엔 교환 학생 프로그램으로 해외에서 단기간 인턴 일자리를 얻을 수 있었다. 나는 대학 4년이 거의 끝나가는 상태였으며, 이제 학위를 받기 위해 논문만 끝내면 되었다. 그러나 학위를 받고 대학을 졸업하면 국외 여행이 허용되지 않았다. 나는 졸업 전 교환 학생 프로그램에 신청했고 유전학에 대한 연구가 도움이 되어 통과되었다.

1954년 오스트리아에서 수확을 돕는 인턴에 채용되었다. 같은 반 친구인 이보 소코리츠Ivo Sokolić는 서독으로 가게 되었는데, 그는 아는 교수를 만나기 위해 오히려 오스트리아로 가고 싶다고 했다. 나는 유고슬라비아를 떠나는 것이 목적이었기 때문에 선뜻 자리를 바꾸어 주었다. 교환 학생 프로그램으로 나는 두 가지 소중한 것을 얻었다. 여권과 독일행 기차표, 그리고 유명한 이보 소코리츠와 평생 친구가 된 것이다. 그는 후에 포도와 와인에 대해 많은 책을 썼다.

나는 기회가 될 때마다 미국 달러를 모았다. 리우비차 누나에게서 몇 달러를 얻었고 내가 저축한 돈을 달러로 바꾸기도 했다. 모두 32달러가 되었는데 그때는 큰돈이었다. 나는 미국에 도착할 수만 있다면 그 돈으로 땅 한 조각은 살 수 있으리라 확신했다.

모하체크 교수

그러나 난관이 기다리고 있었다. 국경에는 경비병이 있었고 조사관이 한 명씩 심문을 했다. 돈을 갖고 나가는 것은 불법이었고, 외국 돈이 발각되면 압수당하고 여권도 빼앗긴다. 감옥에 가지는 않을 수도 있었지만, 국경을 넘을 수는 없었다.

내가 비밀리에 이런 계획을 세우고 있었을 때, 공산 치하의 이 나라를 하루빨리 벗어나야겠다는 생각을 재확인시키는 일이 일어났다.

학생들은 마르코 모하체크Marko Mohaček 교수를 가장 존경했다. 그는 좋은 교육을 받았고 예리하고 에너지가 넘쳤다. 당시에는 교과서가 없었기 때문에 학생들은 교수의 강의를 듣고 각자 능력만큼 받아들일 수밖에 없었다. 하지만 모하체크 교수는 유기화학과 무기화학, 분석화학,

생화학 등 과목마다 책을 집필했다. 그는 실험 농장도 갖고 있었으며 감자, 토마토, 포도 등을 종류별로 재배했다.

그는 화학이 전공 분야였으며, 양조학은 가르치지 않았지만 와인도 잘 알고 계셨다. 우리는 다른 질문도 했지만 특히 와인에 대한 질문을 많이 했다. 어느 날 내가 만든 와인을 갖다 드렸는데, "좋은데."라고 말씀하시고 나서 잠시 후에 나를 찾아오셨다. "와인의 뒷맛이 좀 이상한데."라고 하시며 혹시 설탕을 넣었느냐고 물으셨다. 나는 설탕을 넣었고, 그는 맛이 이상하다는 것을 느꼈다.

그는 박식하고 훌륭한 선생님이었으며, 무엇보다 학생들을 진실로 사랑했다. 우리는 그를 무척 존경했고 따랐다. 그가 공산주의자들 때문에 문제가 생기자 우리는 함께 걱정했다. 사건은 이렇게 일어났다. 대학 교수는 모두 정부의 공산주의 교육을 받도록 되어 있었다. 교육도 제대로 받지 못한 장군들이 강사로 섰으며 러시아어를 번역한 교재를 사용했다.

모하체크 교수는 곧 은퇴를 준비하고 계셨지만 교육은 받아야 했다. 그는 교재를 사서 꼼꼼히 읽고 오류와 모순점을 적었다. 다음 시간에 13페이지에 달하는 문제점들을 지적하여 제출했다. 이것이 모하체크 교수의 첫 번째 실수였다. 장군은 전혀 고마워하지 않았다.

두 번째 실수는 수업중 장군이 "신을 믿습니까?"라는 질문을 던졌을 때였다.

"네 믿습니다." 모하체크 교수가 대답했다.

이 답은 오로지 국가만 믿어야 한다는 공산주의 가르침에 위배되었다. "어떻게 보이지도 않는 신을 믿을 수 있는가?" 장군이 다시 물었다.

모하체크 교수는 또 반박했다. "크로아티아에서는 보이지 않는 것을 믿습니다."

공산주의 수업은 취소되었고 얼마 후 교실에 들어온 모하체크 교수는 멍한 상태였다. 공식 은퇴를 불과 두 달 남긴 때였는데, 학장이 바로 퇴직하기를 종용했다. 그는 평생을 봉직해온 대학에서 강제 퇴직을 당하게 되었으며, 연금도 75퍼센트밖에 지급받지 못하게 되었다. 과중한 처벌을 당한 것이다.

학생들 중 다섯 명이 그를 돕기로 했는데, 나도 그 중 한 명이었다. 우리는 학장실에 가서 면담을 요구했다. 모하체크 교수는 4년 동안 우리를 가르쳤고 이제 마지막 시험이 두 달밖에 남지 않았으니, 시험이 끝날 때까지만 기다려달라고 탄원했다. 대답은 "노."였으며 결국 그는 대학에서 해고되었다.

그러나 탄원한 학생들은 이 일로 끝이 나지 않았다. 며칠 후 학장실로 갔던 한 친구가 "미엔코, 비밀경찰이 너를 따라다니는 것 같아."라고 나직하게 말했다.

나는 앞날에 대한 두려움을 떨칠 수가 없었다. 우리는 모두 어떤 일이 일어날지를 잘 알고 있었다. 늘 보던 사람이 어느 날 사라지고 다시는 볼 수 없게 된다. 최대한 빠른 시일 내에 크로아티아를 떠나야 한다는 생각이 엄습했다. 여권도 있었고 32달러도 챙겨 두었다. 돈을 갖고 이 나라를 떠날 수 있는 방법을 찾아보아야 했다.

나는 구두 상점으로 가서 믿음직한 제화공을 찾아 기회를 봐서 물어보았다. "구두 밑창을 떼고 돈을 넣어 다시 붙여줄 수 있나요?" 그는 좋은 사람이었다. 이유도 묻지 않고 구두 밑창에 돈을 숨겨 주었다. 그 후로 나는 그 구두에 특별히 신경을 썼으며, 벗으려 하지도 않았고 잘 때도 신고 잤다.

나는 절대로 아무도 모르게 떠나야 했으니, 누구에게도 말을 하면 안

되었다. 누나와 형들은 내가 기회가 있으면 이 나라를 떠나야 한다고 용기를 주었기 때문에 이해하리라고 생각했다. 하지만 작별인사는 할 수 없었다. 여권과 서독 비자는 이미 갖고 있었기 때문에 운이 좋았다. 나를 미워하는 누군가가 알아채면 이 나라를 못 떠나게 방해할 수도 있었다. 급하게 탈출 준비를 하는 동안 내내 불안에 떨 수밖에 없었다.

나는 골판지로 만든 작은 싸구려 여행 가방을 하나 샀다. 거기에 가장 중요한 물건들, 옷가지 몇 벌과 포도 재배와 양조에 관한 책 열다섯 권을 챙겨 넣었다. 나는 이 책들이 천국에서 성공할 수 있는 길이 될 것이라 믿었다.

학위도 받지 못하고 대학을 졸업하기 전에 떠나야 했지만, 내가 누릴 수 있는 소중한 자유에 비하면 별문제가 되지 않았다. 자유롭게 말하고 생각하고, 하고 싶은 일을 성취할 수 있는 낯선 세계로 향해 출발했을 때, 나는 이미 31세였다.

베레모를 눌러쓰고 가방을 들고 기차역으로 갔다. 기차가 자그레브 역을 떠날 때, 나 역시 이 세상에서 사랑하던 모든 사람들을 남겨두고 떠나고 있었다. 기차를 타고 나서도 국경에서 검거를 당하고, 구두 밑창의 돈이 발각되어 영영 이 나라를 떠나지 못하게 될까 두려움에 떨었다.

오스트리아 국경에 도착하자 기차가 멈추었다. 우리는 모두 내려 국경을 통과하는 검사를 받아야 했다. 나는 조사관이 한 여자를 심문하더니 어디론가 데리고 가는 것을 보았다. 그 여자는 다시 기차로 돌아오지 않았다.

초조하게 차례를 기다렸다. 그들은 나에게 몇 가지 질문을 하고 여권을 검사했지만 내 구두는 조사하지 않았다. 여권에 도장을 찍고 기차로 돌아오자, 숨쉬기는 좀 나아졌지만 기차가 출발할 때까지는 안심할 수 없었다.

국경을 통과하여 드디어 크로아티아에서 벗어났다. 나는 그때 조국으로 다시 돌아오리라고는, 헤어졌던 사람들을 다시 만나리라고는 전혀 생각하지 못했다.

나는 더 나은 생을 위해 전진하고 있었으며, 혼자였지만 많은 선생님들의 지혜를 가슴에 품고 가고 있었다. 부모님과 신을 볼 수는 없지만 신을 믿는다고 선언했던 지적인 모하체크 교수와 함께. 나는 신을 믿었다. 신은 어디에나 존재하기 때문에 새로운 세계로 떠나는 나와도 함께 하신다는 믿음이 있었다.

나는 무한한 자유를 느꼈다.

여권 사진, 1954.

6

탈출

차창 밖을 내다보니 기차는 오스트리아의 산속을 지나 서쪽을 향해 한참을 달리고 있었다. 독일의 농경지가 보였고, 기차역마다 새로운 풍경이 펼쳐졌다. 마을과 사람들은 모두 낯설고 달라 보였다. 나는 미래에 대한 걱정은 잊어버리고, 기차처럼 빠르게 앞으로 달리고 있었다.

한밤중에 마침내 목적지인 독일의 작은 마을 슈바비쉬 홀Schwäbisch Hall에 도착했다. 바덴뷔르템베르크Baden-Würtenberg 주의 프랑크푸르트와 슈투트가르트 사이에 있는 마을이었다.

당시 독일은 동독과 서독으로 분리되어 있었고, 서독은 또 미국령과 프랑스령, 영국령으로 나누어져 있었다. 바덴뷔르템베르크는 미국의 점령지였다.

주인 가족에게 연락하기에는 밤이 늦어 나는 대합실의 나무 벤치에서 잤다. 이 정도는 아무 문제가 아니었다. 천국으로 가는 긴 여행의 첫발을 내딛지 않는가. 아침에 역무원이 두 달 동안 일할 한프리드 프랑

독일 슈바비쉬 홀 근처에 있는 프랑크 농장

1950년 경 프랑크 농장의 수확

크Hannfried Franck 농장에 전화를 걸어 주었다. 곧 프랑크 씨가 트럭을 몰고 와서 농장으로 같이 갔다. 슈바비쉬 홀은 강가에 있는 아름다운 마을이었다. 집들은 목재 골조로 지었는데 크로아티아의 적색 기와를 얹은 돌집과는 전혀 달랐다.

내가 맡은 일도 운이 따라 주었다. 행운이었던지 아니면 기적이 다시 일어난 것 같았다. 프랑크 부부는 딸이 셋이고 아들이 둘이었는데 모두 나를 가족처럼 대했다. 열다섯 살인 피터는 동생 같았다. 방은 편안했고, 가족처럼 한 식탁에서 식사를 했으며 식사 때마다 기도를 드렸다. 나는 독일어를 몇 마디만 할 수 있었지만 곧 소통할 만큼 익혔다.

프랑크 농장은 1백 헥타르, 약 247에이커였는데, 림부르크 성에서 멀지 않았다. 프랑크 씨는 새 품종의 곡물들을 시범 농장에서 개발하고 있었는데, 주로 밀이었다. 실험은 성공하여 지금은 그가 개발한 씨앗들이 온 세계에 팔려 나가고 있다.

나는 실험실에서는 일하지 않았다. 두 달 동안 수확 철에 일을 하는 노동자로, 가족들과 모두 함께 농장에서 열심히 일했다. 120파운드 자루에 곡물을 가득 채우고 묶어서 트레일러로 옮기는 일을 했다. 자루 무게가 내 몸무게보다 무거워 손가락이 뻣뻣해지고 감각이 무뎌질 정도로 힘이 들었다.

프랑크 씨는 농장에 젊은이들을 위한 학교도 세웠다. 남자는 농사를 여자는 가사를 배웠다. 프랑크 농장에는 모두 스무 명이 일했는데 늘 젊은이들이 모여 있어 생기가 돌았다.

새로운 농기구나 오토바이 등, 생전 처음 보는 물건들도 많았다. 아주 어린 학생들까지 모두 오토바이를 타고 다녔다. 어느 날 학생들 몇 명이 나에게 장난을 걸었다. "여기, 이걸 타봐."

한프리드와 게르트루드 프랑크

슈바비쉬 홀 직원과 학생들, 앞줄 오른쪽 끝 나

그들은 오토바이의 시동을 걸고 나에게 타라고 했다. 갑자기 앞에 내리막길이 나타났고, 나는 들을 가로지르며 밀 더미를 넘어뜨리며 달릴 수밖에 없었다. 어떻게라도 오토바이를 멈추게 해야 했는데 브레이크가 어디 있는지도 몰랐다. 오토바이를 쓰러뜨려 멈추게 하는 방법밖에 없어 왼쪽으로 쓰러졌는데 왼쪽 다리 바로 위로 넘어졌다. 오토바이는 멈췄으나 나는 큰 부상을 입었고 두 달 동안 아파서 걷기도 어려웠다. 크로아티아에서는 경험하지 못했던 자동 기계의 장점과 단점도 배우게 되었다.

　　아무튼 우리는 같이 일하며 즐겁게 지냈다. 두 달의 인턴 일이 끝났을 때는 내 나라 유고슬라비아와 공산 치하로 돌아가지 않겠다는 결심이 굳게 섰다. 프랑크 가족처럼 자신을 위해 열심히 일하는 즐거움이 어떤 것인지도 충분히 알게 되었다. 자유를 맛본 나는 미행당하고 도청당할지도 모르는 두려움 속에서 더는 살고 싶지 않았다. 나는 프랑크 가족들에게 감사해 하며 그들에게 계획을 털어놓았다.

　　정치적 망명을 신청하러 프랑크푸르트로 갔다. 충격적인 일이 눈앞에서 일어났다. 1954년 서독에서 망명을 요청한 동유럽 사람들이 1천2백만 명이나 되었다. 나는 그 중 한 명에 불과했으며, 미국으로 가기를 희망했지만 수백만 명이 같은 생각을 하고 있었다. 또 미국에서 받아들일 수 있는 난민의 숫자도 각 나라별로 제한되어 있었다.

　　망명이 허가되고 신분증을 받는 대신 나는 뉘른베르크 근처에 있는 수용소로 보내졌다. 나는 그때의 경험을 잊을 수가 없으며, 요즈음도 사람들이 수용소에 대한 이야기를 하면 등골이 오싹해진다. 수용소에는 현재도 미래도 희망도 없었으며, 부모를 잃고 집을 잃은 비참한 사람들밖에 없었다. 나도 그 중 한 명이었다. "미국으로 향한 여정이 여기에서 끝나는구나." 섬뜩한 생각이 들었다.

나는 그렇게 심한 절망감을 느껴본 적이 없었다. 최악의 상태에서 수용소 안에 누군가가 만든 작은 예배실을 발견했다. 들어가 보았더니 성모상이 있었고 그 앞에 꿇어앉을 수 있는 나무 판도 있었다. 서른한 살이나 되는 성인 남자가 눈물을 흘리며 기도했다. "성모님, 신성한 어머니시여, 나를 도와주소서."

기도의 응답이 왔다. 프랑크 가족이 슈바비쉬 홀에서 내가 돌아오기를 기다리다가 찾아 나선 것이다. 수소문 끝에 프랑크 씨가 수용소로 찾아왔다. 그들은 존경받는 가족이었다. 프랑크 씨는 나를 가족과 같은 사람이라고 보증하고 농장에서 일을 계속할 것이라고 말했다. 드디어 석방되었다.

정말 기적이었다. 차를 타고 수용소에서 멀어지면서, 나는 완전한 절망에서 완전한 행복으로 돌아오게 되었다.

프랑크 가족과 행복한 나날을 보냈지만 내 꿈은 독일에 머무는 것이 아니었다. 나는 아직도 캘리포니아와 '천국'을 꿈꾸고 있었다. 나는 미국 천주교 자선 단체에 도움을 요청했다. 마침내 뉴욕 대교구의 대주교인 프란시스 조셉 카디널 스펠만이 서명한 편지를 받게 되었다. 편지에는 내가 미국으로 올 수 있는 협의가 끝났으며, 두 달 후에 미국에 도착할 수 있을 것이라고 했다. 그들은 새 옷까지 보내왔다. 나는 대서양 횡단 티켓이 든 편지가 오기를 손꼽아 기다렸다. 매일 우체국에 출근하여 직원들이 모두 알아볼 정도였다. 하지만 그 편지 이후에는 아무런 소식도 오지 않았다.

그동안 나는 인생에서 여태껏 결코 겪어보지 못했던 일들을 열심히 하고 있었다. 수확이 끝난 후에도 일은 많았다. 한해 중 가장 추운 겨울날에는 비료 살포 기계를 타고 들판으로 나갔다. 땅이 어는 날이면 무거운 바퀴가 땅에 빠지지 않기 때문에 일하기에는 가장 적합했지만, 일하는 사람도 꽁꽁 얼게 된다. 나는 독일의 매서운 겨울 날씨에 익숙하지도 않았고 추위를 견디지도 못하는 체질이었다. 손이 너무 얼어 움직일 수도 없었고 콧방울에는 얼음이 맺혔다.

봄에는 실험 농장 구획에 씨앗을 심었다. 어떤 씨앗이 가장 잘 자라는가를 알아보기 위해서였는데, 구획들이 너무 작아 트랙터는 물론이고 말과 쟁기도 사용할 수가 없었다. 대신 두 사람이 한 명은 띠를 어깨에 메고 쟁기를 끌고 한 명은 뒤에서 밀었다. 나는 말 대신 쟁기를 끄는 일을 하였다. 그러나 지식의 발전을 위한 일이며, 새로운 더 나은 작물을 만들어내는 일이며, 앞으로 나아가기 위한 일이었기 때문에 개의치 않았다.

나는 포도 재배학 책을 가지고 있었으며 이 책들을 십분 활용했다. 이 지역의 포도밭에서 무엇이든 배우려고 노력했다. 봄에 서리가 내릴 위험이 있는 추운 밤에는 농부들이 포도나무에 물을 뿌렸다. 나는 왜인지 궁금하게 생각했다. 물이 얼면 포도나무의 부드러운 새싹을 감싸 보호해 주는 역할을 하게 된다.

그 후 나파 밸리에 와서, 서리가 내릴 때 포도를 보호하기 위해 타이어를 태우고 훈증기에 불을 지펴 포도밭 온도를 올리는 것을 보았다. 계곡이 연기로 뒤덮였다. 물을 사용하면 훨씬 더 낫고 안전하지만 물이 충분하지도 않았고, 그때는 스프링클러의 가격이 매우 비쌌다. 농부들이 차츰 포도밭에 투자할 돈이 많아지고, 저수지에 물도 충분해지자 계곡의 연기는 줄어들게 되었고 스프링클러가 눈에 더 띄게 되었다. 요즘 나파 밸리에서는 스프링클러와 바람 기구를 사용하며, 훈증기에서 나는 연기는 보이지 않는다.

그렇게 일 년이 지났다. 유고슬라비아 정부로부터 귀국하라는 편지가

1년 넘게 미국 비자를 기다리며

왔고 나는 편지를 내던져 버렸다. 근심 걱정으로 얼굴에는 깊은 주름이 생겼다. 이제 나는 어디로 흘러갈 것인가?

아직도 마음속에는 희망이 있었고 그 희망은 결코 나를 떠나지 않았다. 나는 양조 교과서를 읽고 또 읽으며 배운 것을 잊지 않으려고 노력했다. "언젠가는 천국에서 나의 와이너리를 가질 거야."라고 다짐했다. 필요한 것은 미국 비자였다. "캐나다로 가는 게 어떻겠니?" 어느 날 친구가 말했다. 그는 캐나다로 가는 비자를 얻기가 훨씬 쉽다는 말을 들었다고 했다. 그리고 캐나다는 미국 바로 옆이 아닌가?

나는 버드나무와 참나무 이야기를 다시 떠 올렸다. 지금은 버드나무처럼 구부러질 때이다. 캐나다 영사관을 찾아갔다. 직원이 물었다. "여비는 있는지요?"

나는 비자만 받으면 돈은 곧 준비할 수 있다고 대답했다. 그러자 또 물었다. "그럼, 내일 떠날 수 있는지요?"

또 하나의 기적이 일어났다.

나는 호주로 가는 비자도 얻을 수 있다는 것을 알았다. 이제는 선택할 수 있었다. 어느 길로 갈 것이냐? 결정하려고 고민하던 중 어느 날 밤 꿈에 강물을 보았다. 흙탕물이 세차게 흐르다가 양쪽으로 갈라졌다. 깨어서 생각해 보니 어떤 길을 택하든 그 길은 색다른 인생으로 나를 데리고 갈 것이었다. 캐나다는 나의 목적지인 캘리포니아와 더 가까웠다.

나는 캐나다 영사관으로 다시 갔다. 그들은 유콘 주(알래스카 남쪽)에서 일할 벌목꾼이 필요하다고 했다. 추위를 견디지 못하며, 와인 메이커가 되려고 공부했던 작달막한 청년이 결국 유콘에서 벌목꾼이 되려고 한다? 캘리포니아로 갈 수는 있을까? 하지만 캐나다에 갈 수만 있다면, 아무리 추운 유콘이라도 미국과 더 가까워지는 게 아닌가. 캐나다 비자에 도장이 찍히자, 나는 드디어 안도의 한숨을 내쉬며 행복을 느꼈다.

함부르크까지 기차를 타고, 배로 캐나다의 노바 스코샤로 가는 여정이었다. 이제 여비 150달러를 마련해야 했다.

나는 큰 누나 만다를 본 적이 없었다. 누나는 내가 태어나기도 전에 데스네를 떠나 미국으로 갔다. 누나에 관한 아주 로맨틱한 이야기가 있다. 누나가 어렸을 때 트루피차라는 작은 보트를 타고 친구들과 네레트바 강을 내려가는데, 강변에서 돌 작업을 하고 있던 젊은이들을 보았다. 누나는 그 중 특히 한 명을 유심히 보았고 그도 역시 누나를 보았다. 순간적으로 그들은 눈이 맞았고, 곧 여자들이 탄 배는 미끄러져 내려갔다.

누나는 그를 다시 보리라고는 생각조차 못했지만, 수년 후 누나가 워싱턴 애버딘에 갔을 때 그 멋진 남자를 다시 만나게 되었다. "당신이군요!" 얼마 지나지 않아 그들은 결혼했다. 그 누나가 바로 해마다 크리스마스에 데스네의 가족들에게 5달러씩을 보내주던 누나였다.

만다 누나는 이미 저 세상 사람이었지만, 남편 비데 도만디치Vide Domandich는 아직 살아 있었다. 그에게 전화를 걸어 내 계획을 얘기했더니 여비를 빌려주겠다고 약속했다. 나는 하루빨리 떠나고 싶었다.

매형이 돈을 보내주기를 애타게 기다리며, 매일 우체부를 기다렸으나 편지는 오지 않았다. 우체국까지 걸어가서 다시 알아도 보았다. 대답은 언제나 NO였다. 날은 지나가는데 돈은 오지 않았다. 마침내 떠나야 할 날이 다가왔고, 수중에 돈은 없었다.

나는 프랑크 가족과 18개월을 살았고 그들은 나를 아들처럼 대했다. 하지만 프랑크 씨가 선뜻 여비로 150달러를 빌려주었을 때는 놀라웠으며 충격을 받았다. 프랑크 가족은 내가 떠나기 전에 송별 파티도 열어주었다. 온 가족이 모였고 농장에서 같이 일했던 친구들도 왔다. 그들은 마

큰 누나 만다와 비데의 결혼 사진

침내 내가 꿈을 이루게 되었다고 축하해 주었다.

나는 이제 유럽을 떠나고 내가 알고 지내던 사람들과 헤어진다. 이제 다시 내가 모르는 생소한 세계로 떠난다. 독일에 있는 동안 나는 인생을 계획은 할 수 있지만, 언젠가 예상치 못한 일이 일어나 계획이 곤두박질 칠 수가 있다는 것을 배웠다. 두려웠다. 프랑크 씨는 지금은 주저하지 말고 앞으로 나아가야 할 때라고 말하며 자신감을 갖게 해주었다.

다음날 아침 7시에 우체부가 특별히 프랑크 씨 집까지 찾아왔다. 그는 미국에서 온 편지와 150달러를 전해주었다. 절묘한 시간에 돈이 도착한 것이다.

프랑크 씨에게 바로 돈을 갚고 나는 함부르크행 기차를 타게 되었다. 가족들은 기차역까지 바래다주었다. 나는 결코 프랑크 가족을 잊지 않았다. 그들은 나의 두 번째 가족이었으며 우리는 늘 친구로 지냈다. 수년이 지난 후 다시 프랑크 가족을 방문했을 때는, 내가 만든 와인 두 상자를 가지고 갔다. 2013년 4월 나의 90세 생일에는 피터 프랑크가 꽃바구니를 보내왔다.

누나 만다와 신부가 되기 전 아들 엔토니 도만디치

젊은 시절의 나

A GLASS FULL *of* MIRACLES

~

젊은 시절과 배움

M. S. „Italia"
22000 Brutto-Registertons
Passagierschiff Hamburg—Amerika

이탈리아 호

7

신세계

나는 이탈리아 호를 타고 독일 함부르크에서 대서양을 건너 캐나다 핼리팩스로 가는 9일 동안 깨달았다. 이민자로 살아가려면 용기가 있어야 한다. 겨울이었고 난간에는 눈보라가 몰아쳤다. 이탈리아 호 승객 중 80퍼센트는 뱃멀미를 했다.

어느 날 보이던 사람들이 다음날에는 모습이 보이지 않았다. 대서양 횡단이 힘들기는 했지만, 미국에 처음 정착한 사람들의 어려움과는 비교도 되지 않을 것이다. 그들은 목적지가 어디인지도 몰랐고 얼마나 걸려야 도착할지도 몰랐다. 아무튼 나는 날이 갈수록 미래에 대한 희망이 조금씩 생기기 시작했다. 아마 그 때문에 뱃멀미를 피할 수 있었는지도 모르겠다.

드디어 대서양 끝에 있는 캐나다의 핼리팩스 항에 도착했다. 세관을 통과하고 이민 서류를 받았다. 캐나다에 살고 있는 친척이 있는지 물어 전혀 없다고 대답했다. 옷에 이름표를 달고 밴쿠버행 기차를 타기 위해

갔다. 도착하면 이민국 직원이 나와 벌목꾼으로 일할 유콘으로 가는 교통편을 마련해 줄 것이라고 했다.

나는 캐나다에는 친지가 없었지만 드넓은 북아메리카 대륙에는 친척이 있었다. 누나 만다의 남편인 비데와 아들 앤토니 도만디치 신부가 워싱턴 주의 시애틀에 살고 있었다. 밴쿠버에서 멀지 않은 곳이다. 나는 전화 통화를 하기 위해 아꼈던 돈을 꺼냈다. "노바 스코샤의 핼리팩스에 도착했는데 곧 밴쿠버로 가서 유콘까지 갈 겁니다."

"밴쿠버에 도착하면 기차역 안내소에 가서 메시지가 있는지 알아보세요." 앤토니 신부가 말했다. 기차는 캐나다 국토를 가로지르며 5일간 3,946마일을 달렸다.

미래가 불투명하기만 했던 나는 수중에 있는 돈을 한 푼이라도 아꼈다. 꼭 필요하지 않으면 구두창에 숨긴 32달러는 캘리포니아에 갈 때까지 쓰지 않고 남겨두려고 했다.

그러나 신세계의 물가는 예상보다 훨씬 비쌌다. 기차에서 배가 고파 식당차로 가보았다. 메뉴를 보았지만 글자는 몰랐고 숫자는 읽을 수 있었다. 자연히 왼쪽보다 오른쪽에 있는 가격표를 열심히 보았다. 웨이터가 주문을 받으러 왔을 때, 나는 그 중 가장 싼 75센트를 가리켰다.

곧 버터를 바른 토스트 한 조각이 놓인 접시가 나왔다. 나는 토스트를 먹지 않고 음식이 나오기를 기다렸다. 다른 사람들은 모두 주문한 음식들을 먹으며 즐기고 있었다. 마침내 웨이터가 다시 오더니 뭐가 잘못되었느냐고 물었다. 나는 몸짓과 서툰 영어로 음식이 나오기를 기다리고 있다고 했다. 그는 메뉴와 토스트를 가리키며 "이것이 주문한 음식입니다."라고 말했다. 고작 버터 발린 토스트 한 조각이 75센트라니!

밴쿠버에 도착할 때까지 나는 다시 식당차로 가지 않았다. 대신 간이

역에서 기차가 설 때 내려 빵과 치즈, 살라미 등을 훨씬 싸게 샀다. 일을 시작할 때까지는 달러를 아껴 써야 했다. 나는 몬트리올의 빵 가게에서 처음 문화적 쇼크를 받았다.

카운터의 여점원이 뭘 사려느냐고 물었을 때, 빵이 영어로 브레드라는 것은 알고 있었다. "빵이 어디 있나요?" 그녀는 나를 쳐다보더니 손을 흔들며 말했다. "여기 진열되어 있는 게 모두 빵이잖아요." 빵이라고? 내 눈에는 썰어놓은 이상한 흰색 물체가 들어있는 비닐봉지들뿐이었다.

유럽에서는 통밀 빵을 큰 덩어리 채로 팔았고, 어떤 때는 오븐에서 갓 구워낸 따뜻한 빵을 살 수 있었다. 배를 채워주는 묵직하고 든든한 빵이었다. 나는 비닐봉지에 든 것 하나를 샀는데 이것을 빵이라고 부를 수는 없었다.

기차가 서부 캐나다의 캘거리에 도착했을 때는 무척 배가 고팠다. 한 여자가 기차에 올라 내 옆자리에 앉았는데 정말 좋은 냄새가 났다. 향수 냄새는 아니었다. 그녀가 바구니 뚜껑을 여니 바비큐 치킨이 들어있었다.

먹는 사람을 훔쳐보는 것은 예의가 아니라는 것은 알았지만, 나는 계속 맛있는 치킨을 옆눈질하고 있었다. 냄새가 너무 유혹적이라 입에 침이 감돌았고 허기진 뱃속에서는 꼬르륵 소리가 났다. 그녀가 소리를 들었는지 한 조각 먹겠느냐고 물어봤다. 당연히 나는 살코기뿐 아니라 껍질과 뼈까지 통째로 먹었다. 그 여자는 분명 나를 잊지 못할 것이다.

기차에서 다른 사람들도 만났다. 몇 구간을 가는 동안 내 옆자리에 앉았던 한 사업가는 조용하게 대화를 시작했다. 그는 내가 누구인지, 어디로 가는지를 물었다. 나는 영어를 거의 몰라 당황했지만, 유콘으로 나무를 베러 간다고 더듬거리며 말했다. 그는 아마 내가 별로 가고 싶지 않다는 것을 눈치챈 것 같았다.

"개인 사업을 시작해 보는 게 어때요?" 그가 물었다.

나는 와이너리를 갖고 싶은 꿈이 있다고 말할 용기가 없었다. 그래서 새로운 세계에서 사업을 시작할 능력이 되지 않는다고 말할 수밖에 없었다.

"왜 안돼요?" 그가 말했다. "개인 사업을 해야 성공할 수 있어요. 열심히 일하고 저축을 하면 됩니다. 새로 정착하는 사람들은 최소한 자금으로 시작하고, 가족들이 함께 일하면 성공할 수 있어요."

그와 이야기하면서 나는 아버지의 말씀을 떠올렸다. "누구를 만나더라도 배워라." 나는 이 낯선 신사의 말을 가슴속에 간직했다.

1956년 2월 6일 밤 밴쿠버에 도착했다. 눈이 오고 있었다. 기차가 밤 늦게 도착해 걱정했지만 오히려 잘된 일이었다. 시간이 너무 늦어 기차역에는 이민국 직원이 기다리고 있지도 않았다. 또 기차역에서 추운 밤을 새우는 것도 싫었다. 조카 앤토니 신부가 나에게 메시지를 보내겠다고 한 말을 기억했다. 기차역 안내소로 찾아가 "미엔코 그르기치." 라고 이름을 말하고 초조하게 기다렸다. "문제가 있으면 밴쿠버 대학으로 가라."는 메시지가 와 있었다.

밴쿠버 대학은 가톨릭 학교였는데 앤토니는 신부였기 때문에 그들과 관계가 있었다. 나는 거의 자정이 되어서 학교에 도착했다. 건물은 캄캄했지만 나는 큰 나무문을 두드렸고, 마침내 사람이 나와 문을 열어주었다. 그는 지붕 아래 3층에 있는 침대로 나를 데리고 갔다. 나는 안도의 한숨을 내쉬었으며 그날 밤 침대에서 잘 수 있어 너무나 감사했다.

아침에 학교에 접시닦이 보조 자리가 있다는 통보를 받았다. 접시닦이는 해본 적이 없었지만, 또한 벌목도 해본 적이 없지 않은가. 둘 중에

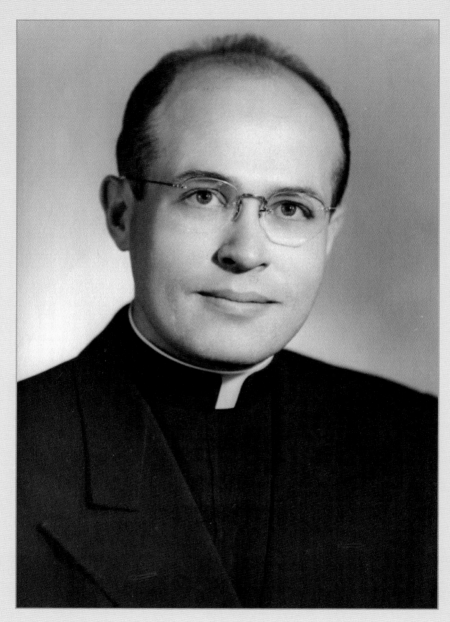

조카 앤토니 도만디치 신부

서 고르라면 이 일이 더 나아 보였다.

나는 유리잔 닦는 일을 시작했다. 잔 하나를 들고 수건으로 빛이 날 때까지 닦았다. 그러나 내가 하나를 닦는 동안 다른 보조는 12개를 닦고 있었다. "아, 안 되겠네. 이러다간 이 직장도 잃을 거야."

빨리하는 방법을 익혀야 했다. 나는 어떤 일을 하더라도 최선을 다해야 한다는 것을 믿었고, 지금도 믿고 있다. 특히 이민자이면 더욱 최선을 다해야 한다. 6개월 동안 나는 접시를 닦았고 또 6개월 후에는 식당에서 음식 서빙을 하는 웨이터가 되었다. 어리둥절했다. 유럽에서는 웨이터가 되려면 전문학교를 다녀야 하는데, 나는 고작 유리잔을 닦는 법만 배웠을 뿐이었다.

생계를 위해 무슨 일을 하고 있더라도 나는 캘리포니아로 가는 목표에 초점을 맞추었다. 지금은 매우 가까이 왔다. 수천 마일이 아닌 수백 마일 앞에 목적지가 있다. 하지만 이곳은 외국이며, 아직도 미국 비자를 받아야 하는 문제가 남아 있었다. 나는 시간을 최대한 활용하려고 노력했다. 쉬는 시간에는 영어를 배우기 위해 학교에 갔다. 다른 친구들이 외출하고 돈을 쓰며 놀러 다닐 때 나는 1센트라도 아끼며 모았다.

캐나다는 또 내가 새 이름을 지은 곳이다. 그곳에서는 아무도 '미엔코 그르기치Miljenko Grgić'라는 이름을 정확하게 발음하지 못했다. 누군가가 나에게 닉네임이 있느냐고 물어보았다. 나는 어머니가 나를 미레Mile(발음 Mee-leh)라고 부르신 것을 기억했다. 내가 '미-레'라고 하자 그가 '마일'이냐고 되물었다. 나는 이 이름이 나의 작은 체구와는 어울리지 않다고 생각했다. 1마일은 먼 거리이니까.

나는 누군가가 마이크Mike라는 이름을 부르는 소리를 들었다. 얼른 "마이크로 부르면 좋겠어."라고 그에게 말했다. 나는 그때부터 마이크가

밴쿠버 대학에서 영어 수업

되었고 성도 영어식으로 마지막에 h를 하나 더 넣어 '이치ich', 그르기치 Grgich로 썼다. 크로아티아의 'č'와 비슷한 발음이 되게 만든 것이다.

학교에서 웨이터로 일하던 중, 밴쿠버 섬에서 맥밀런 블러들 제지공장 건설 공사가 시작되었다. 나는 건축 기간 동안 섬에 있는 노동자 식당의 웨이터로 일자리를 옮겼다. 공장이 완성되자 일꾼들이 하나둘씩 해고되었고 곧 나만 혼자 남게 되었다. 곧 일자리를 잃을까 걱정했는데 대신 공장에 자리가 생겼다.

공장에서는 내가 대학 교육을 받은 점을 고려하여 종이의 질을 관리하는 일을 맡겼다. 종이 샘플을 수집하여 무게와 강도, 색깔을 조사하는 일이었다. 나는 작업복을 벗고 흰 가운을 입을 수 있었으며, 봉급은 시간당 3달러로 올랐다. "드디어 해냈구나."라는 생각이 들었다.

"정말 해낸 것일까?" 나는 밤에 가끔 언덕에 올라 도시의 현란한 불빛을 내려다보았다. 아무도 일하지 않는 밤이지만 불빛은 반짝였다. 옛날 내 고향에서는 밤에 불빛을 볼 수 없었다. 나는 캐나다에서 자유를 찾았고 발전을 체험했다. 이것으로 충분한가? 파라다이스로 가는 비자를 과연 얻을 수 있을지 걱정이 되기 시작했다. 독일에서 18개월, 캐나다에서 2년 반이 지났다. 이제 캘리포니아는 잊어버리고, 밴쿠버 제지 공장에서 품질 관리원으로 편안하게 살아갈 것인가?

그러나 내 방에는 아직 와인 양조 책 열다섯 권이 고이 모셔져 있었다. 친구들이 바깥에서 공놀이를 하며 즐기고 있는 동안 나는 이 책들을 읽고 또 읽었다. 이 책들은 나의 자산이었으며 목표로 향해 나아가게 해주는 연결 고리였다. 아직은 포기할 때가 아니라는 것을 알았다.

어머니의 남동생인 루카 바티노비치Luka Batinovich가 사우스다코타에 살고 계셨는데, 나를 만나러 밴쿠버에 오셨다. 앞날에 대해 의논을 드리자, 루카 아저씨는 선뜻 "마이크, 우리가 너를 미국으로 오게 할게."라고 약속해 주셨다.

우리는 함께 밴쿠버에 있는 미국 영사관으로 갔다. "내가 상점을 하는데 마이크를 매니저로 고용하고 싶습니다. 마이크는 사업 경험도 있고 교육도 받았어요."

영사관 직원들이 나의 서류를 보더니 물었다. "대학에서 와인 양조를 배우셨군요?" 당시 캘리포니아에는 와인 산업이 시작은 되었지만, 1958년에는 대학에서 양조를 공부한 사람은 거의 찾아볼 수 없었다. "와인업계 쪽에서 일하면 비자를 받기가 더 쉬울 텐데요." 그들이 충고했다. "그쪽을 목표로 하는 게 더 나을 것 같아요."

앤토니 신부가 그 말을 듣고 아이디어를 냈다. 그와 관계가 있는 크리스천 브라더스Christian Brothers에서 캘리포니아의 나파 밸리라는 곳에 와이너리를 세 개나 소유하고 있으니 가능성을 타진해 보자고 말했다. 와이너리 관계자는 앤토니에게 와인 양조 일자리를 구하는 광고를 샌프란시스코 와인 협회지에 내보라고 충고했다. 나는 구직 광고를 냈다.

나파에 있는 리 스튜어트Lee Stewart라는 농장주에게서 답신이 왔다. 1958년 수확을 돕는 일을 하면 월급 1백 달러와 방을 제공하겠다는 내용이었다. 나는 흥분하여 밴쿠버 영사관으로 가서 나파 밸리에 직장을 구했다는 증서를 보여주었다. 그들은 축하해 주며 바로 비자를 발급해 주었다.

믿을 수가 없었다. 책이 가득 들어있는 작은 골판지 여행 가방을 들고 크로아티아를 떠난 지 4년, 드디어 캘리포니아에서 이 책을 사용하게 되겠구나. 기다리고, 기다리며, 닥치는 대로 일하며 세월을 보낸 후, 드디어 꿈이 이루어지는 것 같았다. 나는 또 한 번 책들을 싸고, 파라다이스로 나를 데려다 줄 나파 밸리행 그레이하운드 버스표를 샀다. 물론 베레모자도 가지고 갔다.

캘리포니아로 가는 길에 조카 앤토니 신부가 있는 워싱턴 주에 잠시 머물렀다. 그는 나에게 큰 도움을 주었고 당시 워싱턴 주의 직 하버에 살고 있었다. 앤토니 신부는 나를 데리고 두 시간쯤 떨어진 포트 앤젤레스까지 갔다.

그의 아버지 비데Vide(누나 만다의 남편)는 낚시 배에서 몇 시간 전에 잡은 연어를 굽고 있었다. 그 연어는 내가 맛본 것 중 최고였다. 캐나다에서 보다 더 맛있었다. 배부르게 먹고 와인도 한잔 마시며, 우리는 웃고 서로 쳐다보며 크로아티아 노래 '마리야나Marijana'를 불렀다. 우리는 처음으로 얼굴을 맞대고 만났으며, 모두는 나의 새로운 모험에 흥분했다. 미국에서 첫 가족 상봉이었다.

점심 후 앤토니 신부는 그가 태어난 곳인 호퀴엄Hoquiam으로 차를 몰았다. 다음은 크로아티아 커뮤니티가 있는 애버딘으로 갔다. 나의 누나이며, 그의 어머니인 만다의 묘지도 찾아갔다. 만다는 수년 전에 세상을 떠났고 내가 태어나기도 전에 미국으로 갔으니 결국 생전에는 만날 수가 없었다.

나는 또 마트 바티노비치Matt Batinovich 아저씨도 만났는데 어머니의 형제였고, 가족들과 애버딘에 살고 있었다. 숙모 로자는 2차 세계대전 전후에 데스네에 있는 우리 식구들에게 음식과 옷가지가 든 상자들을 보내주었다. 그녀는 폴란드 출신이었고 정말 장미같이 아름답고 친절하며 사랑이 넘쳤다.

마트 아저씨는 이발사였는데 나의 머리를 깎으며 흥분하셨다. 내가 머리가 빠지기 시작했다며, 그가 만든 특제 로션을 머리가 빠진 부분에

누나 만다의 무덤에서

마트 바티노비치와 사랑스런 아내 로자

발라 주셨다. 트리트먼트 한 번에 50센트를 받는다고 하셨다. 나는 한 번밖에 못 발랐지만 다른 사람들은 효과가 있었는지 잘 모르겠다.

애버딘에는 어머니의 또 다른 형제인 조 바티노비치Joe Batinovich 아저씨가 있었다. 그는 보험업을 하고 있었고 애버딘 시의회 의원이었다.

4년 동안 삭막한 세상에서 혼자 외롭게 살다가 가까운 친척들과 만나게 되자 그 기쁨은 정말 말로 표현할 수 없었다. 잠깐이지만 사랑하는 가족들의 애정을 느끼니 너무나 가슴이 벅찼고, 영혼이 다시 살아나는 것 같은 느낌이었다. 가족들과 이틀간 기쁘고 흥분된 시간을 보낸 후 나는 다시 그레이하운드 버스에 올랐다. 마침내 캘리포니아로 가는 꿈이 성취되는 순간이 왔다. 만세!

버스는 내가 들어 본 적도 없는 여러 도시에 정차했고, 오리건 주를 지났다. 나는 졸다가 버스가 서는 것을 느꼈다. 해는 졌고 바깥은 어두워지고 있었다. 기사에게 여기가 어디냐고 물어보았더니 캘리포니아의 우드랜드라고 했다. 창밖을 내다보니 놀랍게도 야자수가 보였다.

"여기가 진짜 캘리포니아인가요?" 나는 기사에게 또 물었다.

"그래요, 캘리포니아입니다."

흥분으로 가슴이 멎는 것 같았다. 그때부터 버스가 마지막 정거장에 도착할 때까지는 한잠도 잘 수 없었다. 나는 버스에 혼자 남았고, 드디어 목적지에 도착했다. 세인트헬레나, 캘리포니아, 나의 파라다이스, 나파밸리.

1950년에 세워진 나파 밸리 환영 현판

8
파라다이스

세인트헬레나에서 버스를 내렸을 때 나는 마치 꿈을 꾸고 있는 것 같았다. 불확실한 미래를 걱정하며 4년의 긴 세월을 보낸 후, 드디어 천국이라는 곳에 실제로 발을 들여놓게 되었다. 행복과 함께 두려움이 교차하는 복잡한 심경이었다. 어떤 미래가 펼쳐질까? 밤 10시 30분이었다. 나는 또다시 아무도 기다리지 않는 낯선 곳에 혼자 서 있었다.

리 스튜어트Lee Stuart 씨는 나파에 도착해서 전화하면 데리러 나오겠다고 했다. 나는 공중전화를 찾아 나섰다.

세인트헬레나는 조용한 마을이었다. 내가 걷고 있는 동안 길에는 자동차도 사람도 보이지 않았다. 겨우 공중전화 부스를 발견하고 스튜어트 씨가 준 전화번호를 돌렸다. 불안해하며 벨이 울리는 소리를 들었다. 그가 잊어버렸을 수도 있었고, 더 잘못되면 마음이 바뀌었을 수도 있었다.

마침내 걸걸한 목소리가 들려왔다.

"마이크 그르기치인데요, 리 스튜어트 씨인가요?"

"기다리고 있었어요." 대답을 듣자 나는 안도의 숨을 내쉬었지만, 밤이 너무 늦어 차를 몰고 산을 내려올 수 없다는 말을 듣고 당황했다. "호텔에서 자는 게 낫겠어요. 아침에 데리러 갈게요."

호텔이 어디에 있지? 메인 스트리트를 따라 애덤스 스트리트 모퉁이까지 갔더니 '호텔'이라는 표지가 있었고 화살표가 있었다. 30미터 정도를 가니 '호텔' 간판이 있는 3층 건물이 있었다. 그런데 건물 전체에 불빛이 전혀 보이지 않고 깜깜했다. 나는 입구를 두드리고, 누가 안에 있는지 앞뒤 창문을 두드리며 큰소리로 외쳤다. 인기척이 없었다.

어쩔 수 없이 메인 스트리트로 다시 돌아가 오른쪽으로 가보았다. 얼마 가지 않아 1층에서 사람들이 노래하고 북적이는 소리가 들렸다. 호텔인 것 같았고 바가 1층에 있는 것 같았다. 문을 열고 들어가서 데스크의 여직원에게 물었다.

"호텔인가요?"

"네, 세인트헬레나 호텔입니다."

나는 안심하며 빈방이 있느냐고 물었다. "네, 위층에 빈 방이 스물네 개 있습니다. 2달러를 내시면 올라가서서 어느 방이라도 선택할 수 있어요." 그녀가 공손하게 말했다.

계단으로 올라가서 가장 가까운 10번 방으로 들어갔다. 긴 시간 버스를 탄 후 이제야 침대에 누울 수 있어서 너무 기뻤다. 나는 바로 잠에 떨어졌다.

다음 날 아침에 일어나 침대에 걸터앉아 생각했다. "스튜어트 씨가 데리러 오지 않으면 어떡하지? 그러면 2달러씩 며칠을 더 돈을 내야 할지 모르겠네. 내가 온 곳이 도대체 어떤 곳이지? 나의 앞날은 어떻게 될까?"

리 스튜어트 씨가 트럭을 몰고 호텔에 도착했다. 그는 키가 크고 잘 생겼으며 조용하고 신중한 사람 같았다. 운전하는 동안에도 별로 말이 없었으므로 나는 주위를 둘러볼 시간이 있었다. 그때는 알 수 없었으나, 나는 미래의 삶의 터전이 될 곳을 둘러보고 있었다.

나파 밸리는 요즘 대단한 명성을 누리고 있지만 넓은 곳은 아니다. 북쪽 캘리스토가Calistoga에서 남쪽 끝 마을, 당시 나파 사거리라고 불렸던 아메리칸 캐년American Canyon까지는 36마일에 불과하다. 가장 넓은 곳이 6마일이고 양쪽으로 산맥이 있다. 서쪽과 북쪽으로는 마야카마스 산맥, 동쪽으로는 바카 산맥이 있다.

1백여 년 전에 이미 유럽의 이민자들은 이 작은 계곡이 포도 재배에 적합한 땅이라는 것을 알았다. 이탈리아와 프랑스, 독일, 스위스에서 온 사람들이 포도밭을 개척했으며 1백 개가 넘는 와이너리를 세웠다.

1880년대에는 유럽을 강타한 포도나무 전염병 필록세라phylloxera 가 나파 밸리의 포도밭도 황폐화시켰다. 그보다 미국의 금주법으로 더 큰 타격을 입었다. 1919년에 시행된 금주법은 모든 알코올 음료의 생산, 저장, 운송, 판매를 금지했다. 유럽에서는 도무지 이해할 수 없는 일이었다. 와인은 농부에서 왕족까지 늘 마시는 일상생활의 일부였기 때문이다.

미국의 금주법은 성공하지 못했고 결국 1934년에 폐지되었다. 그러나 나파 밸리의 와인 산업은 큰 피해를 입었다. 많은 와이너리들이 문을 닫았고 포도밭들은 과수원이나 목장으로 바뀌었다. 몇몇 와이너리만 살아남을 수 있었다. 내가 도착했을 때 나파 밸리의 와이너리는 25곳에 불과했다. 나파 주변의 시골 지역에는 '유령 와이너리'라고 불리는 폐허가 곳곳에 보였다.

1958년대 당시 미국은 와인을 많이 마시는 나라는 아니었다. 맥주와

위스키, 콜라, 우유가 대중 음료였다. 그러나 와인에 대한 관심이 점차 생기며 나파 밸리는 긴 잠에서 깨어나듯 서서히 성장하기 시작했다. 사람들은 옛 와이너리를 재건하고 양조 기술을 배우기 위해 계곡으로 모여들었다. 그 중 뛰어난 한 명이 리 스튜어트였다.

리는 은퇴한 사업가로 와인에 관심이 많았다. 살벌했던 금주 시기 동안 한때 주류 밀매를 했다는 소문도 있었다. 그는 1943년에 동쪽 나파의 하웰 마운틴Howell Mountain에 와이너리를 포함한 땅 60에이커를 8만 3천 달러에 사들였다.

리가 산 와이너리는 1884년 스위스에서 이주한 풀겐시오 로시니 Fulgencio Rossini가 설립했으며, 그는 슬로베니아 이주민에게서 이 땅을 샀다. 리가 이 와이너리를 샀을 때에는 옛날 포도밭이 약간 남아 있었고 금주 시기 동안 계곡에 심었던 자두나무가 있었다.

와이너리 이름에 대한 일화가 기억에 남는다. 리는 와이너리를 점차 현대화하였지만 이름을 짓지 못했다. 어느 날 생각하고 있던 여섯 개의 이름을 쪽지에 하나씩 적어 모자 속에 넣었다.

그의 외동딸은 와이너리에서 1마일 쯤 떨어진 앵윈의 학교에 다니고 있었다. 딸을 학교에 데려다주며 교실로 모자를 갖고 들어갔다. 반 친구 한 명에게 모자 속에 접어 둔 쪽지 중 하나를 뽑아 달라고 했다. 그렇게 뽑힌 이름이 불어로 '수버랭Souverain'이었다. '소버린sovereign(지존)', '수프림supreme(최고)'이라는 뜻이다. 와이너리 이름이 정해졌다.

리는 옛날 사람들에게서 와인 양조를 배우려고 했다. 나파 밸리에는 두 번의 세계대전과 금주 시대, 경제 공황의 어려움 중에서도 와인을 꾸준히 만들어 왔던 사람들이 있었다. 이들은 최고의 전통적인 유럽 방식과 최신의 캘리포니아 방식을 접목시키려고 노력했다.

수버랭 라벨

수버랭 셀러, 현재 버제스 셀러스

리는 앙드레 첼리스체프André Tchelistcheff와 친분을 쌓아갔다. 그는 러시아 이민자로 프랑스에서 공부했으며, 당시 보리우 빈야드Beaulieu Vineyard의 와인 메이커였다. 리는 앙드레에게서 와인 양조를 열심히 배우며 글자 그대로 받아 적었다. 노트는 바이블이 되었으며 그는 한 글자도 놓치지 않고 실행했다. 그는 나파 밸리 와인의 품질 향상을 목표로 부단히 노력을 계속해갔다.

리 스튜어트와 그의 아내는 초기에 매우 힘든 시기를 보냈다. 리가 와인 양조를 배우는 동안 오페라 가수였던 아름다운 아내는 달걀과 자두를 팔면서 농장 일을 도왔다. 하루는 무거운 자두 바구니를 들고 집으로 오다 너무 지쳐서 바구니를 떨어뜨리고 울면서 집으로 달려왔다. 그날이 그녀가 농장에서 일한 마지막 날이 되었다.

내가 1958년 리의 포도밭에 도착했을 때, 그가 만든 와인은 나파 밸리의 최고 품질에 속했다. 카베르네 소비뇽과 진판델, 그린 헝가리언, 요하니스버그 리슬링을 만들었다. 요하니스버그는 독일에서 처음 리슬링이 만들어진 지역 이름이며, 요즈음은 간단히 리슬링이라고 한다.

와인 양조 초기에는 캘리포니아 와인 이름에 버건디Burgundy나 샴페인Champagne 등 유럽의 유명 와인 이름을 붙이는 것이 관례였다. 이런 이름도 실제로는 와인이 만들어지는 지역 이름이다.

요즈음은 특정 와인 생산 지역의 중요성에 대한 이해가 높아졌으며, 지역의 토양과 기후에 따라 포도와 와인의 품질이 다르다는 것을 잘 알고 있다. 이제는 나파와 다른 지역들도 버건디나 샴페인만큼 중요한 지역이 되었다. 그만큼 자부심도 높아져 외국의 지역 이름을 쓰는 대신 신세계 와인은 주로 포도 품종명, 즉 카베르네 소비뇽 또는 샤르도네 등으로 표기한다.

수버랭 와이너리는 하웰 산 언덕 위 외진 곳에 있었다. 보통 사람들은 그런 곳에서 와인을 만드는 것을 두려워했지만 리에게는 잘 맞는 곳이었다. 그는 내가 살 방을 보여주었는데 침대와 전열판은 있었지만 난로와 냉장고는 없었다. 침대가 좀 편한 것 외에는 대학 시절 자그레브에서 살던 방처럼 황량했다.

수버랭 와이너리에서 첫날 저녁에 리 부부는 나를 초대하고 두 병의 와인을 내왔다. 그가 만든 카베르네 소비뇽 1951과 진판델 1954였다. 나는 평생 처음으로 숙성된 와인을 마셔보았다. 또 그렇게 좋은 와인도 처음 마셔보았다. 크로아티아에서는 와인을 만들면 그해에 다 마셨다. 나는 와인을 마시며 이와 같은 품질의 와인을 만들려면 매우 열심히 일해야겠다는 생각이 들었다.

저녁을 먹고 작은 오두막집으로 돌아오면서 나는 주위에 자라고 있는 포도나무들을 유심히 보았다. 독일을 떠난 이후로 포도나무를 본 적이 없었으니 마치 옛 친구를 만난 것 같은 느낌이었다. 어떤 포도나무들은 특별히 내 눈에 더 익숙하게 보였고, 마치 내 고향 크로아티아의 포도나무들 같았다.

바로 진판델 포도나무였다. 나는 리에게서 포도 품종에 관한 책을 빌려 보았다. 카베르네 소비뇽과 샤르도네 포도나무는 프랑스에서 유래했지만 진판델은 어디에서 왔는지, 누가 캘리포니아로 가지고 왔는지 아무도 몰랐다. 진판델의 근원은 수수께끼로 남아 있었다.

수년이 지난 후에야 나는 진판델의 근원이 내 고향 크로아티아라는 것을 밝히는데 도움을 줄 수 있었다. 물론 훨씬 전 하웰 산에서 첫 밤을 지낼 때 이미 크로아티아의 진판델을 알아보았지만, 분명히 말할 수는 없었다. 누가 나같이 영어도 못하는 가난한 이민자의 말을 믿었겠는가?

그날 밤도 나는 어디에서든 배울 수 있는 사람을 찾아야 한다는 아버지의 말씀을 되새겼다. 리 스튜어트에게서는 많은 것을 배울 수 있을 것이다. 그리고 아버지는 매일 새 친구를 사귀라고 하셨다. 진판델 포도나무를 이렇게 먼 곳에서 보니 마치 친구를 만난 것 같기도 했다. 마침내 내가 올 곳으로 왔다는 생각이 들었다.

처음 하웰 산에서 지내게 되었을 때에는 내가 진정 파라다이스에 왔는지, 황량한 서부 벌판으로 왔는지 의심스러웠다. 리 스튜어트는 명사수였고 사냥총을 갖고 있었다. 포도밭에서 사슴 사냥도 했는데 밤중에는 사슴의 눈이 마치 섬광처럼 빛났다. 그는 사슴고기를 먹지는 않아 일꾼들에게 나누어 주었다.

어느 날 저녁 오두막 계단에 앉아 영어 공부도 할 겸 신문을 읽고 있었다. 깜짝 놀라 위를 쳐다보니 리 스튜어트가 서서 엽총으로 나를 겨누고 있었다. 그는 총을 쏘았고 그때야 신문에 가려졌던 방울뱀이 나에게로 다가오고 있는 것을 보았다. 리는 뱀 머리를 명중시켰고 나는 운 좋게도 위험을 피할 수 있었다.

또 다른 위험은 화재였다. 나파에는 4월이 지나면 거의 비가 오지 않는다. 10월이나 11월이 되어야 비같은 비가 내린다. 여름은 매우 덥고, 특히 건조한 동쪽 언덕은 불이 나기 시작하면 빨리 번진다. 어느 날 산불이 시작되었다는 뉴스가 나오고 하늘이 연기로 검게 변했다. 불이 너무 가까이 닥쳐 불길이 바로 눈앞에 보였다. 나는 와인 책이 가득 든 여행 가방을 움켜쥐고 근처 저수지로 달아났다. 다행히도 불길은 우리를 덮치지는 않았고 책들도 무사했다.

리 스튜어트와 나는 열심히 일했다. 그는 청결과 품질 향상에 열정을 다했다. 수확을 시작하기 전 우리는 파쇄기와 발효조 등 모든 장비를 깨끗이 씻고 닦았다.

그는 완벽주의자였다. 와인의 품질을 철저히 관리하기 위해 조수도 한 명만 고용했다. 수확이 시작되자, 둘은 오랜 시간 동안 포도밭과 와이너리에서 정신없이 일했다. 어느 날 나는 새벽 4시에 오두막으로 돌아왔다. 지치고 배가 고파 뭘 빨리 만들어 먹어야 했다. 달걀 두 개를 삶으려고 냄비에 올려놓고 침대에 걸터앉았는데, 순간적으로 잠에 빠져들었다.

방안에 연기가 가득 차 잠이 깨었다. "또 산불이 났구나." 생각했다. 침대에서 벌떡 일어나 보니 냄비의 달걀이 타고 있었다. 이번에는 호수까지 달아나지는 않아도 되었다.

리 스튜어트와 3개월간 계약이 끝났다. 수확 일을 마치고 와인이 탱크에서 발효되고 있을 때 나는 떠나야 할 때가 왔다는 생각이 들었다. 이제 더 할 일이 없었고, 또 한편으로는 하웰 산에서 혼자 살기가 너무 외로웠고 원시적인 환경에서 더 지내기도 힘들었다. 차도 없었기 때문에 완전히 고립된 생활을 했으며, 장을 보러 세인트헬레나로 갈 때도 리가 태워 주어야 했다.

이제 캘리포니아에 오는 목표는 달성했으며 와인을 만드는 일도 해보았다. 하지만 마음속에는 더 큰 꿈이 자라고 있었다. 어느 날일지 모르지만, 이 골짜기에 작은 땅 한 조각을 마련하여 나 자신의 와이너리를 갖고 싶다는 꿈이었다. 이를 성취하기 위해서는 앞으로 나아가야 했다.

나는 크리스천 브라더스의 와인 메이커이며 셀러 마스터로 일하는 진취적인 티모시Timothy 수사에게 조언을 구했다. 마침내 세인트헬레나에 있는 와이너리에 일자리를 얻을 수 있게 되었다. 비록 리 스튜어트와 수버랭은 떠나게 되었지만, 그와 함께 지내며 배운 많은 가르침은 소중히 간직했다.

내가 기억하는 리 스튜어트는 말이 없었으며 늘 움직이고 있었다. 모든 일에 항상 최선을 다했고 일관적이었으며 정확했다. 그는 앙드레 첼리스체프에게 배운 대로 착실히 와인을 만들어 나갔다. 실수하지 않기 위해 해마다 똑같이 되풀이했다. 최선이라고 생각하면 한 발짝도 빗나가지 않았다. 바로 그 점이 그의 스타일을 발전시키고 완벽한 양조 기술을 터득하게 했을 것이다.

나는 나파 밸리에서 함께 일한 모든 사람들에게서 배웠으며, 또 배운 것들을 다음 일자리에서 적용해 볼 수 있었다. 리 스튜어트에게서 배운 것은 청결과 정확성, 고품질, 열정, 양조 기술이었다. 그는 예술적인 와인 메이커였다. 창조를 위한 열정이 있었으며, 그 창조물이 바로 와인이었다. 리와 가까운 친구들은 그가 다른 무엇보다도, 심지어 가족보다도 더 와인에 심혈을 기울인다고 놀렸다.

한참 후 내가 결혼했을 때, 리는 우리를 저녁 파티에 초대했다. 아내는 리를 위해 케이크를 만들어 갔다. "마이크, 나는 위장이 안 좋아. 케이크를 못 먹는 줄 알잖아." 리가 말했다.

그러자 한 친구가 "리, 자네는 위장병은 있어도 심장병은 없을 거야. 와인 외에는 마음을 쓰지 않으니까."라고 대꾸했다.

리는 부정하지 않았고, 웃으며 그에게 와인 한 잔을 따라 주었다.

그는 1972년에 하웰 산 와이너리를 1백만 달러에 팔았다.

리는 1986년에 사망했고, '수버랭'은 수년간 소유주가 몇 번 바뀌었다. 지금은 클로버 데일 근처 알렉산더 밸리에 있는 트래저 와인 이스테이트Treasure Wine Estates의 일부가 되어 있다.

요즈음은 리를 기억하는 사람이 많지 않다. 아마 나파의 와인 산업이 재가동되기 직전에 와이너리를 팔았기 때문일 것이다. 그러나 그는 나파 와인 초기의 뛰어난 개혁자였으며, 품질을 개선하기 위해 억척스럽게 일했던 몇 안 되는 양조자 중 한 명이었다. 그는 나파 밸리의 와인 산업을 다시 일으키는 데 중요한 역할을 했다. 리 스튜어트는 꼭 기억되어야만 하는 인물이며, 와인 명예의 전당Vintners Hall of Fame에 포함시켜 존경받아야 할 인물이다.

1889년에 지은 크리스천 브라더스 그레이스톤 건물

9

크리스천 브라더스

크리스천 브라더스는 나의 경력 중 중요한 부분을 차지한다. 그들의 조언으로 캐나다에서 샌프란시스코 와인 협회보에 와인 메이커 자리를 구하는 광고를 내었고, 캘리포니아에 직장을 구하게 되었으며, 캐나다의 미국 영사관에서 비자를 받게 되었다. 나는 이제 크리스천 브라더스에 새 일자리를 찾았다.

하웰 산에 있는 리 스튜어트의 작은 와이너리를 떠나 드디어 나파 밸리에서 가장 웅장한 크리스천 브라더스 와이너리로 옮겼다. 마치 성처럼 보이는 와이너리 문을 들어서니 자부심과 경외심이 온몸을 감쌌다. 그레이스톤Greystone 건물 사진을 크로아티아의 가족들에게 보내며 나는 이런 곳에서 일하게 된 것이 자랑스러웠다.

그레이스톤은 나파 밸리에서 가장 유명한 건물이며, 세인트헬레나 북쪽 하이웨이 29에 위치하고 있다. 1880년에 샌프란시스코의 사업가인 윌리엄 번William Bourn, Jr과 동업자인 에버릿 와이즈Everett Wise는 이

건물의 디자인을 퍼시 앤 해밀턴 회사에 맡겼다.

번은 나파 밸리에 협동조합을 설립하고, 와인 메이커들이 저장할 수 있도록 1백만 갤런을 보관할 수 있는 와이너리와 셀러를 지을 계획을 세웠다. 그렇게 되면 시장을 좌지우지하는 샌프란시스코의 유통업자를 거치지 않고도 와인을 자유롭게 시장에 팔 수 있었다. 번의 한 가지 조건은 품질이 좋은 포도와 와인만을 받아 저장을 허용한다는 것이었다.

건축은 1886년에 시작하여 1889년에 완공되었다. 그 지역에서 생산되는 포틀랜드 시멘트와 석회암 등 자재를 사용하여 최신 기술로 지었다. 최종 건축비가 25만 달러로 당시에는 엄청난 금액이었다. 1950년 크리스천 브라더스가 이 건물을 매입했을 때에는 소유주가 이미 여러 번 바뀌었고, 지금은 미국 요리 학교Culinary Institute of America의 캘리포니아 캠퍼스가 되었다.

크리스천 브라더스는 교육 프로그램을 지원하기 위해 1882년에 교단이 있는 마티넥스Martinex 지역에서 브랜디를 만들어 팔기 시작했다. 그들은 금주 시기 동안에도 미사용 와인과 브랜디를 계속 만들 수 있었다.

1930년에는 비더Veeder 산에 338에이커를 매입하여 나파 밸리로 옮겼는데 돌로 지은 몽 라 살르Mont La Salle라는 옛날 와이너리가 있었다. 1950년 그레이스톤 매입 후에는 양조 시설을 옮겨 확장하였으며 몽 라 살르는 행정 본부, 회의, 휴식 센터, 사무실로 사용했다. 스틸 와인과 스파클링 와인 외에 브랜디와 포트 스타일 와인도 만들었다.

학교에서 과학을 가르쳤던 티모시 디에너Timothy Diener 수사는 1935년 크리스천 브라더스 와이너리 일을 하게 되면서부터 직책이 바뀌었다. 처음에는 화학 실험을 담당했으나 포도밭 감독의 책임을 맡게 되었으며, 마침내는 와이너리 조합의 부회장이 되었다.

티모시 수사는 훌륭한 인물이었다. 정신적으로도 영민하였고 사업 감각도 감탄을 자아냈다. 그는 다른 와인 메이커들에게도 지식을 나누어 주며, 나파 밸리의 와인 산업을 재생시키는 원동력이 되었다. 1940년대 후반에는 나파 밸리 포도 재배 협회(현재 Napa Valley Vintners)에 재정적인 도움을 주었다.

그는 절제와 겸손의 서약을 실천하는 사람이었다. 물질주의자가 아니었으며, 식물을 좋아했고 특히 난을 좋아했다. 코르크 스크루도 수집했는데 모두 1천1백 개로 아마 세계 최대였을 것이다

1959년 내가 일을 시작했을 때 크리스천 브라더스는 나파에서 가장 큰 와이너리였다. 티모시 수사가 와인 메이커였으며, 뛰어난 카베르네 소비뇽과 샤토 라 살르Chateau La Salle라는 인기 있는 화이트 와인을 만들고 있었다. 샤토 라 살르는 요하니스버그 리슬링 품종으로 만들었는데, 잔당이 5퍼센트로 식전주로도 좋았고 언제나 가볍게 마실 수 있는 부드러운 와인이었다.

나는 티모시 수사가 나파 밸리의 와인 메이커들과 미팅을 할 때, 언제나 하던 기도를 기억한다.

"오 거대한 우주를 창조하신 위대한 신이시여, 인간을 달나라로 보내고 돌아오게 할 수 있는 가장 훌륭한 과학자들도 감히 알 수 없는, 무한히 크신 하나님이시여. 당신은 포도 주스를 와인으로 변하게 하는 아주 작은 이스트 세포도 만드신 위대한 분이십니다."

나는 스파클링 와인 담당으로 일하게 되었다. 와인 메이커나 화학 실험실에는 자리가 없었다. 그레이스톤 빌딩 3층에 있는 사무실에서 병입, 생산, 선적까지 스파클링 와인에 관계되는 모든 일을 처리했다.

이 일은 내가 평생 하려는 일은 아니었으나 여러 가지 일들을 배우는

티모시 수사와 코르크 스크루

기회가 되었다. 코르크 스크루 없이 와인 병을 따는 방법도 배웠다. 병
맨 아랫부분을 천으로 감싸고 마룻바닥에 몇 번 치면 코르크가 빠져나온
다. 한번 시도해 보세요.

또 하나는 대규모 와이너리를 경영하는 방법이었다. 그레이스톤의 매
니저는 오거스트 피리오Auguste Pirio였다. 그는 인정이 많았고 모든 직
원들의 안전을 가장 중요시했다. 우리는 매일 만나 일을 하러 나갔는데,
누가 뛰어가든지, 위험한 일을 하는 것을 보면 바로 멈추게 했다. "이렇
게 해야 더 빨라요."라고 항의를 해도 안전하지 않으면 절대 용납하지 않
았다. 그는 직원 한명 한명을 보살폈고 해마다 직원과 가족들을 위해 피
크닉도 준비했다.

크리스천 브라더스에 대해서는 좋은 말밖에 할 수 없다. 그들은 모든
사람을 존중했고 일단 직원이 되면 평생 동안 있을 수 있었다. 그러나 나
를 늘 따라다니는 문제가 있었다. 어떻게 앞으로 전진할 것이냐? 물론 좋
은 자리였지만 몇 달이 지나자 더 나아 갈 가능성이 없어 보였다. 와이너
리의 모든 중요한 직책은 크리스천 브라더스의 수사들이 차지하고 있었
다. 나는 수사가 되고 싶은 마음은 없었다.

다음은 어디로 향해야 하는가? 주위에는 이민자들이 세운 와이너리들
이 많이 보였다. 크리스천 브라더스 건너편에는 1861년에 나파 밸리에
서 최초로 설립된 상업 와이너리인 찰스 크루그Charles Krug가 있었다.
지금은 또 다른 이민자인 체자레 몬다비Cesare Mondavi가 1930년대에
매입하여 소유하고 있다. 그 옆에는 베린저 와이너리Beringer Winery가
있었는데, 1875년에 독일에서 이민을 온 두 형제가 설립했다.

지금도 그렇지만 나파 밸리에서 꿈을 실현하려고 와이너리를 세운 사
람들은 대개 다른 곳에서 번 돈으로 투자를 했다. 책이 가득 든 가방 하

나만 들고 온 이민자에게는 불가능한 일이었다.

크리스천 브라더스에서는 딕 데트만Dick Dettman이 화학 실험실을 담당하고 있었는데 10년째 모든 분석과 품질 관리를 맡고 있었다. 나는 혹시 조수가 필요하지 않느냐고 물어보았더니, 혼자서도 잘 통제가 된다고 하며 앞으로도 20년은 더 일할 생각이라고 답했다. 그러나 그와의 대화는 도움이 되었다. 나에게 캘리포니아 대학 데이비스 캠퍼스에서 '드라이 테이블 와인'이라는 주제로 일 주일간 세미나가 있다고 알려주며, 세미나에 참석할 수 있도록 주선을 해주었다.

데이비스가 있는 마을에 도착해 모텔을 찾았다. 프런트에서 숙박부를 쓰며 하룻밤에 얼마인지를 물었다.

"2달러 50센트입니다." 아가씨가 대답했다.

불과 6개월 전에 세인트헬레나에서 하룻밤에 2달러를 지불했는데, 데이비스에서는 왜 2달러 50센트인지 어리둥절했다. 왜 가격이 차이가 나는지 물어보지 않을 수 없었다. "그럼 세인트헬레나로 가셔서 2달러에 하룻밤을 주무세요." 그녀가 웃으면서 대답했다. 나는 캘리포니아 전체의 호텔 방 값이 같지 않다는 사실에 놀랐다. 공산 유고슬라비아에서는 정부가 가격을 통제하기 때문에 어디를 가든지 값이 같았다.

데이비스의 교수들은 크로아티아의 자그레브 대학 교수들과는 다른 방법으로 강의를 했다. 교수들은 학생들의 긴장이 풀어지도록 가벼운 이야기를 꺼내며 수업을 시작했다.

하루는 교수님이 늙은 농부의 이야기로 강의를 시작했다. 늙은 농부가 아파 침대에 누워 있었다. 그는 고통이 너무 심해 두 아들을 불러놓고 곧 죽을 것 같다고 말했다. 이 말을 듣자마자 형이 동생에게 말했다. "아버지가 돌아가시면 땅을 둘로 나누자. 침수되지 않는 땅은 내가 가지고,

침수되는 나머지 땅은 둘로 나눠 반반씩 가지기로 해.”

농부는 눈을 감고 죽은 듯이 누워 아들들이 땅을 나누는 얘기를 하는 것을 들었다. 동생은 아버지가 눈을 감은 사실을 알아채고 침대 옆에 꿇어앉아 아버지를 위해 기도하기 시작했다. 형은 아버지가 숨을 거두었는지 확인하려고 머리를 아버지에게 가까이 들이대었다. 큰아들의 머리가 닿자 아버지가 갑자기 “부Boo”하며 소리쳤다. 아버지는 큰아들이 마음을 알았기 때문에 전 재산을 작은아들에게만 주기로 했다.

또 한번은 같은 교수님이 ‘미래의 캘리포니아 와이너리’라는 중요한 주제로 수업을 시작했다. “미래의 와이너리는 원형으로 설계될 것이다. 중심에서 사방으로 퍼지는 형태로 만들어, 원의 안쪽 벽에는 온도 조절이 되는 스테인리스 스틸 탱크들을 설치한다. 알코올 탱크, 다음은 산, 아로마가 들어있는 물, 색깔, 타닌 등이 들어있는 탱크들이다.”

“와이너리 중앙에는 컴퓨터가 있다. 이 컴퓨터는 각 탱크의 물질들을 조합하여 ‘마스터 블렌딩’을 만들어 중심에 있는 탱크로 보낸다. 그러면 완벽한 와인이 된다.”

같은 교수님이 5년 후 로스앤젤레스에서 같은 주제인 ‘완벽한 와인’에 대해 또 강연을 했다. 그러나 이번에는 결론이 달랐다. “언젠가는 ‘완벽한 와인’이 만들어지겠지만, 예술적인 와인 메이커만이 완벽한 와인을 만들 수 있을 것이다.” 나는 이번 결론이 UC 데이비스에서 들었던 것보다는 더 낫다고 생각했다.

어느 토요일에 병입 라인 감독이 집으로 점심 초대를 했다. 나를 차에 태우고 세인트헬레나의 마드로나Madrona에 있는 집으로 데리고 갔다. 그녀는 결혼하여 아들 둘과 딸 하나가 있는 사랑스런 여자였다. 차고에 차가 다섯 대가 있었고 소형 트럭이 집 앞에 한 대 서 있었다. “왜 이렇게

UC 데이비스 세미나에 참석한 교수와 동료들

차가 많지요." 내가 물었다. "가족이 각각 다른 곳에서 일하고 있어 모두 차가 필요해요." 미국에서는 가족이 각각 차 한 대씩을 갖는 것이 보통이었다. 나는 처음 보는 광경이라 놀랐다.

차를 여섯 대 가진 이 가족을 보니 크로아티아에서 본 '예술 사진 전시회'가 생각났다. 그 중에서 미국 사진이 나에게는 가장 인상적이고 예술적이었다. 차들이 빽빽한 복잡한 거리 풍경이었는데 차들이 서로 닿을 것만 같았다. 사진 제목이 '동맥 경화증에 걸린 거리'였는데, 나는 일부러 합성하여 만든 사진일 것이라고 생각했다. 그러나 막상 미국에 와 보니 현실이었다. 왜 로스앤젤레스 고속도로가 미국에서 유일한 무료 주차장이라고 하는지 이제야 알 것 같았다.

나는 미국 생활을 배워가고 있었다. 물론 미국인처럼 살고 있지는 않았다. 차도 없었으며 데이비스까지 버스를 타고 다녔다. 세인트헬레나에서는 냉장고도 난로도 없는 방에서 살고 있었고, 매일 걸어서 회사를 다녔다. 실제로 나를 위해 산 것은 요리와 식사에 사용하는 작은 칼 하나와 숟가락, 전열판 뿐이었다.

어느 날 매형 비데가 나를 보러 와서 내가 살고 있는 형편을 보고 놀란 것 같았다. "마이크, 너는 일을 하고 있고 월급도 받는데, 이렇게 가난하게 살지 않아도 되잖아?"

나는 저축을 하며 절대 빚을 지지는 않으려 했고, 그는 생활을 개선해야 한다고 우겼다. 세인트헬레나에 팔려는 집들을 살펴보고 가장 싼 집을 사기로 했다. 에드워드 스트리트 1212번지로 8천5백 달러였다. 비데가 2천5백 달러를 빌려주었는데, 나에게는 어마어마한 돈이었다.

집은 상태가 매우 좋지 않았다. 우선 구불어지고 비틀어진 마루를 고쳐야 했다. 나는 지하로 내려가서 작은 잭으로 마루판을 밀어 올린 후 마루판이 펴졌는지 살펴보았다.

비데는 냉장고도 사주었는데, 내 평생에 처음 가져본 냉장고였다. 쓰레기통도 사려고 해서 "왜요?"라고 물으며 의아해했다. 나는 그때까지도 고향의 옛 습관대로 살고 있었다. 요리한 것은 모두 먹었으며, 종이 봉지들은 마당에서 태웠기 때문에 쓰레기가 나오지 않았다.

비데가 워싱턴 주로 떠나며 이제는 생활이 좀 나아진 것 같이 보인다고 말했다. 하지만 나의 마음에는 아직도 많은 의문이 있었다. 36살이 된 지금, 크로아티아에 있었으면 분명 결혼을 했을 것이며 아이들도 있었을 것이다. 누나들과 형제들, 그리고 그들의 아이들과 친구들에 둘러싸여 지내고 있었을 것이다.

그러나 지금은 수천 마일 떨어진 곳에서 혼자서 외롭게 살고 있다. 키도 작고, 영어도 못하며, 차도 없는 주제에 어디에서 여자를 만나 결혼할수 있단 말인가? 이제는 말할 수 있다. 내 집은 마련했지만, 미래의 일들을 걱정하며 얼마나 많은 밤을 울며 베개를 적셨는지 …. 이 낯선 곳에서 내 인생은 어디로 흘러갈 것인가?

일이 끝난 후 저녁에는 세인트헬레나 초등학교에서 하는 영어 수업을 들으려 다녔다. 교실 벽에는 큰 글자로 "밀거나 당겨라. 둘 중 어느 것도 할 수 없다면 길에서 비켜나라."라고 쓰여 있었다. 아주 잔혹한 말이었지만 진실이었다. 나는 돌아갈 수 없었기 때문에 앞으로 나아갈 수밖에 없었다. 그리고 그 길이 내가 앙드레 첼리스체프를 만나게 된 길이었다.

새로 산 집 뒷 베란다에서, 친지들과 함께, 크리스천 브라더스 와인 병을 들고 있다.

앙드레 첼리스체프

10

앙드레 첼리스체프

나는 초조하게 전화벨이 울리는 소리를 듣고 있었다. 그가 전화를 받을까? 나와 대화할 시간이 있을까?

나파 밸리에 온 이후 나는 그의 이름을 수없이 들었다. 앙드레는 이 지역 최고의 와이너리에서 최고의 와인을 만드는 와인 메이커였다. 그의 와인은 미국 최고 와인으로 알려져 있었다. 그는 '캘리포니아 와인 메이커의 수장'이라 불리며, 누구든지 와인 양조에 대해 도움을 청하면 기꺼이 가르쳐 주었다. 리 스튜어트도 그런 학생들 중 한 명이었다.

나는 아버지의 말씀을 떠올렸다. "항상 너보다 더 많이 아는 사람과 만나고 그들에게서 배워라." 나는 첼리스체프라는 대단한 사람을 만나야 했고, 나를 도와줄 수 있는지도 알아봐야겠다고 생각했다.

어느 날 용기를 내어 앙드레 첼리스체프의 사무실에 전화를 걸었다. 비서가 전화를 받았으며, 나는 그와 만날 약속을 할 수 있는지 물어보았다. 그녀는 호의적이고 상냥했다. 전화번호를 남기며 첼리스체프 씨가 시간이 날 때 전화해 주셨으면 한다고 부탁했다. 그리고 기다렸다.

나는 그를 만날 수 있을 것이라는 희망이 있었다. 앙드레도 이민자였고 공산주의 러시아를 피해 망명했다. 그는 1901년 러시아의 옛 귀족 집안에서 태어났다. 1917년 러시아 혁명 때 육군사관학교를 다니던 앙드레는 백군White Army(반 볼셰비키 군)으로 참전했다. 내전 후 겨우 살아남아 1921년에 유고슬라비아로 망명한 가족들과 합류했다.

그는 이곳저곳을 떠돌다 체코슬로바키아 농업대학 연구 장학생으로 선발되었고, 그 후 프랑스의 파스퇴르 연구소와 국립 농업 연구소에 자리를 잡게 되었다. 그는 양조학과 발효, 미생물학을 공부했다. 미국의 금주 시기가 끝난 후 1938년 무렵이었다. 나파 밸리 보리우 빈야드 Beaulieu Vineyard의 소유주인 조지 드 라투르George de Latour가 프랑스를 여행하며 최고의 와인 메이커를 찾고 있었다. 앙드레 첼리스체프가 바로 그가 찾고 있던 사람이었다.

조지 드 라투르도 역시 이민자였다. 1856년 보르도에서 태어났으며 젊었을 때 샌프란시스코로 이주했다. 그는 화학자로 포도 껍질로 타르타르 크림을 만들어 돈을 벌었으며, 1900년에는 나파 밸리에 와이너리를 사기로 결심했다. 아내 페르낭드Fernande와 함께 러더퍼드에 땅을 사러 갔는데, 아내가 한 곳에 서서 "정말 좋은 땅이군요Quel beau lieu!"라며 감탄을 했다. 그래서 와이너리 이름이 보리우Beaulieu가 되었다고 한다.

드 라투르는 뛰어난 사업가로 금주 시기에도 샌프란시스코 주교에게서 가톨릭 교회용 와인을 만드는 허가를 받아 와이너리를 운영할 수 있었다. 사업상 더 잘한 결정은 와인의 품질을 향상시키려는 일념으로 앙드레 첼리스체프를 나파 밸리로 데리고 온 것이었다.

당시 최고급 레스토랑에서는 캘리포니아 와인을 취급하지 않았다. 손님들이 프랑스 와인을 원했기 때문에 조지 드 라투르는 프랑스 와인만큼 좋은 와인을 만들려고 노력했다. 앙드레는 프랑스에서 지식과 기술, 포도 재배와 양조의 전통을 배워 왔기 때문에 위생 시설을 포함하여 모든 면에서 생산 수준을 높일 수 있었다.

내가 나파에 도착했을 때는 조지 드 라투르의 프라이빗 리저브 카베르네 소비뇽Private Reserve Cabernet Sauvignon이 미국 최고의 와인이었으며, 앙드레 첼리스체프가 만든 와인이었다.

이제 앙드레의 전화를 왜 그렇게 기다리고 있었는지 이해가 갈 것이다. 마침내 그에게서 전화가 왔다. "만나서 얘기를 해봅시다." 얼마나 기뻤는지 모른다.

세인트헬레나에서 버스를 타고 러더퍼드에 있는 보리우 빈야드에 도착하자마자 깜짝 놀랐다. 이 유명한 사람은 나보다 더 키가 작았다. 눈썹은 짙고 새까맣고, 그보다 더 놀라운 것은 내가 짧은 영어로 인사를 하자 그가 완벽한 크로아티아어로 답을 하지 않는가. 나보다 더 작을 뿐만 아니라 나처럼 이민자이며 나의 모국어로 말을 하는 그를 만나다니. 마치 기적이 일어난 것 같았다.

그는 러시아를 떠난 후 유랑 서커스단에서도 일했다고 했다. 서커스가 크로아티아에 머물렀을 때 말을 약간 배웠으며, 서커스에서 노래도 하고 춤도 추었다고 했다. 상상할 수가 없었다.

우리의 만남은 매우 우호적이었다. 나는 크리스천 브라더스에서 일하고 있으며, 화학 담당이 한 명뿐이고 와인 메이커도 한 명뿐이라 더 올라갈 자리가 없다고 말했다. 그는 고개를 끄덕였고 이해하는 듯 했다.

크리스천 브라더스로 돌아와 몇 주가 지나자 앙드레에게서 전화가 왔다. "화학 담당이 아픈데, 여기에서 일할 생각이 있는지요?"

1960년대 보리우 빈야드 와이너리

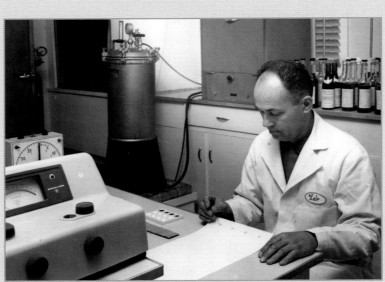

보리우 빈야드의 실험실에서

또 하나의 기적이 일어난 것이다.

조건이 하나 있었는데 두 달간의 견습 기간이었다. 나는 접시닦이를 하든 와인 양조를 하든 어떤 일이든지 언제나 최선을 다했다. 하지만 보리우에서의 두 달만큼 열심히 일한 적은 없었다. 이 직책은 내가 꼭 원하는 것이었으며, 나의 미래는 이 두 달 동안에 달려있었다. 하이츠 셀러를 설립한 조 하이츠Joe Heitz도 앙드레를 위해 6년간 일했으며, 당시 이 지역에서 가장 섬세한 와인을 만들고 있었다.

일은 8시에 시작했다. 나는 차가 없었다. 정시에 출근하기 위해서는 6시에는 세인트헬레나에서 러더퍼드행 그레이하운드 버스를 타야 했으며, 7시에 보리우 빈야드에 도착했다.

앙드레가 준 첫 업무는 와인 샘플 25개의 알코올과 당도, 산도, 아황산, pH 수치를 분석하는 것이었다. 나는 이런 일을 해본 적이 없었기 때문에 개개 분석을 하려면 도움이 필요할 것 같다고 말했다. 그는 책을 한 권 주며 읽어 보라고 했다. 책에 나온 설명은 혼란스러웠으나, 빨리 읽고 실험실로 가서 이 일을 하는데 도움이 될 것이 있는지 살펴보았다.

실험실은 현대적이었다. 희고 반짝이는 포마이카 실험대와 각종 분석을 위한 단계별 실험 기구들이 갖추어져 있었다. 알코올을 측정하는 기계와 와인 색도를 측정하는 기계, pH 미터와 산소 측정기, 주스와 기구들을 멸균하는 큰 기계도 있었다.

나는 이전의 실험 기록을 체크하며 어떻게 진행되었는지를 조사했다. 스스로 실험을 한 후, 전 실험과 대조해 보며 결과를 기록했다. 하나씩 진행하여 일 주일 만에 일을 끝냈다. 앙드레에게 결과지를 건네자 기뻐했다. 정말 안심이 되었지만, 나의 일은 이제 시작에 불과했다.

견습 기간 두 달 동안 매일 7시에 출근했다. 아버지의 말씀이 늘 나와 함께했다. "날마다 새로운 것을 배워라. 날마다 더 나은 일을 하라." 마치 매일 아침 아버지와 함께 일하러 나가는 심경이었다.

하루하루 날짜를 세었고 마침내 두 달이 지났다. 그날 아침은 보리우 빈야드에 처음 왔을 때처럼 초조했다. "첼리스체프 씨." 나는 그를 보자마자 말했다. "말씀을 드려도 될까요?"

"무슨 일인데, 마이크?" 그가 가로막았다. "오늘은 매우 바빠요."

"견습 기간이" 내가 말을 이었다 "두 달이 되었어요."

"뭐라고요? 아 그렇구나. 물론 잘 했고 이제 자리가 확보되었어요. 급여도 올려줄게요."

나는 시간당 25센트를 더 올려 3달러 25센트를 받게 되었다. 마치 왕이 된 것 같은 기분이었다. 급여 인상은 나의 와인 인생을 환히 밝혀주는 것 같았다.

앙드레 첼리스체프와 일하게 된 것은 내 인생 최고의 사건이었다. 그는 지적이었으며, 포도 재배와 와인에 대해 최고의 교육을 받은 사람이었다. 그리고 와인의 품질을 향상시키기 위해 끊임없이 배우고 연구했다. 양조학 책을 읽고 잡지를 구독하며 세계의 와인과 포도밭에 대한 정보를 놓치지 않고 있었다. 그는 프랑스 잡지도 읽었고 유럽의 상황에도 정통했다. 늘 프랑스와 연결 고리를 놓치지 않았다.

연구는 앙드레에게 발전의 기초를 의미했다. 그는 아이디어를 실험해보고 결과를 기록하고, 다시 실험해보았다. 당시 그는 전 세계적으로 어느 누구보다도 와인 메이커들을 많이 가르쳤다. 그와 함께 일한 9년 동안 나는 그의 지혜를 스펀지처럼 빨아들였다.

앙드레에게는 또 다른 장점이 있었다. 단순히 뛰어난 와인 메이커일 뿐 아니라 인간적으로도 완성된 사람이었다. 그는 슬라브 민족의 따뜻하고 친절한 마음을 갖고 있었다.

우리는 서로 잘 맞았다. 앙드레는 와이너리보다 포도밭에서 시간을 보내기를 좋아했으며, 포도밭에서 만나기가 더 쉬웠다. 어느 날 그가 나를 심각하게 쳐다보더니 "마이크, 내가 대부분 시간을 포도밭에서 보내니 자네가 나를 대신하여 와이너리에서 나의 눈과 귀가 되어주면 좋겠네. 뭔가 잘못된 것을 보거나 들으면 곧 처리할 수 있게 나에게 알려 주세요. 자네가 나를 도와주면 와이너리가 최고로 잘 운영될 것 같으니 말이야."

그가 나에게 레드 와인 샘플을 가져오라고 할 때는 꼭 산도가 높은 화이트 와인 샘플도 함께 가져오게 했다. 그는 화이트 와인을 먼저 맛보면서 미각을 활성화시켰다. 레드 와인은 미각을 닫히게 하는 대신 산뜻한 화이트 와인은 마치 잠자고 있는 미각을 깨워주는 것 같았다.

우리는 둘 다 슬라브계이고 같은 문화와 가치를 공유하고 있었기 때문에 서로 잘 이해했다. 가끔 크로아티아 말을 하기도 했다. 또한 둘 다 위생 시설 관리와 같은 소소한 일을 포함하여, 모든 일에 가장 높은 기준을 적용해야 한다고 생각하고 있었다. 내가 오크 통 뚜껑에 모여 있는 과일 초파리의 유충을 보여주자, 앙드레는 화학 분석 외에 품질 관리도 겸했으면 좋겠다고 말했다. 그 후로 나는 와인이 가득 찬 오크 통과 탱크를 하나씩 모두 점검했다.

솔직히 말하면 나도 역시 포도밭에서 시간을 보내기를 더 좋아한다. 포도나무를 돌보는 것은 아이들을 돌보는 것과 같다. 아이들이 하는 말은 귀를 기울여 들어야 한다. 그러나 와인 메이커에게 더 중요한 책임은 포도밭이나 와이너리에서 와인의 품질을 철저히 관리하는 것이다. 9년 간 보리우에서 일하며 받은 훈련은 엄청났으며, 이 경험들은 나의 와인

결혼식 날 나와 타티아나

세인트헬레나 교회에서 도만디치 신부가 집전한 결혼식 날. 뒤 팡 후작과 앙드레

양조 방법과 철학을 형성하는데 큰 뒷받침이 되었다.

보리우에서 바쁘고 중요한 시기를 보내는 동안 또 다른 큰일이 있었다. 결혼을 했다.

나는 과연 아내를 찾을 수 있을런지 의심스러웠다. 같은 이민자인 친구 한스 코넬을 늘 부러워했는데, 그는 지혜롭고 학식 있는 학교 선생님과 결혼했다. 나도 그럴 수 있었으면 하고 간절히 바랐다.

나는 미국 생활에 차츰 적응하고 있었으나, 아직도 고향 사람을 아내로 만나는 것이 최상이라고 생각했다. 크로아티아의 생활 방식과 음식과 전통을 함께 할 수 있는 사람을 원했다. 옛날 고향에서 스플리트Split에서 온 한 여자를, 그녀의 여동생을 통해 좀 유별난 방법으로 알게 되었는데, 수년 후 우리는 다시 만났다.

크로아티아에 살 때 스플리트에서 메트코비츠 근처 플로체Ploče로 가는 배를 탄 적이 있었다. 한 어린 소녀가 혼자 타고 있어 내가 물었다.

"누가 마중을 나올 거니?"

"아 네." 그녀가 말했다. "학교에서 제일 친한 친구를 만나러 데스네로 가는 중이에요."

"친구가 나와 있을까?"

"어제 전보를 보내 오늘 도착할 거라고 말했어요."

"나오지 못할 것 같은데."

나는 그때 그녀가 불안을 느끼기 시작했다는 것을 알았다. 이 이상한 남자는 누구지? 나는 데스네에 전보가 도착하려면 적어도 사흘은 걸린다는 것을 알고 있었다. 내가 옳았다. 우리가 도착했을 때 친구는 나오지 않았다.

"친구 이름이 뭐니?" 나는 소녀에게 물었다.

"예리차 예라마즈Jelica Jeramaz예요."

"아, 바로 내 조카인데!" 내가 소리쳤다. "데려다 줄게."

모든 일이 잘 되었다. 비예카 치즈미츠Vjeka Čizmić와 나의 조카 예리차는 스플리트의 학교에서 제일 친한 친구였다. 이 일로 두 가족이 친해지기 시작했다. 비예카의 언니인 타티아나Tatjana도 만났는데 좋은 여자였다. 하지만 자그레브에서 도피해올 때 그녀와 헤어질 수밖에 없었다.

수년이 흐른 후에 타티아나가 생각났다. 그녀도 아직 결혼하지 않았다는 것을 가족을 통해 듣고 있었다. 그녀가 여기 미국까지 와서 나와 결혼할 용기가 있을지 궁금했다. 나는 편지로 의사를 물었다. 그녀는 허락했고 1963년에는 타티아나를 캘리포니아로 데려올 수 있었다. 우리는 수확 직후 세인트헬레나 성당에서 결혼식을 올렸다. 앙드레와 뒤 팡 후작Marquis du Pins 부부가 참석했다.

타티아나는 결혼 생활 30년 동안 나의 일과 고통과 꿈을 함께 나눠왔다. 1965년에는 나에게 가장 큰 선물인 딸 바이올렛이 태어났다. 바이올렛은 부모님이 돌아가신 후 나를 어머니처럼 보살펴준 누나 리우비차Ljubica의 영어식 이름이다.

타티아나는 지금 세인트헬레나에 살고 있으며, 우리는 헤어졌으나 좋은 친구로 지내고 있다. 그녀가 나의 인생에 안겨준 모든 것들에 대해 경의를 표한다.

보리우에서는 프랑스의 전통적 방식대로 와인을 만들었지만, 앙드레는 중요한 두 가지 혁신적인 방법을 추가했다. 첫째는 말로락틱 발효 Malolactic Fermentation(젖산 발효)인데, 당시에는 앙드레 외에는 잘 알고 있는 사람이 없었다. 압착한 포도 '머스트'의 사과산이 특정 박테리아의 작용으로 더 약한 젖산으로 변하는 발효 과정으로, 이 과정을 거치면 와인의 전체 산은 감소되고 pH가 높아지며 와인이 부드럽게 변한다.

젖산 발효는 자연 상태에서도 일어날 수 있지만, 우리는 필요한 박테리아를 찾아 와인에 배양시키고 진행을 통제하는 방법을 연구했다.

1962년 앙드레는 보리우 빈야드 레드 와인에 배양 젖산균을 사용하여 젖산 발효를 진행시킬 수 있었다.

나는 실험실에서 6개월 동안 프랑스산 박테리아 12종과 UC 데이비스에서 온 몇 종을 연구했다. 마침내 'Davis, ML 34'를 선택하여 실험실에서 배양을 시작했고 보리우의 모든 레드 와인에 사용했다. 두 달 만에 모든 통에서 발효가 일어났다. 정말 큰 성과였다.

이전에 몇몇 와이너리의 실험실과 셀러에서 소규모로 젖산 발효를 실행한 적은 있었지만, 캘리포니아의 큰 와이너리에서 실제로 산업화한 것은 이번이 처음이었다. 앙드레와 나는 UC 데이비스의 세미나에서 프랑스와 독일, 이탈리아, 미국 등에서 온 1백여 명의 와인 전문가들에게 이 과정을 소개할 수 있었다.

젖산 발효를 실험하는 동안 내가 평생 잊지 못할 사건이 일어났다. 우리는 종균을 1갤런 통에 먼저 넣어 발효가 시작되면 5갤런 통으로 옮겼다. 그리고 이 통을 와이너리의 큰 스테인리스 스틸 발효조에 투입했다.

나는 5갤런 통에서 종균이 끓어오르자 레드 와인 발효조에 쏟기 위해 통을 등에 지고 가는데, 너무 무거워 걸음을 옮기기도 어려웠다. 셀러로 가는 도중 다리가 휘청거려 시멘트 바닥에 쓰러졌다. 와인이 온몸에 쏟아졌고 통은 깨졌으며 바닥은 레드 와인 웅덩이가 되었다.

다행히도 5갤런 통이 하나 더 있었으므로 셀러 주임이 지고 가서 레드 와인 발효조에 부었다. 와인의 젖산 발효가 끝난 후 이 샘플을 나머지 레드 와인 탱크에 투입했으며, 한 달이 지나자 모든 레드 와인 탱크에서 젖산 발효가 끝났다. 이는 와이너리에서 시도한 최초의 산업적인 대규모 젖산 발효였다.

와인은 품질이 좋아졌을 뿐만 아니라 대단한 성공이었다. 하지만 나는 그때 부상으로 두 달 동안 병원에 입원하게 되었다. 아직도 타티아나와 어린 딸 바이올렛이 아름다운 장미를 들고 병원을 찾아왔던 때가 눈앞에 아른거린다.

당시 여과는 전통적인 방법으로 병입 직전 석면을 사용했다. 그러나 미량의 이스트나 박테리아가 석면을 빠져나가 병에 남을 수 있었으므로, 병에 들어있는 와인이 오염되기 쉬웠다.

보리우에서 두 번째 혁신은 이 문제를 해결하는 것이었다. 우리는 석면에서 빠져나올 수 있는 이스트와 박테리아의 양을 측정하는 마이크로 필터 시스템을 도입했다. 이 시스템은 의료 산업에서 제균용으로 사용되지만, 와인에 사용해도 성능이 우수했다.

마이크로 필터는 미세한 여과 장치로 석면에서 빠져나오는 이스트와 박테리아를 잡을 수 있었다. 우리는 이중 여과 장치를 개발하고 설치했다. 먼저 전통적인 석면 여과로 대부분 불순물과 박테리아, 이스트 등을 제거했고, 다음 마이크로 필터 시스템으로 와인을 통과시켜 완전 제균시켰다.

마이크로 필터는 병입 전 가스의 압력을 사용하여 테스트를 한다. 필터에 18파운드의 압력을 가했을 때 필터 바닥에 있는 물에 거품이 전혀 일어나지 않으면, 이스트나 박테리아가 통과하지 못한다. 여과 후에도 같은 테스트를 하는데 여과중에 생길 수 있는 손상을 확인하기 위해서다.

그 후로 보리우에서는 병입된 와인에 이스트나 박테리아 문제가 생기지 않았다. 미생물학적으로 와인이 완전히 안정된 상태가 되었기 때문이다. 유통 기한도 길어지고 안전했으며 와인의 품질도 좋아졌다. 곧 많은 다른 와이너리들도 이 여과 방법을 채택했다. 기적적인 사건이었다.

우리는 또 중요한 화이트 와인의 저온 발효에도 공을 들였다. 와인이 완벽한 균형을 이루려면, 포도의 아로마와 향미, 당도, 산과 타닌이 최고조에 달했을 때 수확을 해야 하며, 또 그 상태를 그대로 보존해야 한다. 대부분의 아로마는 휘발성 기체이기 때문에 발효중 생기는 높은 온도에 날아가게 된다. 이를 방지하기 위해서는 발효중 온도를 낮게 유지시켜야 하는데 저온 발효가 바로 그 방법 중 하나이다.

새로운 방법은 아니었지만 대부분 와이너리에서는 '냉각기'를 구비하지 못했다. 우리는 냉각기를 사들였고 와인이 냉각기를 통과할 때 온도가 낮아지는지를 조심스럽게 체크했다. 와인은 보통 화씨 45~50도(섭씨 7~10) 정도였으며 온도가 높아지면 다시 냉각시켰다.

우리는 또한 세계의 이스트 품종들을 연구했다. 포도에 자생하는 이스트만으로도 발효를 시킬 수 있지만, 이스트의 종류가 너무 많아 어떤 종이 우세한지, 완성된 와인의 성질이 어떻게 될지 예측이 어려웠다. 배양 이스트는 일관성을 유지하고, 품질을 보장하기 위해 사용한다. 우리는 두 가지 종을 택했는데, 레드 와인에는 프렌치 화이트French White 종, 화이트 와인에는 리슬링Riesling 종으로 결정했다.

또한 젖산 발효를 관리하기 위해 UC 데이비스에서 배운 종이 크로마토그래피Chromatography를 사용하였다. 와인에 있는 산은 주석산tartaric 과 사과산malic, 젖산actic인데, 이 산의 양이 막대기로 표시된다. 주석산이 가장 무겁고 다음이 사과산이며 젖산이 제일 가볍다. 사과산이 더 이상 보이지 않고 대신 젖산이 보이면 젖산 발효가 끝났다는 것을 알 수 있다. 또 젖산균이 자라지 못하게 하려면 푸마르산fumaric acid을 적당량 사용하면 된다. 젖산균은 화씨 60도(섭씨 15도) 이하의 찬 온도에서도 자라지 않는다.

나파의 와인 메이커들은 어떻게 와인의 품질을 빠르게 향상시킬 수 있었을까? 물론 모두가 더 나은 와인을 만드는 방법을 열심히 찾았다. 하지만 각자가 연구하고 있는 과제나 결과물들을 공유하고 서로 배움으로서 함께 발전해 나갈 수 있게 되었다.

"파도가 일면, 모든 배들은 파도와 함께 출렁인다." 이 말에는 앙드레 첼리스체프나 로버트 몬다비 등 나파 와인 선구자들의 철학이 담겨 있다. 이웃을 돕고 서로 배우며 사는 너그러운 삶의 방식은 작은 데스네 마을의 삶과도 같았다.

나파의 발전에는 세 가지 요소가 큰 도움이 되었다. 첫째는 데이비스에 있는 캘리포니아 대학의 연구였다. 당시에는 포도 재배에 큰 관심을 기울이지 않았다. 그러나 UC 데이비스의 연구에 힘입어 재배자들은 각기 다른 품종을 가장 좋은 결실을 얻을 수 있는 토양에 심을 수 있게 되었다. 포도나무에 필요한 수분양이라든지, 어떤 화학 약품이 작물을 보호하는데 필요한지 등 문제들도 연구되었다.

또한 모든 연구 결과를 공유하는 단체가 있었다. 나파 밸리 포도 재배자 협회Napa Valley Vintners와 와인 기술 그룹Wine Technical Group이었다.

와인 기술 그룹은 와인 메이커들로 구성되었는데 매달 만나 저녁 모임을 했다. 다른 와이너리의 와인을 테이스팅 하기도 하고, UC 데이비스에서 초청한 연사들의 강연도 들었다. 저녁 모임은 대개 세인트헬레나의 유일한 레스토랑인 번즈 코퍼 침니Vern's Copper Chimney에서 만났다. 그들은 날씨가 어떤지, 병입 방법이 나아지고 있는지 등 문제점들에 대해 이야기를 나누었다.

나파 밸리 포도 재배자 협회는 대부분 소유주들로 구성되었다. 이 단체는 1940년대에 발족했으며, 한 달에 한 번 점심 모임을 가졌다. 이 협회의 소박한 강령은 모임에서 서로 눈을 쳐다보며 경쟁자이기보다는 친구로서 우정을 돈독히 하는 것이었다.

앙드레는 매달 점심에 만나는 나파 밸리 포도 재배자 협회 모임에 나를 데리고 갔다. 이는 지식 증진과 동료들과의 친교에 도움이 되었다. 당시에는 10명에서 20명 정도의 회원이 참석했으며 협회 총무가 매달 모임을 주선했다.

이 모임에서 나는 티모시 수사나 베린저에서 일하다 후에 레이몬드 와이너리를 설립한 로이 레이몬드 등을 만났다. 그들은 와인 테이스팅을 하며 새로운 아이디어나 기술 혁신 등에 대해 논의했다.

와인 양조나 포도 재배 외에도 사업적인 문제나 관련 법률에 대해서도 의견을 나누었으며, 다른 사업에서는 비밀로 여겨질 여러 가지 일들에 대한 의견 교환도 있었다. 개인적으로나 그룹으로서나 다 함께 수혜를 받으려는 생각이었다.

나파 밸리 포도 재배자 협회가 결성되기 전에는 각자의 와인을 홍보하기 위해 다른 와인을 깎아내렸지만, 협회가 결성된 후부터는 달라졌다. 식탁에서 얼굴을 마주 대하다 보니 서로 경쟁하기보다는 협동하는 분위기가 만들어졌으며, 따라서 와인 산업도 발전하게 되었다.

나파 밸리의 와인 산업이 빠르게 발전한 또 하나 이유는 모두가 유럽에 비해 미국이 매우 뒤처져 있다고 생각했기 때문이다. UC 데이비스의 교수들과 수시로 대화를 하며, 매달 모임에서 와이너리를 지정하여 가지고 온 와인으로 시음을 했다. 와인의 결점을 찾는 것부터 시작하여 서로의 와인을 시음해 보며 품질을 발전시킬 수 있었다.

당시에는 철분이나 단백질, 구리 성분 같은 침전물 등 와인에 결점이 너무 많았다. 시장에는 질이 낮은 와인이 넘쳐났기 때문에, 최고의 시음자는 와인에서 결점을 가장 많이 찾아내는 사람이었다.

포도 재배자 협회와 와인 기술 그룹은 UC 데이비스에 문제점들을 해결할 수 있는 연구를 할 수 있는지 알아보았다. 큰 와이너리가 연구를 의뢰하면 다른 와이너리들과 결과를 공유했다. 이는 당시에 이룬 큰 발전이었다.

1960년대와 70년대, 80년대는 캘리포니아에 대단한 와인 혁명이 일어났던 시기였다. 나는 아주 적절한 시기에 이 골짜기에 도착하여 발전하는 역사의 한 장에 낄 수 있었다. 오늘날 미국 와인은 너무 발전하여 결점이 거의 없는 와인이 되었다. 따라서 최고의 시음자는 와인의 장점과 긍정적인 면을 잘 찾아내는 사람이다.

요즈음 와인 지식은 향상되었지만 나파 밸리 초창기의 단결력은 느슨해졌으며, 서로 도우며 추구했던 품질에 대한 유대감도 사라진 것 같다.

아무리 기술적으로 발전했다 하더라도, 옛날이나 지금이나 와인 양조에 있어서 결코 우리가 통제할 수 없는 것이 하나 있다. 무엇보다도 가장 강한 것 중 하나는 대자연의 힘이다. 바람과 비, 햇볕과 서리 등 해마다 와인은 결국 대지의 어머니가 결정한다.

서리는 나파 밸리 포도 농사에 가장 큰 걱정거리다. 포도나무가 겨울잠에서 깨어나 처음 초록 새싹이 트는 봄이 제일 위험하다. 싹이 튼 후 심한 서리가 내리면 포도 농사는 전체적으로 타격을 받는다. 추운 봄날이면 우리는 밤이 새도록 포도나무를 보호하기 위해 사투를 벌였다. 당시에는 서리 방지 대책이 요즈음보다는 원시적이었기 때문에 훨씬 더 피해가 컸다.

대자연이 포도밭에 얼마나 충격을 주었는지, 서리 때문에 힘들었던 1961년을 회고해 본다. 나쁜 일은 세 개가 연거푸 닥친다는 옛말이 있다. 바로 1961년이 그랬다.

첫 번째는 서리가 18일 계속되며 냉해가 시작되었다. 물론 18일 동안 잠도 못 자고 낮에는 와이너리에서, 밤에는 포도밭에서 포도나무를 보호하기 위해 동분서주했다. 훈증기에 불을 피우고 때로는 공기를 데우기 위해 타이어도 태웠다. 집으로 돌아갈 때는 굴뚝 청소부 같은 행색이 되었다.

하루는 나파 밸리 전체에서 연료통을 태워 하늘이 연기로 검게 덮였다. 페르낭드 드 라투르Fernande de Latour의 딸은 드 팡 후작Marquis de Pins과 결혼하여 당시 보리우의 소유주가 되어 있었다. 그날 밤 드 팡 부인이 캐딜락을 타고 포도밭에 도착했다. "도우러 왔어요." 그녀가 말했다. "도저히 잠을 잘 수가 없네요. 온 계곡이 불길에 휩싸인 것 같아요."

"부인, 도우시려는 마음은 정말 고맙지만, 훈증기 태우는 일은 부인이 할 수 있는 일이 아닙니다. 바깥이 정말 추우니, 커피를 만들어 주시면 일꾼들이 좀 따뜻하게 일할 수 있겠네요."

"마이크, 사실은 내가 평생 커피를 끓여 본 적이 없어요."

나는 그녀가 프랑스 귀족이며, 방이 16개에 하인이 네 명이라는 사실을 잊고 있었다. "그러면 부인, 집으로 가시는 게 좋겠어요. 여기는 너무 춥고 연기에 그을리기만 하겠어요." 우리는 커피도 마시지 못하고 일을 해야 했다.

1961년 서리로 1차 수확은 심하게 손상을 입었지만 2차 수확은 양이 많았다. 좋은 일 같아 보이지만 어떤 면에서는 그해에 일어난 두 번째 나쁜 일이었다. 그해 수확은 1차보다 2차가 많았고, 2차 수확한 포도는 품질이 첫 번째보다 떨어졌다. 보통 2만 톤을 수확하는데 비해 1만3천 톤밖에 건질 수 없었다. 그러나 겨우 살아남기는 했다.

세 번째는 수확을 앞둔 막바지에 비가 내렸다. 햇볕도 충분히 내리쬐지 않아 포도가 잘 성숙할 수도 없었다. 내 기억으로는 소비뇽 블랑의 당도가 16밖에 되지 않았다. 우리는 90퍼센트 알코올로 와인을 강화하여 보통 와인 알코올 도수가 되도록 했다. 땅은 너무 젖어 포도밭에 트랙터가 들어갈 수도 없었으며, 수확한 포도 상자들은 말이 포도밭 바깥으로 끌어내었다.

그때 이후로 많은 것이 변했다. 서리 제거는 훈증기 대신 송풍기로 대체되었으며, 내가 독일에서 본 분무기water sprinkler도 가끔 사용되었다.

1966년 나는 드디어 일과 인생에서 성공을 거두었다고 느꼈다. 미국 양조 포도 재배 협회에 가입 권유를 받았다. 그리고 나파에 집이 있고 아내와 딸도 있다. "다음에는 무슨 일이 일어날까?" 스스로에게 물어보았다.

앙드레 첼리스체프는 와이너리를 소유한 적도 없고, 와인 병에 그의 이름을 표기한 적도 없다. 그가 와이너리를 설립하면 성공은 확실히 보장되어 있었기 때문에, 사람들은 곧잘 궁금해 하며 질문을 했다. 그의 대답은 언제나 같았다. 혁명의 격동기를 겪으며 살아왔기 때문에 보리우에서 일하는 것만으로도 감사하다는 것이다.

그는 모든 것을 잃는다는 것이 어떤 것인지를 알고 있었고 다시는 그런 일이 일어나기를 바라지도 않았다. "나는 유럽인이기에 위험한 일을

1212 에드워드 스트리트 집 뒷마당에서 장미를 들고 있는 바이올렛

하고 싶지 않아요."

앙드레는 오늘날도 많은 존경을 받고 있다. 그는 '현대 미국 와인 양조의 대부'이며 한마디로 '마에스트로The Maestro'라고 불린다. 그가 나파 밸리와 전 와인 세계에 남긴 공적은 세계적으로 널리 알려져 있으며, 그의 위대한 업적에 대한 기념비 헌정은 당연한 일이었다.

나는 2년이 지나면 앙드레가 은퇴할 것이며, 언젠가는 아들 드미트리가 아버지의 자리를 이어받는다는 것을 알고 있었다. 그럼 내가 가야 할 길은?

어느 날 저녁 마당에서 놀고 있는 일꾼 호세 브람빌라José Brambila의 아이들을 바라보며 이런저런 생각을 하고 있었다. 그가 가족을 위해 열심히 일하는 모습은 고향과 아버지, 어머니, 누나, 형들을 생각나게 했다.

호세는 나를 성공한 사람으로 생각했다. 흰색 가운을 입고 실험실에서 일하며 권위도 있고 책임도 지고 있었으니까. 장차 그의 아이들도 나처럼 성공할 수 있다는 것을 그가 알고 있을까 궁금했다.

"아이들 중 적어도 한 명은 UC 데이비스에서 양조학을 공부시키고 교육을 받게 하면 어떻겠어요? 와인 메이커가 될 수 있지 않을까요? 그건 당신이 할 수 있는 일인 것 같아요."

수년 후에 그의 아들 중 한 명이 멕시코계 미국인으로는 최초로 UC 데이비스의 와인 양조학과를 졸업했다. 옛날 내가 호세 브람빌라에게 아이들 교육에 대해 충고했을 때는, 그의 아들 구스타보Gustavo가 나에게 일자리를 구하러 오고 그르기치 셀러에서 23년 동안이나 같이 일하게 될 줄은 전혀 상상하지 못했다. 더구나 어느 날 구스타보 브람빌라와 내가 공동 소유주가 될 것이라고는 꿈에도 생각하지 못했다.

그때 내가 가진 것은 오직 꿈뿐이었다. 그 꿈은 내가 오랫동안 간직해 오던 꿈이었다. 그리고 그 꿈은 그때도 내 마음 속에 살아있었다. 나 자신의 땅과 와이너리를 갖고 싶다는 꿈이었다. 나는 이 남자에게 가족들이 앞으로 나아가도록 해주라고 말하고 있었다. 나도 이제 다음 걸음을 내디딜 때라는 말이 마음속 깊은 곳에서 울려 나오는 것 같았다. 나는 로버트 몬다비Robert Mondavi와 만날 약속을 잡았다.

손자 노엘. 노엘이 가장 좋아하는 과일은 포도.

A Glass Full *of* Miracles

~

뿌리를 내리다

로버트 몬다비

11

로버트 몬다비

나는 로버트 몬다비의 와이너리에서 4년간 일을 했으며, 그 후에도 우리는 평생 친구로 지냈다. 1968년 로버트를 처음 만났을 때에 그는 그렇게 유명 인사는 아니었다. 하지만 나파는 작은 동네라 나는 그를 이미 알고 있었고 그도 나를 알고 있었다.

로버트는 나보다 열 살 위였고, 러더퍼드와 욘트빌 사이에 있는 오크빌Oakville에 와이너리를 막 설립한 참이었다. 로버트 몬다비는 아버지 체자레Cesare에게서 와인을 배웠다. 그의 부모는 이탈리아 마르케에서 미국으로 이주했다. 크로아티아에서 아드리아해를 건너면 바로 마르케이다.

로버트는 부모가 처음 정착한 미네소타에서 1913년에 태어났다. 그후 체자레 몬다비는 캘리포니아의 센트럴 밸리 로다이Lodi로 옮겼으며, 동부 해안으로 포도를 선적하는 도매업을 했다.

로버트는 아버지를 설득하여 세인트헬레나로 이사를 했고, 몬다비 가족은 처음으로 서니 세인트헬레나 와이너리Sunny Saint Helena Winery의 일부를 소유하게 되었다. 1943년에는 크리스천 브라더스 건너편에 있는 오래된 찰스 크루그 와이너리Charles Krug Winery를 매입했다.

체자레는 두 아들과 함께 일했다. 큰 아들 피터는 와인 메이커로, 로버트는 판매와 경영을 맡았다. 형제들은 삶의 방식이나 와인 사업에도 서로 다른 생각들을 가지고 있었다. 피터는 조심스러운 반면 로버트는 추진력이 강해 항상 일을 먼저 밀고 나갔다. 로버트가 부인에게 사준 밍크 코트가 발단이 되어 형제가 주먹 싸움을 한 사실은 온 동네 사람들이 알고 있었다. 결국 로버트가 집을 떠나 독자적으로 사업을 시작했다.

로버트 몬다비 와이너리는 금주 시기 이후 나파 밸리에 설립된 최초의 대형 와이너리였다. 당시에는 누구도 로버트 몬다비가 나파 밸리에 와이너리의 새 황금 시대를 열 것이라고 생각하지 못했다. 1968년 내가 그를 만나러 갔을 때는 와이너리를 시작한 지 불과 2년밖에 되지 않았다.

나는 로버트 몬다비의 새 와이너리에 매료되었다. 나파 밸리의 어떤 와이너리와도 달랐다. 건물도 19세기 와인 메이커들이 선호했던 단단한 돌 건물이 아니었다. 그는 건축가에게 옛날 캘리포니아 수도원 양식의 새로운 디자인을 주문했다. 건물은 멋지고 우아하고 신선하고 깔끔했으며, 스테인리스 스틸 탱크와 프랑스 오크 통 등 최신 장비로 채워져 있었다.

우리는 와이너리 바깥에 있는 벤치에 앉아 얘기를 나누었다. 로버트는 나에 대한 정보를 마치 진공 청소기처럼 모두 빨아들였다. 보리우에서 무슨 일을 했는지, 앙드레 첼리스체프와 함께 한 모든 일들에 대해 물었다.

마침내 그가 말했다. "마이크, 나와 함께 일하겠다면 당신을 작은 앙드레 첼리스체프로 만들어 줄 수 있어요." 나는 앙드레가 얼마나 위대한 사람인 줄 알았기 때문에 '작은'이란 단어는 아무 문제가 안 되었다. 그리고 보리우에서 앙드레와 함께 일하는 것도 이제 종지부를 찍어야 할 때가 왔다고 생각했다. 나는 기꺼이 수락했다.

로버트 몬다비의 머릿속에는 수천 개의 아이디어가 들어있었다. 하지만 목표는 단 하나였다. 나파 와인의 품질을 세계 최고 와인인 프랑스 와인의 반열에 올려놓는 것이었다. 그는 최고를 지향했고 최고만이 살아남을 것이라고 믿었다.

몬다비의 새 와이너리는 보리우의 차분하고 통제된, 고전적 유럽식 분위기와는 전혀 달랐다. 앙드레도 역시 더 나은 와인을 만들려고 했지만, 연구는 학문적이며 체계적인 방식으로 진행되고 있었다.

로버트 몬다비 와이너리는 훨씬 더 미국적이었다. 로버트는 강한 에너지로 가능한 한 일을 빨리 몰아쳤다. 많은 실험이 한꺼번에 진행되었으며, 특별히 체계적인 방식을 택하지도 않았다.

보리우에서 앙드레식으로 연구하던 나의 방식과는 전혀 달랐다. 한번에 하나씩 차분하게 실험해 나가며, 결과를 본 후 개선하고, 또 적용해 본 후 조금씩 더 개선하는 그런 방식이 아니었다.

하지만 나는 로버트의 강한 에너지와 추진하는 일에 대한 그의 신념에 찬탄했다. 그는 와인의 품질 향상은 과학적 발전에 있다고 믿었으며, 주저하지 않고 많은 새로운 기술을 도입했다. 내가 몬다비 와이너리에서 일했던 4년 내내 그는 새로운 아이디어를 실험하고 있었다. 누구보다 먼저 로토Roto(회전) 탱크를 설치한 첫해에 그가 말했다. "저 로토 탱크 때문에 내 와인이 더 좋아졌어."

다음 해에는 원심 분리기를 샀다. "저 기계 때문에 내 와인이 나아졌

로버트 몬다비 신축 와이너리. 탑 꼭대기 방이 나의 실험실

단 말이야." 여과기를 산 후에는 로토 탱크와 원심 분리기에 대해서는 잊어버린 것 같았다.

그는 새 압착기도 샀고 와인의 산화 방지를 위해 병입 라인도 설치했다. 화이트 와인용으로 프랑스 리무쟁의 오크 통을 샀는데, 당시 나파 밸리에서는 누구도 프랑스 오크 통을 사용하지 않았다.

우리는 매주 월요일에 와인 시음을 했다. 늘 프랑스 와인과 비교 테이스팅을 했으며, 그는 "곧 프랑스 와인만큼 좋은 와인을 만들 수 있을 거야."라고 말하곤 했다.

나도 아이디어는 있었지만 로버트만큼 많지는 않았다. 우리는 부엌에서 같이 아침을 먹으며 대화를 나누는 일이 많았다. 나는 그와 잘 맞는다고 생각했다. 그는 나의 정통적인 교육을 필요로 했으며, 대신 나에게 소중한 자유와 책임을 주었다.

보리우의 특상품은 화이트 와인이 아닌 레드 와인이었다. 몬다비 와이너리는 레드와 화이트를 둘 다 만들었기 때문에 나는 보리우에서 부딪쳤던 문제들에 대해 계속 연구할 수 있었다. 화이트 와인을 안정시키고 향상시키는 과정에서 포도의 자연 아로마와 풍미를 보존하는 저온 발효 방식에 관한 문제들이었다. 몬다비에서는 레드 와인보다 화이트 와인에 대해 더 많이 배웠지만, 나의 첫 승리는 오히려 레드 와인이었다.

몬다비에서 1969년 수확한 포도로 내가 처음 와인을 만들었을 때는 이런 흥분된 환경 속에서였다. 우리는 스택스 립Stags Leap 지역에서 수확한 당도 23.5브릭스, 산도 0.6그램 / 1백 밀리리터의 카베르네 소비뇽을 매입하여, 12번 탱크에서 6천 갤런을 발효시켰다.

이 와인을 시음했을 때는 숙성 전이었지만 너무 균형이 잘 잡혀있어 놀랐다. 향과 맛이 얼마나 좋았는지, 로버트와 나만이 이 와인이 얼마나 특별한지를 알고 있었다.

처음 몇 해 동안은 경비는 많이 나가고 수입은 적어 현금이 부족했다. 로버트는 여유 자금을 마련하는 한 방도로 압착한 '프레스 와인Press wine'을 샌프란시스코 남쪽 사라토가의 폴 마송Paul Masson 와이너리에 팔았다. 그러나 그 해는 샘플 와인이 마음에 들지 않는다며 최고 와인을 달라는 요청을 받았다.

당시 로버트는 최고 와인인 '프리 런Free-run' 와인은 보유하고 있었는데, 결국 12번 탱크에 있는 1969년 카베르네 소비뇽 2천 갤런을 팔 수밖에 없었다. 나는 와인이 폴 마송으로 떠나가는 것을 보며 가슴이 찢어지는 것 같았다. 우리가 만든 최고의 와인을 그렇게 보내버리다니.

몇 년 후 1972년 〈로스앤젤레스 타임스〉의 로버트 밸저Robert Balzer가 신문사 주체로 캘리포니아 카베르네 소비뇽 블라인드 테이스팅을 준비하고 있었다. 캘리포니아에서는 처음인 큰 테이스팅이었다. 밸저는 심사위원으로 유명 와인 메이커인 루이 마티니Louis Martini, 앙드레 첼리스체프André Tchelistcheff, 조 하이츠Joe Heitz 등 15명을 초청했다.

내가 몬다비 와이너리에서 처음 만든 1969년 몬다비 카베르네 소비뇽이 최고점을 받아 1등으로 우승했다.

블라인드 테이스팅이었기 때문에 심사위원들은 어떤 와인을 테이스팅하는지 알지 못했다. 몬다비 와인이 승자로 발표되자 조 하이츠가 물었다. "왜 우리 와인은 테이스팅에 넣지 않았습니까?"

밸저가 대답했다. "당신 와인도 있었는데 알아보지 못했나 봅니다." 로버트 몬다비도 그의 와인을 알아보지 못했다. 블라인드 테이스팅이었기 때문에 아무도 누구의 와인인지 몰랐다.

생애 처음으로 나의 모든 교육과 경험이 한 눈에 보이는 결과로 나타

2013년에 마셔도 즐길 수 있었던 1969 로버트 몬다비 카베르네 소비뇽

났다. 많은 인고의 세월 후에 마침내 우승자가 된 행복을 느낄 수 있었다. 〈와인 스펙테이터Wine Spectator〉 잡지 기자인 제임스 로브James Laube는 99점을 주며 "캘리포니아에서 만들어진 최고의 카베르네일 것이다."라고 썼다.

로버트 몬다비에게도 아주 중요한 승리였으며, 많은 사람들이 "그의 이름을 유명하게 만든 사건이었다."라고 말했다. 와인과 함께 그의 이미지도 상승했으며 그의 카베르네는 이제 보리우와 동급이 되었다. 어떤 기자들은 몬다비의 혁신과 추진력, 그리고 나의 첼리스체프식 정통적 훈련이 더해진 결과가 우승으로 나타났다고 말했다.

하지만 그보다 더 중요한 것이 있었다. 나에게는 그 누구도 체험하지 못한 준비 과정이 있었다. 아버지는 늘 와인 양조는 사슬처럼 고리 하나 하나가 중요하다고 말씀하셨다. 나는 운 좋게도 와인 세계의 거장들과 함께 일할 수 있었으며, 그들 각각의 지식을 모두 흡수하여 사슬로 엮어 내었다.

비록 1969년 캘리포니아 최고 카베르네를 만든 사람은 나였지만, 그 와인은 나의 아버지와, 크로아티아의 자그레브 대학에서 받은 양조 교육, 리 스튜어트, 티모시 수사, 앙드레 첼리스체프, 그리고 내가 받은 모든 교육과 경험의 산물이었다.

이 승리는 단지 시작에 불과했다. 나는 이제 혼자 힘으로 최고의 와인을 만들 수 있다는 자신감이 생겼다.

로버트 몬다비의 장점 중 하나는 다른 사람의 좋은 점을 늘 인정하는 태도였다. 〈로스앤젤레스 타임스〉 테이스팅 25주년에 그는 친구, 고객, 신문 기자 등 2백 명을 만찬에 초대하여 1969년 카베르네 소비뇽을 다시 시음하는 기회를 마련했다.

나는 그의 와이너리를 떠난 지 이미 오래였고, 그르기치 셀러를 설립하여 소유하고 있었다. 그럼에도 불구하고 그는 나를 초대하여 참석자들에게 소개했다. "마이크 그르기치가 이 와인을 만들었습니다."라고 말하며, 1969 카베르네 소비뇽이 어떻게 만들어졌는지 설명하는 기회를 마련했다. 로버트 몬다비는 주위의 모든 사람들을 감싸며 칭찬하는 너그러운 마음이 있었다.

몬다비 와이너리의 성장 속도는 어마어마했다. 1968년 내가 일을 시작했을 때는 포도 5백 톤을 파쇄했으나, 다음 해는 두 배로 늘어났고 그 다음 해도 또 두 배로 늘어났다. 내가 와이너리를 떠난 1972년에 몬다비는 5천 톤의 포도를 으깨고 있었다.

생산량이 기하급수적으로 늘어나며 로버트는 놀랄만한 성공을 거두고 있었다. 그때 내가 마음을 다잡고 말했다. "이제 혼자서는 도저히 이 많은 양을 감당할 수가 없어요. 도움이 필요합니다."

"당연히 할 수 있어요. 미엔코, 당신은 충분히 할 수 있다는 걸 알고 있어요."

"아니요, 이제는 혼자서는 할 수 없습니다." 나는 최고의 와인을 만들어야 했고, 내가 만든 와인에 자부심이 있었다. 나는 완벽주의자이며 꼼꼼한 와인 메이커이다. "만약 혼자 할 수 없는 많은 양을 만들다가 잘못이 생기게 되면 스스로 용납할 수가 없습니다. 나는 완전한 통제하에 완벽한 와인을 만들고 싶어요."

이 일로 인해 나는 1970년 젤마 롱Zelma Long을 만나게 되었다. 와인 사업을 하고 있는 빌 커비Bill Kirby는 웨스트포인트 졸업생으로 한국 전쟁 때 더글러스 맥아더 장군의 부관이었다. 그가 앵윈Angwin에 사는 이웃인 젤마를 소개해 주었다. 그녀의 가족들은 오리건에서 왔으며 나파 언덕에 포도밭을 샀다고 했다.

젤마는 오리건 주립대학을 졸업한 후 포도 재배에 관심이 많아 UC 데이비스에 다시 진학했고 당시 데이비스를 막 졸업한 후였다. 나는 이 똑똑한 여자가 조수로 일할 수 있으면 좋을 것 같았다.

어느 날 그녀의 집으로 전화를 걸었는데 어머니가 받았다. "젤마가 로버트 몬다비 와이너리에서 일할 수 있을까요?"

"내가 죽기 전에는 안돼요." 어머니의 대답이었다. 어머니는 오리건에 텔레비전 방송국을 소유하고 있었으며 딸이 그 일을 이어받기를 바랐다. 나는 젤마에게 직접 제안을 했고 마침내 로버트 몬다비 와이너리에서 일을 시작하게 되었다. 내가 몬다비를 떠난 후에도 젤마는 와인 메이커의 책임을 맡아 10년간 몬다비에서 더 일했다.

나는 젤마와 함께 일하는 것이 즐거웠다. 그녀는 준비가 잘 되어 있었으며 추진력도 있었다. 우리는 많은 시간을 와인에 대해 얘기했다. 젤마도 나와 같은 생각을 하고 있었다. 와인 메이커는 과학을 알아야 하지만 또한 예술가여야 하며, 현대적 기술만큼 유럽적 전통의 가치도 받아들일 수 있어야 한다는 데 서로 공감했다.

또한 와인 메이커는 직관적인 능력도 갖추어야 한다는 사실도 이해했다. 나는 곧 젤마가 어떤 일이라도 잘 해낼 것이라는 믿음이 생겼다. 하지만 그녀는 나의 일하는 방식에 대해서는 불만이 있었다. 너무 많이, 너무 오랜 시간 일한다는 것이었다.

"마이크." 그녀가 말했다. "당신은 전혀 계획이 없는 것 같아요. 하루 16시간을 일하다니요. 세 번을 교대할 시간입니다."

그녀 말이 옳았다. 수확 후 바쁠 때는 일꾼들은 3교대로 일했고, 나는 세 번 모두 현장에 있었다. "맞아요. 하지만 자리를 비울 수가 없어요. 지

젤마 롱, 몬다비에서 첫 수확 후

시해야 하고 일이 순조롭게 진행되는지를 지켜봐야 하거든요."

내가 몬다비를 떠난 후 젤마가 와인 메이커가 되었다. 수년 후 나는 밤 아홉 시쯤 캘리스토가에 있는 샤토 몬텔레나에서 나파의 집으로 운전 중이었다. 수확 때였다. 몬다비 와이너리를 지나가는데 아직 파쇄실에 불이 켜져 있어 멈추어 섰다. 젤마가 거치대에서 열심히 지시하며 현장을 살피고 있었다. 나는 웃음이 절로 나왔다. 2교대째인지 3교대째인지도 묻지 않았다.

나는 몬다비에서 열심히 일하며 생활도 즐기고 있었다. 즐긴다는 것은 배움도 있었고 발전도 있었다는 뜻이다. 그러나 미래를 생각해보면 몬다비 와이너리가 정답인지는 확신이 서지 않았다.

로버트에게는 훌륭한 두 아들, 마이클Michael과 팀Tim이 있었다. 군복무를 마치고 돌아온 마이클은 와이너리에서 전임으로 일하고 있었다. 팀은 내가 몬다비에서 일을 시작했을 때 UC 데이비스에서 양조학을 공부하고 있었으며 여름 방학에는 와이너리 일을 도왔다. 둘 다 똑똑하고 열심히 일했으며, 언젠가는 그들이 와이너리를 물려받을 것이었다.

마이클 몬다비는 키가 6피트로 에너지와 열정이 충만했으며 22살에 로버트 몬다비 와이너리의 부회장직을 맡았다.

내가 몬다비 와이너리에서 일을 시작했을 때는 마이클이 와인 메이커였으며, 나는 품질 관리를 책임졌다. 우리는 둘 다 젊었고 시작할 준비가 되어 있었다. 시간이 지나자 마이클은 경영에 더 관여하게 되었으며, 나는 조금씩 마이클의 양조 책임을 떠맡게 되었다.

우리는 가까이에서 일하며 밀접한 관계를 유지했다. 마이클은 가끔 나를 부엌으로 불러 아침을 같이 먹으며 그날 할 일이나 다음 일에 대한 계획을 세우고 전략을 짰다.

팀 몬다비는 멋진 젊은이로 자부심도 강했다. 머리를 길렀고 항상 즐거움을 찾았으며 그와 함께 일하면 기분이 좋아졌다. 와인에도 열정이 있었고, 예쁜 여자 친구 도로시와도 열정적으로 사귀고 있었다.

어느 날 그가 나에게 그녀가 살만한 집이나 방을 알아볼 수 있느냐고 물었다. 마침 나는 1212 에드워드 스트리트 집 뒤쪽에 방 하나짜리 집을 비워두고 있었다. 집을 살펴본 후 도로시가 이사를 와서 한동안 살았다. 팀은 어떤 일을 하더라도 매우 책임감이 있었으며 일을 만족스럽게 해냈다. 나는 언젠가는 그도 아버지처럼 좋은 와인 메이커가 될 것이라고 생각했다.

마그릿 비버Margrit Biever와도 즐겁게 일했다. 내가 몬다비에서 일을 처음 시작했을 때 마그릿은 손님 안내를 맡고 있었다. 젊고 예뻤으며 유럽 출신이었고 5개 국어를 유창하게 했다.

품질을 관리하는 나의 실험실은 와이너리 탑에 있는 방이었는데, 그곳에서 있었던 많은 추억들을 잊을 수가 없다. 그때는 실험실에서 테이스팅을 하고 분석도 했으며 다음에 할 일을 계획하고 결정했다. 로버트는 모든 테이스팅에 마그릿을 항상 데리고 왔고, 그녀의 유럽적 미각에 감탄했다.

나는 많은 시간을 실험실에서 보냈다. 실험실로 가려면 1층의 경리과를 거쳐 긴 원형 나무 계단을 올라가야 했다. 실험실에는 불행히도 창이 없었고 불빛이라고는 전구 하나뿐이었다.

어느 날 나는 계단을 등지고 앉아 레드 와인 통들의 산의 총량을 분석하는 중요한 일을 하고 있었다. 경리과를 거쳐 누군가가 올라오고 있는 소리가 들렸다. 친한 친구의 방문이라고 생각하고 뒤를 돌아보았다. 2백 파운드나 됨직한 거대한 개(그레이트 데인Great Dane)가 나를 쏘아보고 있었다.

　개가 계단 출입구를 막고 있었으므로 피할 수도 없었다. 소리를 질러 도움을 청하려고 했지만, 오히려 개를 흥분시켜 공격을 당할 것 같았다. 숨을 죽이고 목숨만 구해 달라며 기도를 시작했다. 내가 움직이지 않고 말도 걸지 않고 가만히 있었더니 관심이 없다고 생각했는지 개는 돌아서서 계단으로 내려갔다. 개가 사라지고 나니 얼마나 안심이 되었던지.

　그리고 그날 오후에 나는 상점에서 불량이라고 반품된 레드 와인 병을 검사하고 있었다. 그런데 병 하나가 손에서 미끄러져 계단 쪽으로 굴러갔다. 병은 한 계단씩 굴러 내려가 마침내 회계사의 큰 책상 위에서 산산조각이 났다. 와인이 책상 위의 종이와 서류에 쏟아지고, 회계사는 놀라 미친 듯이 소리 질렀다.

　나는 급히 뛰어 내려가 용서를 구하며 책상을 치웠다. 회계사는 나를 두고 다른 쪽 문으로 달려나갔다. 그날은 그에게나 나에게나 참 운이 나쁜 날이었다. 나는 그날을 평생 잊지 못할 것이다.

　로버트 몬다비는 곧 새로 완성된 창고 건물의 위층에 멋진 실험실을 만들기로 했다. 방이 세 개였는데 하나는 와인 테이스팅 룸이었다. 넓은 방에 흰 포마이카 카운터와 많은 잔들이 비치되었다. 한마디로 매우 안락한 방이었다.

　또 다른 방은 화학 분석을 위한 방이었다. 와인 분석을 위한 모든 현대적인 기구가 잘 구비되어 있었다. 작은 관들, 색도 측정기, 산소 측정기, 수확 때 당도를 측정하는 굴절계 등 여러 기구들을 준비해 놓았다.

　세 번째 방은 미생물 검사를 하는 방이었다. 주스 살균기, 현미경, 배양기, 배양 접시 등 기구들이 갖추어져 있었다. 실험실은 현대적이었지만 나는 휑한 위층 방에 고립된 것 같은 느낌이 들었다. 꽃도 장식도 그림도 없었고, 예전처럼 창도 없었다. 천정에 뚫린 창에서 들어오는 햇빛이 전부였다.

마그릿 비버는 테이스팅 룸을 책임지고 있었는데, 그 방은 안팎으로 꽃과 그림들로 장식되어 있었다. 어느 날 나는 테이스팅 룸으로 가서 마그릿에게 말했다. "새 실험실은 편리하고 과학적 기구가 모두 다 비치되어 있지만, 방에 꽃이나 그림이 있었으면 좋겠어요."

마그릿는 내 말을 알아듣고 테이스팅 룸 입구에 있던 꽃이 피는 큰 화분을 주었다. 그녀에게 감사하며 들고 가려 하자 "미엔코, 직접 들고 가시지 않아도 됩니다. 들어다 줄 사람이 있어요."라며 말렸다. 새 실험실은 살아 있는 화분을 놓자 더이상 삭막하지 않았으며 친근하고 반겨주는 느낌이 들었다.

어느 날 와인 협회의 위생 안전 검사관이 로버트 몬다비 와이너리로 온다는 연락을 받았다. 나는 모든 것이 깨끗하고 안전한지를 점검했다. 감독 마크가 20피트 높이의 탱크 위에 있는 것을 보고 말했다. "검사관이 오면 움직이지 말아요."

물론 그는 지시를 따르지 않았다. 그는 검사관을 보자 긴 사다리로 내려섰다. 갑자기 사다리가 기울어지며 다리가 흔들리더니 검사관이 서 있는 바닥으로 떨어졌다. 다행히 큰 상처는 없이 비틀거리며 일어나 걸을 수는 있었다. 결국 검사관은 사고가 있었다고 보고서에 기록했다.

나는 로버트 몬다비 와이너리에 일했던 수년 동안의 추억을 소중하게 간직하고 있다. 로버트는 프랑스 와인만큼 좋은 와인을 만들기 위해 온갖 노력을 다했다. 그는 화이트 와인인 샤르도네와 퓌메 블랑Fume Blanc(소비뇽 블랑)을 숙성시키기 위해 프랑스에서 새 리무쟁 오크 통 수백 개를 수입했다.

어느 날 이탈리아 와인 메이커인 로버트의 친구 오거스트 세바스티아니August Sebastiani가 방문했다. 그는 새 장비들과 오크 통들을 모두 둘러보았다. 우리는 함께 걸으며 프랑스 오크 통들이 5단으로 높이 쌓인 거대한 벽 앞으로 다가갔다. 오거스트가 멈춰 서서 로버트에게 물었다. "밑바닥의 통이 새기 시작하면 어쩔 생각이야?"

로버트가 대답했다. "와인을 펌프로 빼내고 틈새를 막아 와인을 그 통에 다시 넣을 거야."

오거스트는 아래 빈 통이 위의 통 무게 때문에 부서질 것이라고 하며, 대신 통을 비우고 시멘트를 채우면 되지 않겠느냐고 말했다. 나는 웃었다. 통은 아주 무거운 무게도 견딜 수 있으며, 내 경험으로는 위 통들의 무게 때문에 아래 통이 부서진 적은 없었다.

나는 로버트 몬다비와 일하며 많은 것을 배웠고 그를 존경했다. 그는 인간적이었으며 일하는 사람들을 존중했다. 누구에게도 군림하지 않았으며 누구에게도 함부로 한 적이 없었다. 또한 누구보다도 열심히 일했고 다른 사람들의 능력과 성취를 인정했다. 와이너리에서 일하는 모든 사람들은 그의 가족이나 다름없었다. 우리는 모두 함께 로버트 몬다비 와이너리에서 성취하는 위대한 일들의 일부분을 맡고 있었다.

나는 몬다비에게서 좋은 와인을 만들기 위해서는 과학만큼이나 에너지와 열정이 필요하다는 것을 배웠다. 그리고 나 자신의 양조 철학도 체계를 갖추게 되었다.

한번은 제임스 니컬리니James Nichelini가 와이너리를 방문했다. 그의 가족은 스위스에서 이주했으며, 1890년 나파 언덕 동쪽의 칠레 밸리Chiles Valley에 와이너리를 설립했다. 그들은 금주 시기에도 살아남아, 법적으로 가끔 문제는 있었지만 계속 와인을 만들며 가족 와이너리를 유지하고 있었다.

제임스 니컬리니는 그가 만든 1967년 진판델을 갖고 와 내가 만든 몬다비 진판델과 함께 맛보았다. 우리는 두 와인을 나란히 놓고 비교 시음을 했다. 나는 우리 와인도 좋았으나 니컬리니의 진판델 맛이 더 좋다고 생각했다. 이유가 궁금했다. 몬다비에는 로토 탱크와 필터, 스테인리스 스틸 탱크, 프랑스 오크 통 등 모든 현대적 장비가 갖추어져 있다. 니컬리니는 아무것도 없다. 하지만 나에게는 그의 와인이 더 나은 것 같았다.

그날 뭔가 새로운 생각이 떠올랐다. 결국 사람들이 좋아하는 와인을 만들어야 하지 않을까? 어떻게 하면 될까? 니컬리니는 우리가 갖춘 현대적 장비가 없으니 우리가 만드는 과정과는 다르게 와인을 만들 것이다. 차이가 무엇일까? 기술이나 현대적 장비로는 발전시킬 수 없는 그 무엇이 있지 않을까? 와인 메이커의 영혼일까?

물론 기술이 중요한 것은 알지만, 와인은 예술적인 와인 메이커가 만들어야 한다는 믿음이 생겼다. 와인 메이커는 과학을 알아야 하지만, 동시에 예술적이어야 한다. 화가나 조각가가 화폭에 영혼을 불어넣고, 돌로 형상을 만들듯이 와인 메이커는 포도가 어떤 모습의 와인으로 변할지 영혼의 눈으로 볼 수 있어야 한다.

예술은 전적인 헌신과 인내가 필요하다. 화가가 1백 개의 그림을 그려도 모두 대작이 되지는 않는다. 그는 수십 번 시도하고 실패할 것이다. 안다는 것만으로는 충분하지 않다. 특별함을 위해서는 희생이 필요하다. 평범함을 뛰어넘기 위한 희생이다.

1969년 〈로스앤젤레스 타임스〉 카베르네 소비뇽 테이스팅에서 우승한 후, 나는 다른 와이너리에서 여러 차례 좋은 직책을 제의받았다. 하지만 최고의 와이너리인 몬다비를 떠날 아무런 이유가 없었다. 그런데

1972년 초에 리 파쉬치Lee Paschich가 앙드레 첼리스체프의 추천으로 나를 만나러 왔다.

그는 캘리스토가에 있는 샤토 몬텔레나 와이너리를 소유하고 있었으며, 취미로 약간의 와인을 만들고 있었다. 그는 나에게 매우 흥분되는 직책을 제안했는데, 월급뿐 아니라 새 와이너리의 소유권을 나누어 주겠다는 것이었다. 나파 밸리에 발을 디딘 지 15년이 지난 후 드디어 그렇게 원하던 꿈을 이룰 기회가 주어진 것이다.

1958년 세인트헬레나에서 그레이하운드 버스를 내릴 때부터, 아니 훨씬 더 전, 자그레브에서 기차를 탈 때부터 꿈꾸던 일이 아니었던가. 이 직책은 꿈을 향한 또 하나의 전진이었다. 나 자신의 포도밭을 가지는 것이다. 내가 로버트에게 이 말을 하자, 그는 나를 격려하며 말했다. "가세요. 만약 일이 잘되지 않으면 언제든 돌아올 수 있어요."

로버트 몬다비는 그런 사람이었다. 그를 알게 되고 함께 일할 수 있었던 나는 행운아였다.

나파 모임. 왼쪽부터 잭 데이비스, 딕 피터슨, 줄리어스 제이콥스,
로버트 몬다비, 해리 보, 헤롤드 버그, 벨르 로즈, 조 하이츠, 리 스튜어트, 티모시 수사

Chateau Montelena, Est. 1882

샤토 몬텔레나

12

샤토 몬텔레나

샤토 몬텔레나는 금주 시기에 문을 닫았던 나파 밸리의 유령 와이너리 중 하나였다. 두 개의 둥근 탑이 있는 웅장한 성 모양의 석조 건물은 한때는 거대한 꿈의 산물이었다.

1970년 처음 샤토 몬텔레나를 방문했을 때, 버려진 포도밭과 나무들을 보며 가슴이 아팠던 생각이 난다. 그때는 텅 빈 껍데기만 남아있었을 뿐, 마루에는 먼지가 쌓여있고 전구도 흐릿했으며 식수도 지하 광천수뿐이었다.

샤토 몬텔레나는 알프레드 텁스Alfred Tubbs가 1880년대에 설립했다. 그는 골드러시 때에 뉴욕에서 샌프란시스코로 왔으며, 밧줄 사업으로 재산을 모은 후 나파 밸리에 와이너리를 세웠다. 그때도 지금도 별다름이 없지만 이런 우스갯소리가 있다.

"와인 사업을 해서 돈을 조금 벌어보려면 어떻게 하면 될까요?"

"막대한 자금을 들여 시작을 해야 합니다."

텁스는 나파 밸리 북쪽 끝에 254에이커를 매입했다. 서쪽 마야카마스 Mayacamas 산맥과 동쪽의 바카Vaca 산맥이 만나고 나파 강이 시작하는 곳이었다. 양대 산맥의 토양도 동쪽의 화산토와 서쪽의 충적토가 혼합되어 좋았으며, 기후도 여름에는 더웠지만 밤에는 서늘하여 포도 재배에는 이상적이었다. 낮에 해가 날 때는 당분이 늘어나며, 밤에 서늘해지면 산미가 유지되어 포도가 균형 있게 자랄 수 있었다.

텁스는 프랑스 와인을 동경했다. 프랑스를 여행하며 프랑스 포도밭의 묘목도 가지고 왔다. 와이너리도 보르도에서 본 프랑스 샤토를 원해 유명한 샤토 라피트 로칠드 와이너리처럼 짓도록 했다. 프랑스 건축가와 기술자 그리고 프랑스에서 돌까지 수입했다. A.L. 텁스 와이너리로 이름을 짓고 프랑스 와인 메이커인 제롬 바르도Jerome Bardot를 채용했다.

1896년에는 캘리포니아에서 일곱 번째로 큰 와이너리였으며, 캘리포니아 와인이 메달을 받았던 파리 만국 박람회에 출품했다. 1915년에는 손자 채핀이 물려받아, 근처에 솟아 있는 세인트헬레나 산을 지칭하여 샤토 몬텔레나Montelena로 이름을 바꾸었다.

금주법으로 채핀 텁스의 꿈은 실현되지 못했고, 샤토 몬텔레나는 와인 만드는 것을 중지했다. 포도밭은 그대로 유지하고 있었기 때문에 1934년에 금주법이 해제되자 와인을 만들 준비는 되어 있었다. 하지만 채핀은 미국의 고급 와인 시장에 대해 너무 낙관적으로 대처하여, 결국 파산하게 되었다.

가족은 파산 후 고통을 겪으면서도 포도를 재배하여 팔았으나, 결국 1958년에 중국인 요트 & 지니 프랑크Yort & Jeanie Frank 부부에게 샤토를 팔았다. 그들은 은퇴 후 살 집으로 샤토를 매입했으며, 성에 해자를 만들려고 땅을 팠으나 공사가 중단되어 호수만 남게 되었다. 프랑크는 제이드 호수Jade Lake의 작은 섬에 정자를 짓고 고향인 중국을 그리며 살다 10년 후 매각을 결정했다.

리런드Leland/Lee와 헬렌 파쉬치Helen Paschich는 샌프란시스코의 사업가 부부였다. 대나무로 창문 블라인드를 만드는 회사를 경영하고 있었으며, 디자인은 헬렌이 했다. 와인 애호가인 리Lee는 실험실과 셀러를 물색하던 중, 1968년에 프랑크에게서 샤토 몬텔레나를 매입했다. 회사도 와이너리와 가까운 곳에 새 건물을 짓고 옮겼다.

1920년 금주법이 시행된 이후로 샤토 몬텔레나는 재배한 포도로 소량의 가족용 와인을 만든 것 외에는 50여 년 이상 와인을 생산하지 않고 있었다.

나는 몬다비 와이너리에서 리 파쉬치를 만난 적이 있었다. 1971년 수확 때 그가 샤르도네가 가득 찬 나무 통 다섯 개를 몬다비 와이너리로 운반해 왔다. 캘리스토가 피켓 로드Pickett Road 포도밭에서 수확한 샤르도네였는데 바로 파쇄해야 한다고 했다. 그가 도착했을 때는 와이너리는 일이 끝난 후였고, 통 다섯 개 때문에 다시 기계를 가동시킬 수는 없었다. 하룻밤을 지내고 다음 날에 파쇄하기로 하고 포도 통을 얼음으로 싼 스테인리스 스틸 탱크 옆에 두었다. 얼음은 산화를 방지할 수 있다.

다음 날 아침, 내가 와이너리에 도착해 불을 켜자 복도 바닥에 무언가 움직이고 있는 것 같았다. 가까이 다가서자 몸체를 둥글게 감았다. 방울뱀이었다. 아마 리 파쉬치의 샤르도네 포도에 섞여 와이너리에 들어왔을 것이다. 캘리스토가에는 방울뱀이 많았다.

나는 재빨리 통 마개를 뺄 때 사용하는 나무망치를 들고 조심스럽게 다가가 뱀 머리를 내려쳤다. 뱀은 순간적으로 죽었고 나는 사체를 나무 밑에 파묻은 후 다시 일상으로 돌아왔다. 그러니 리 파쉬치를 처음 만난

날을 어찌 잊을 수 있겠는가.

6개월이 지난 1972년 봄, 그가 나를 만날 수 있겠느냐고 물었다. 로버트 몬다비 와이너리에 도착한 그는 웃고 있었고 행복해 보였다. 우리는 그가 우연찮게 들여온 방울뱀에 대해 농담을 주고받았다. 그러다가 그가 심각하게 말을 시작했다.

"마이크, 샤토 몬텔레나에 동업자 두 명을 영입했는데, 남부 캘리포니아에서 왔어요. 샤토에서 와인을 다시 만들고 싶어 해요. 와인 메이커를 찾고 있으니 얘기 좀 해 보시겠어요?"

다음날 나는 캘리스토가에 있는 리의 회사로 가서 리와 제임스 배럿 James Barrett을 만났다. 배럿은 변호사였으며 동업자 중 한 명이었고, 또 한 사람은 어니 한Earnie Hahn이었는데 부동산 개발업자였다. 대화는 편안하게 진행되었으며 요점으로 바로 들어갔다. 그들은 나에게 보리우에서 앙드레 첼리스체프와 만든 카베르네 소비뇽에 대해 자세하게 물었다.

짐 배럿은 보르도 최고 와인과 견줄만한 카베르네 소비뇽을 만들려는 목적으로 샤토 몬텔레나에 투자한 것 같았다. 궁극적으로는 샤토 라피트와 같은 위대한 와인을 만들고 싶어한 것이다. 또 그는 품질을 높이기 위해서는 와이너리의 규모는 작아야 한다고 말했다. '작은'이라는 말은 내 귀에 음악처럼 들렸다. 지금처럼 5천 톤의 포도를 파쇄하는 로버트 몬다비 와이너리에서는 디테일에 신경을 쓸 시간이 전혀 없다. 나는 '작은 사이즈'의 와이너리에 합류하는데 매력을 느꼈다.

짐 배럿은 급여 외에도 매년 1퍼센트씩 샤토 몬텔레나의 소유권을 추가로 주겠다는 제의를 했다. 나는 매우 흥미를 느꼈다.

리 파쉬치의 안내로 샤토 몬텔레나를 돌아보았다. 건물 외부에는 오래된 나무 압착기가 장식용으로 놓여 있었고, 내부에는 텅 빈 통만이 뒹

굴고 있었다. 리는 통들을 곧 치울 것이라고 하며, 1968년에 카베르네 소비뇽을 약간 만들었는데 지금 병당 1달러에 팔고 있다고 말했다.

버드나무가 주위를 둘러싸고 있는 아름다운 제이드 호수는 방치되어 있었다. 작은 호수 안에는 아주 작은 섬들과 정자가 있었다. 정자는 갈지 자형 붉은 다리로 연결되어 있었고, 호숫가에는 중국 물건들이 버려져 뒹굴고 있었다. 나는 그 풍경이 마음에 들었고 언젠가는 여기에서 낚시도 하리라 생각했다.

이 황량한 공간에 와이너리 장비를 갖추고 당장 9월에 와인을 만들려면 정말 일이 많을 것이다. 일꾼들을 고용해야 하고 포도를 사야 하고 발효조, 파쇄기, 호퍼hopper, 펌프 등 모든 장비가 필요했다. 또 오래된 포도나무를 뽑아내고 카베르네 소비뇽을 심어야 했다.

아무튼 나는 와인 메이커가 될 수 있고, 제한된 지분이지만 동업자가 될 수 있다는 제의에 매우 흥분했다. 정말 금쪽같은 기회였다. 늘 누군가 아래에서 일해 왔지만, 이제는 독자적으로 와이너리를 운영할 수 있게 된 것이다.

소유주들은 와이너리에서 떨어진 로스앤젤레스에 살기 때문에 나에게 모든 책임을 맡길 것이다. 독립적으로 일 할 수 있는 좋은 기회였다. 샤토 몬텔레나를 성공적으로 이끌어가려면 적시에 바른 결정을 내릴 수 있는 판단력도 갖추어야겠다는 생각도 들었다.

그리고 1퍼센트의 소유권을 가지게 된다. 와인 메이커가 되고 작은 와이너리를 갖고 싶다던 나의 꿈이 현실로 이루어지려는 것이다. 또 하나의 기적이 일어난 것이다.

나는 먼저 로버트 몬다비와 상의해 보겠다고 짐 배럿에게 말했다. 당시에는 몬다비 가족과 그르기치 가족은 거의 한 가족이었다. 다음날 몬다비에 가서 말했다. "로버트, 한 달간 휴직을 할 수 있을까요? 새 와이너리를 시작하려는 사람이 나에게 와인 메이커 자리를 제의했어요. 또 지분도 나누어 주겠다고 합니다."

"마이크, 그게 사실이라면 지금보다 훨씬 나은 조건이네요. 나는 아들이 둘이고 딸이 하나 있으니 지분을 줄 수 없고 그만한 보장은 어려워요. 한 달간 휴직하고 일해 본 후 만약 상황이 안 좋아 돌아오게 되면 언제나 환영합니다."

2주 후 배럿과 파쉬치와 더 얘기를 나눈 후에 나는 로버트의 사무실로 다시 찾아갔다. "로버트, 이들이 계약을 하고 싶어하네요. 사람들이 좋아 보이고 신중하기도 합니다."

"마이크, 서류에 사인도 하고 모든 걸 분명하게 처리하세요. 특히 샤토 몬텔레나의 지분도 말입니다." 그가 충고했다. "모든 걸 명확하게 글로 써서 남겨야 합니다. 그렇지 않으면 받아들이지 마세요."

1972년 5월 8일 나는 샤토 몬텔레나에서 유한 책임 동업자limited partner로 5년 계약을 하고 일을 시작했다. 8시에 첫 출근을 했는데 곧 헬렌 파쉬치가 사무실로 들어왔다. 샤토 몬텔레나 와이너리의 디자인을 맡긴다며 종이와 연필, 펜, 자를 내놓더니 행운을 빈다고 말했다. 리 파쉬치도 따라 들어와 나에게 5년간 예산을 수립해야 한다고 상기시켰다. 나는 첫날부터 일 더미 위에 앉게 되었다.

나는 우선 예산을 짜 보았다. 종이를 반 나눠 위에서부터 아래로 줄을 그었다. 한쪽에는 기계, 전기, 포도 구입비와 급여 등 모든 지출을 기록했다. 수입을 적는 다른 한쪽은 비워두었다. 만약 소유주가 카베르네 소비뇽만 만들려고 한다면 적어도 5년간은 수입이 전혀 없을 것이다. 샤토 몬텔레나의 새 소유주들은 예산서를 보며 기겁을 했다.

"도대체 이게 무엇입니까?" "5년간 수입이 전혀 없다면 어떻게 되는 거죠?" 그들이 물었다.

"좋은 와인은 급하게 만들어지지 않습니다." 내가 설명했다. "와인은 숙성이 중요하며 좋은 와인 메이커는 와인이 숙성될 시간을 주어야 합니다." 포도밭에 재식을 하면 4년이 지나야 포도나무에서 와인이 생산될 수 있다. 짐 배럿은 보르도의 샤토 라피트처럼 고급 카베르네 소비뇽만 만들기를 원했다. 그러기 위해서는 와이너리에서 수년 동안의 통 숙성을 거친 후 출시해야 한다. 따라서 1972년 빈티지를 시장에 내놓으려면 최소 5년이 걸리며 그동안은 지출만 해야 하고 수입은 없을 수밖에 없다.

짐 배럿은 놀랐다. "이렇게는 안 되겠어요. 예산대로라면 우리는 파산하게 될 겁니다. 가능한 한 빨리 수익을 얻을 수 있는 다른 방법이 없을까요?" 그들은 모든 것을 투자했기 때문에 바로 현금이 필요했다.

"그럼 화이트 와인을 만들어야겠네요. 레드 와인만큼 숙성에 시간이 걸리지는 않으니까요."

나는 화이트와 레드를 같이 만드는 것이 현금 유통을 빠르게 하는 최선의 방법이며, 그렇게 하면 카베르네 소비뇽이 시장에 나올 때까지 5년간 화이트 와인으로 수익을 얻을 수 있다고 설명했다.

나는 책상에 앉아 바로 현금 유통이 가능한 방법으로 예산안을 다시 만들었다. 첫 번째는 리슬링처럼 9월에 파쇄하는 화이트 와인을 만들어 1973년 봄에 출시한다. 두 번째는 오크 통 숙성으로 좀 더 오래 걸리는 샤르도네를 만든다. 샤르도네는 1972년에 파쇄하여 2년 후에 병입할 수 있으니 1974년이나 1975년에 팔 수 있다. 물론 1972년에 카베르네 소비뇽과 진판델도 포도를 매입하여 만들기 시작한다.

짐 배럿이 로스앤젤레스에서 왔을 때 나는 대안을 보여주었고, 그는 전보다는 더 낫다고 생각한 것 같았다. 특히 1972년부터 카베르네 소비농과 진판델도 만든다는 제안에 동의했다.

아무튼 나는 최고 품질의 포도를 매입해야 한다고 주장했다. 로버트 몬다비를 포함한 많은 와이너리들이 포도를 외부에서 매입하여 와인을 만들었다. 보리우같이 오래된 와이너리만이 자체 포도밭에서 포도를 충당할 수 있었다.

"마이크, 이 예산은 감당할만해요. 추진해 봅시다." 짐 배럿이 말했다.

그때 내가 소유주들에게 화이트를 만들면 현금 유통이 가능하다는 확신을 주지 않았다면, 샤토 몬텔레나는 화이트 와인, 특히 샤르도네는 결코 만들지 않았을 것이다. 물론 당시에는 샤르도네를 만든다는 결정이 불과 수년 후에 어떤 결과를 가져올지 아무도 상상하지 못했다.

예산과 계획이 승인된 후 나는 와이너리를 가동시키는 일에 집중했다. 수확은 넉 달밖에 남지 않았다. 포도를 수납할 준비가 필요했다. 나는 포도 재배자요, 와인 메이커이지만 와이너리를 설계한 적은 없었다. 로버트 몬다비에서 일했던 기사를 만나 어려움을 호소했다. "조언을 좀 해주실 수 있나요?"

그는 와이너리 설계는 간단하다고 말했다. 우선 와이너리 바닥 면적을 재고 피트에서 인치나 센티미터로 바꾼 후 알맞은 탱크와 호퍼, 파쇄기, 압착기, 통 등의 모델을 선정하면 된다고 하며, 문제가 생기면 그가 도와주겠다고 했다.

나는 그의 조언에 따라 조심스럽게 평면도를 그렸고 일은 진행되었다. 다음은 오래된 샤토의 내부를 청소하고, 전기와 수도를 연결하고 장비를 갖추는 일이었다. 힘들었냐고 물으면 물론 힘들었다. 하지만 나는 이 모든 일들을 흥분 상태에서 해냈다.

샤토 몬텔레나 와이너리 뒤쪽에 160에이커 정도의 포도밭이 있었다. 화이트 샤슬라Chasselas, 알리칸테 부셰Alicante Bouschet, 카리냥 Carignan 등 여러 포도 품종들이 재배되고 있었고 리가 얼마 전에 심은 진판델도 10에이커 정도 있었다.

진판델을 제외한 다른 포도들은 모두 외부에 팔았는데, 짐 배럿과 내가 원하는 품질 수준에 못 미쳤기 때문이었다. 우리는 1972년에 오래된 샤슬라와 알리칸테 부셰, 카리냥 포도나무들을 뽑아내고 고품질 포도로 바꾸기로 결정했다.

필록세라에 내성이 있는 세인트 조지St.George 대목에 접목된 알렉산더 밸리 월리스 존슨Wallace Johnson 포도밭의 고급 카베르네 소비뇽을 매입하여, 포도밭 관리 전문가인 존 롤러리John Rolleri가 재식을 도왔다.

그동안 나는 셀러 장비들을 사들였다. 우선 잉글눅Inglenook 와이너리에서 30년 된 파쇄기를 샀다. 아직 작동은 되고 있어 새 파쇄기를 살 수 있을 때까지 몇 년은 사용할 수 있을 것 같았다. 다음은 호퍼와 호이스트hoist를 샀고, 산타 로사의 공장에서 스테인리스 스틸 탱크를 주문했다. 모데스토에서 압착기를 주문했고 캘리스토가의 스털링 빈야즈 Sterling Vineyards에서 나무 통과 오크 통을 샀다.

나는 독립 와인 메이커가 이렇게 큰 책임을 지는지는 몰랐다. 특히 고품질의 포도 매입은 정말 어려웠다. 당시에는 품질이 좋은 포도가 드물었으며, 최고급 포도를 사려면 재배자에게 무릎을 꿇다시피 간청을 해야 했다. 공급은 수요를 감당하지 못했고, 톤당 포도 가격은 해마다 오르고 있었다.

샤토 몬텔레나 1972 빈티지는 계약대로 존 한나John Hanna의 나파 밸리 오차드 에비뉴 빈야즈Orchard Avenue vineyards에서 리슬링과 샤르도네를 구입했다. 또 리 파쉬치가 캘리스토가 피켓 로드에서 재배한 샤르도네와 카베르네 소비뇽, 소노마의 알렉산더 밸리 레드우드 랜치 Redwood Ranch에서 샤르도네를 구입했다.

파쇄가 시작되기 전에 셀러 작업반도 구성했다. 어니 한의 사위 롬 슈타이니케, 짐 배럿의 아들 보 배럿, 그리고 세인트헬레나 근처에 사는 론 스컬라티가 한 팀으로 일하게 되었다.

준비가 완료되자 드디어 1972년 파쇄가 눈앞에 다가왔다. 첫 빈티지 파쇄 날을 9월 초로 잡았다. 모든 일과 직원들이 준비되었고, 장비는 깨끗하게 살균되어 시작을 기다리고 있었다. 정해진 날 친구들과 친척, 고용인, 재배자들이 모두 모인 가운데, 10시에 존 한나가 샤르도네 포도를 실은 곤돌라를 운반해 왔다.

짐 배럿의 형인 로스앤젤레스 교구의 빈센트 배럿 신부가 집전을 했다. 옛날 유럽 전통에 따라 빈센트 신부는 포도와 모인 사람들에게 축복을 내렸으며, 성공적이고 안전한 수확을 위해 기도했다. 기도가 끝난 후 우리들과 포도에 성수를 뿌렸다.

호이스트가 곤돌라를 들어 올려 뒤집자 포도가 새 호퍼에 떨어졌다. 컨베이어 장치가 작동되고 포도가 파쇄기로 들어갔다. 우리는 좋은 음식으로 축연을 베풀고 와인으로 건배를 했다. 나는 애창곡 "당신은 나의 태양"을 부르기 시작했다. 샤토 몬텔레나에서의 행복한 출발이었다.

레드 와인보다 수확이 빨랐던 화이트 와인은 우리가 이윤을 남기려는 프로젝트였다. 그러니 어떤 와인보다도 더 나은 와인을 만들어야 했다. 나는 여태껏 일했던 모든 곳에서 배운 최고의 지식들을 합하여 나만의 스타일을 만들었다. 어릴 때 아버지에게서 배운 것부터 자그레브의 교수님들, 리 스튜어트, 티모시 수사, 앙드레 첼리스체프, 그리고 로버트 몬

1972년 9월 1일 몬텔레나에서 첫 포도 축전
(오른쪽부터 빈센트 배럿 신부, 리 파쉬치, 짐 배럿, 나)

다비에서 얻은 지식과 경험을 총동원했다. 이 모든 교육과 경험의 축적을 토대로 나는 샤토 몬텔레나의 첫 빈티지를 자신 있게 만들 수 있었다.

1972년 첫해, 와이너리와 설비 문제는 해결되었지만 날씨만은 예측할 수 없었다. 수확이 절정에 달했을 때 12일간 비가 그치지 않고 내렸다. 포도에는 치명적이었다. 다행히도 예민한 요하니스버그 리슬링과 샤르도네는 비가 오기 전 수확을 하여 괜찮았지만, 카베르네 소비뇽은 아직 나무에 달려 있었다.

나는 매일 당도와 산도를 검사했다. 엿새째 되는 날 카베르네 송이에 곰팡이가 피기 시작했다. 수확을 해야 했지만 비가 그치지 않고 세차게 내렸다. 12일간 비가 온 후 마침내 해가 나고 일꾼들은 캘리스토가와 소노마에서 카베르네를 따기 시작했다.

날씨 때문에 1972년 카베르네 소비뇽은 우리가 원하는 만큼 좋지 않았다. 와인은 실버라도 셀러스Silverado Cellars라는 다른 라벨을 붙여 판매하기로 했다. 첫해부터 샤토 라피트만큼 좋은 와인을 생산하려던 존 배럿의 꿈은 실현되지 못했으나, 신참 포도 재배자는 중요한 레슨을 받았다. 우리는 꿈꾸고 원하고 계획할 수는 있지만, 결국 어떤 와인이 되느냐는 대자연의 손에 달려 있는 것이다.

반면 1972년 샤토 몬텔레나 화이트는 큰 성공을 거두었다. 먼저 요하니스 리슬링을 시장에 내놓았다. 이 와인을 만들기 위해 나는 스승님들에게서 배운 모든 지식을 총동원하였다. 리 스튜어트의 요하니스버그 리슬링은 칭송을 받았으나, 보리우 리슬링은 매우 드라이 하고 음식과 잘 맞지 않아 인기가 덜했다. 와인은 음식과 맞아야 한다.

로버트 몬다비에서는 요하니스버그 리슬링에 1퍼센트의 잔당을 남겼는데, 사람들이 좋아하여 보리우 리슬링보다 훨씬 잘 팔렸다. 나는 샤토 몬텔레나를 2퍼센트의 잔당을 남기고 발효를 멈추어 약간 단 와인으로 만들었다. 독일 와인 '레이트 하비스트Late Harvest'처럼 맛이 좋았다.

1972 요하니스버그 리슬링은 750밀리리터 한 병에 5달러 50센트였으며, 비평가들의 관심을 끌었다. 약간의 단맛이 미국인의 입맛에 맞는 것 같았다. 이 와인은 〈로스앤젤레스 타임스〉가 주최한 테이스팅에서 '캘리포니아 황금 독수리 상'을 받았는데, 캘리포니아 최고 리슬링 10개 중 하나였다. 1975년 10월 와인 비평가 로버트 피니건Robert Finigan은 1974 요하니스버그 리슬링에 대해 "아주 매력적인 풍미와 우아한 스타일의 결합이며 피니시가 길다. 최근 구입할 수 있는 캘리포니아 리슬링 중 최고라고 생각한다."고 평했다.

샤토 몬텔레나는 성공의 가도를 걷고 있었다.

리슬링과는 달리 1972 샤르도네는 시작부터 불안했다. 8백 상자를 만들었는데, 새 프랑스 오크 통에 숙성시켰기 때문에 오크 향이 강했다. 나는 오크의 강한 풍미를 줄이기 위해 병 숙성을 더 오래 하기로 했다. 8개월이면 오크 향과 포도 향이 균형을 이룰 것 같았다.

병입을 할 때 재난이 닥쳤다. 와이너리의 모든 다른 장비들은 갖추었는데, 진공 코르크 기구를 구입하지 못했다. 이 기구는 와인 병목의 산소를 뽑아내고, 병 속에 산소가 없는 상태에서 코르크를 병으로 밀어 넣는다. 이 진공 기구를 사용하지 않으면 와인이 산화될 수도 있다. 하지만 많은 와이너리에서는 사용하지 않았고 와인이 잘못되지도 않았다.

우리는 진공 기구를 주문했지만, 기술자가 아파서 1972년 샤르도네 병입 전에 설치할 수가 없었다. 병입 후 나는 모든 게 순조롭게 진행되는지 계속 살폈다. 한 달쯤 지난 후 와인이 갈색을 띤 핑크 색으로 변하기 시작했다. 나는 놀라서 곧 짐 배럿을 불렀고 함께 병을 따서 맛을 보았다. 우리는 둘 다 와인 맛에는 아무 이상이 없다고 느꼈고 색깔만 변했다는 결론을 내렸다.

나는 몇 달 동안 계속 색깔을 살펴보았다. 절망이 극에 달했을 때 와인 색깔이 깨끗해지기 시작하며 서서히 황금색으로 돌아오고 있었다. 나는 다시 짐을 불러 병을 보여주었다. 병은 황금색이 선명했고 맛은 처음보다 더 좋아진 것 같았다. 또 하나의 기적이 일어난 것이다.

[이 일화는 2008년 영화 〈보틀 쇼크Bottle Shock(한국 제목: 와인 미라클)〉의 소재였다. 보틀 쇼크는 와인 양조 용어로 화이트 와인이 병입 직후나 이동으로 색깔이 일시적으로 변하는 현상이다. 발효 후 공기 접촉으로 나타나며 맛과 향에는 영향이 없다. 시간이 지나면 정상으로 돌아온다.]

내가 처음 만든 1972년 샤토 몬텔레나 첫 빈티지는 테이스팅 그룹들에게서 좋은 평판을 받았다. 1970년대 초 미국인들은 새로 발족한 버클리 와인Berkeley Wine이나 푸드 소사이어티Food Society 같은 클럽, 레자미 뒤 뱅Les Amis du Vin 지부 등에서 테이스팅을 하며 와인을 접하게 되었다.

회원들은 UC 데이비스의 교수들이 고안한 점수 체계를 사용하기도 하며 와인 테이스팅에 체계적인 접근을 시도했다. 와인이 단순히 좋다 나쁘다고 말하는 것보다 왜 그럴까라는 의문을 제기하게 되었으며, 맛과 아로마의 느낌을 표현하게 되었다.

샌프란시스코 포도 재배자 클럽San Francisco Vintners Club은 그 중 가장 비중 있는 단체였는데, 1973년 6월 21일에 첫 테이스팅 모임을 했다. 와인 전문가와 아마추어들로 구성된 이 엘리트 그룹은 매주 목요일 4시에 만났으며, 진판델이나 소테른 등 특별한 카테고리의 와인들을 보통 12개씩 블라인드 테이스팅 했다.

샤토 몬텔레나 1972 요하니스버그 리슬링은 1974년 6월 테이스팅에 포함되어 있었는데, '잔잔하지만 우아한 향'이란 평을 받았다. 1972 샤토 몬텔레나 샤르도네는 다음 달 테이스팅에서 중심 와인이 되었으며, '뛰어난 샤르도네 향'이라는 평을 받았다.

1974년 10월 27일 〈샌디에고 포도San Diego Grapevine〉 신문은 '와인 열혈 동지'들이 졸레지Zolezzi's 레스토랑에서 만나 10종의 샤르도네를 시음했다고 보도했다. 그 중 1972 샤토 몬텔레나가 1등을 차지했다.

그해 후반기에 그들은 다시 1972 샤토 몬텔레나와 부르고뉴 최고 와인 중 하나인 1972 바타르 몽라셰Bâtard-Montrachet를 비교 시음했다. 4명 중 3명이 샤토 몬텔레나를 선택하여 다시 1위를 차지했다. 당시 바타르 몽라셰는 17.50달러였고 샤토 몬텔레나는 6달러였다.

1972년 샤르도네의 승리로 50년 동안이나 버려져 있던 샤토 몬텔레나에 쏟아 부은 나의 많은 시간과 고된 노동이 보상된 셈이었다. 나는 바른 길을 가고 있다는 확신이 생겼다. 내가 만든 첫 빈티지였는데도 이미 최고의 프랑스 와인을 이기고 있었으니 말이다. 나는 완벽한 와인을 만들기 위해 더 열심히 해야겠다고 마음먹었다. 나파 밸리에서 프랑스 와인만큼 좋은 와인을 만들겠다는 로버트 몬다비의 꿈이 실현되기 시작한 것이다.

샤토 몬텔레나의 주인들인 짐 배럿과 어니 한, 리 파쉬치는 마냥 행복해 했다. 그들은 와이너리의 빛나는 미래를 예견할 수 있었으며, 투자는 안전했고 보상도 돌아올 것을 알았다. 나에게는 하와이 휴가를 주선해 주었으며, 어니 한은 보너스로 회사 주식 8백 주를 양도해 주었다. 당시에는 한 주에 3센트밖에 되지 않았지만, 1977년에는 짐 배럿에게 4만

5천 달러를 받고 되팔 수 있었다.

하와이에서 돌아와서 곧 1973 빈티지를 준비했다. 두 번째 해이니만큼 장비도 잘 갖추어져 더 나은 샤르도네를 만들 준비가 되어 있었다. 샤토 몬텔레나의 셀러에는 용량 2천 갤런의 미국산과 유고슬라비아산 오크 통을 설치했고 실험실도 갖추었다.

또 3천5백 갤런의 스테인리스 스틸 발효조 11개, 스테인리스 스틸 블래더 프레스bladder press, 포도를 수납하는 스테인리스 스틸 호퍼, 곤돌라에서 포도를 내리는 호이스트, 시간당 10톤을 파쇄할 수 있는 힐즈버그 파쇄기 하나씩, 그리고 리무쟁 오크로 만든 60갤런 용량의 새 프랑스산 오크 통 1백 개를 구비했다.

오크 통을 사용하는 이유는 두 가지이다. 와인은 오크 통의 미세한 구멍과 마개를 통해 미량의 산소를 공급받는다. 공기는 와인을 숨 쉬게 하며, 타닌 분자를 서로 결합시키는 중합이라는 화학적 반응을 촉진시켜 와인을 부드럽게 변화시킨다. 또 하나는 오크 통의 나무 성분이 와인에 침출된다. 이 성분은 와인의 바디와 풍미, 아로마와 색깔을 강화시키며 와인의 색깔과 맛, 향을 더 발전시킨다.

지금도 그렇지만, 그때도 나의 목표는 와인의 균형을 이루는 것이었다. 포도의 풍미가 오크 향에 눌리는 것은 원하지 않았다. 오크와 와인이 균형을 이루는 비밀스러운 시점을 찾아내야 한다. 이번 경우에는 8개월 정도가 정답이 될 것 같았다.

우리는 샤르도네 포도를 캘리스토가의 리 파쉬치, 그리고 나파의 재배자인 존 한나와 아들 빌에게서 사기로 계약을 맺고 있었다. 1973년에는 톤당 725달러에 4톤을 사들였다. 알렉산더 밸리의 벨르 테르Belle Terre 포도밭에서도 샤르도네를 샀는데, 해리 딕과 아들 론이 5년 된 포도밭을 소유하고 있었다.

해리는 프랑스 출신으로 포도나무를 아이를 돌보는 것처럼 잘 키웠다. 또 소노마 카운티의 러시안 리버 밸리에 있는 찰스와 헬렌 바치갈루피에게서도 샤르도네를 샀다.

나는 이른 봄 가지치기를 할 때, 4월에 싹이 나기 시작할 때 포도밭에 나가 본다. 5월 말과 6월 초에는 꽃이 피고 열매가 열리는 것을 조사한다. 7월에는 매주 포도밭을 둘러본다. 7월 후반기에는 굴절계를 가지고 포도밭으로 나가 포도의 당도를 잰다. 샘플을 따서 실험실로 돌아와 산도와 pH를 재고 당도를 다시 측정한다.

8월 중순에는 2~3일에 한 번씩 포도밭에 나가 포도나무의 건강 상태와 색깔을 조사하고, 특히 포도 맛과 아로마에 집중한다. 자연스레 포도나무와 친밀한 관계가 되며, 어떤 때는 포도를 너무 많이 먹어 점심이나 저녁을 거르는 때도 있었다.

포도밭에서는 대표적인 샘플을 얻기 위해 2백에서 5백 개의 포도 알을 딴다. 각 송이에서 위치가 다른 포도알, 또 같은 나무의 다른 송이들, 포도밭의 다른 위치에 있는 포도나무들에서 골고루 딴다. 작은 플라스틱 접시나 봉지에 포도알을 넣고 으깨어, 포도 주스 몇 방울씩을 굴절계에 넣고 브릭스(당도)를 재며, 실험실에 돌아와서도 재검사를 한다.

당도가 21브릭스가 되면 직원들은 파쇄 준비를 한다. 장비들을 씻고 살균하고 닦고, 와이너리에 도착하는 포도를 받아들일 공간을 확보한다. 검사와 재검을 계속하며 회의를 하고 완벽하게 준비를 한다. 수확 일 주일 전에는 매일 만나 각자 할 일을 점검하며 어떻게 임무를 수행할지를 확인한다.

1973년 포도는 건강했고 곰팡이와 흰곰팡이도 없었다. 당도는 22.5에서 23.5브릭스에 달했다. 당도, 산도, pH, 품종의 특질과 색깔 등 모든 요소가 균형을 이루었을 때 수확을 할 수 있었다. 리 파쉬치에게서 1톤, 존과 빌 한나에게서 4톤, 알렉산더 밸리의 벨르 테르에서 20톤, 찰스와 헬렌 바치갈루피에게서 14톤을 들여왔다.

처음 도착한 포도는 존 한나의 포도였다. 게리 모레솔리가 여자 친구와 같이 싣고 왔는데, 그들은 우리와 함께 포도 축제에도 참석했다.

흥분과 축하 속에서 파쇄가 시작되었다. 1973년 9월 6일, 소유주인 짐 배럿, 어니 한, 리 파쉬치, 그리고 셀러 직원 세 명, 롬 슈타이니케, 보 배럿, 론 스컬라티와 와인 메이커인 내가 함께 모였다. 재배자들과 친구, 가족들도 참석했다.

그 해에도 포도를 축복하기 위해 로스앤젤레스에서 빈센트 배럿 신부가 왔다. 축복이 끝난 후 호이스트가 곤돌라를 트럭에서 들어 포도를 호퍼에 쏟아 부었다. 모두들 포도가 들어오며 파쇄되는 광경을 보며 흥분했다.

수확은 새벽에 포도가 차가울 때 시작하며 종일 계속된다. 일꾼들은 40파운드 용량의 플라스틱 바구니에 포도를 담아 40톤 용량의 곤돌라에 붓는다. 곤돌라가 채워지면 트랙터가 바로 와이너리로 싣고 온다. 호이스트로 곤돌라를 올려 호퍼에 포도를 쏟아 붓는다. 컨베이어 벨트가 움직이며 포도는 파쇄기로 들어간다.

파쇄기는 포도알을 가지에서 분리하여 압착기로 보내고, 가지는 포도밭에 퇴비로 사용된다. 포도알은 파쇄기에서 부드럽게 압착되고, 주스는 펌프로 스테인리스 스틸 탱크로 들어간다. 화씨 45~50도(섭씨 7~10도)의 서늘한 온도에서 2~3일간 안정시킨 후 맑은 주스를 빈 탱크로 옮겨 산도와 아황산을 측정한다.

필요하면 약간의 조정을 하고, 이스트를 주입하여 발효를 시킨다. 이스트는 파리의 파스퇴르 연구소에서 개발한 프렌치 화이트French White 이스트를 사용한다. 발효하는 동안 1달 반쯤 발효 온도를 화씨 45~50도로 유지시킨다.

발효가 끝나면 이스트 찌꺼기와 침전물 등을 거르고 와인을 다른 탱크로 옮겨 화씨 30도(섭씨 −1도)로 내려 저온 안정시킨다. 적당량의 벤토나이트로 와인을 정제시키고 맑게 만든다. 벤토나이트는 진흙의 일종으로 떠 있는 용해 물질들을 침전시킨다. 와인은 탱크에 3주간 머물게 된다.

다음 와인을 여과해서 오크 통으로 옮겨 숙성시킨다. 올해 사용할 통들은 1972 샤르도네를 만들 때 약 8개월간 사용했던 통들이다. 통에 와인이 이미 잘 스며들었고 나무의 거친 타닌이 약해진 상태였기 때문에, 1973 샤르도네는 우아하고 부드러운 와인이 될 것이라고 예상할 수 있었다. 오크 통들은 8개월 동안 계속 화씨 50~60도(섭씨 10~15도)의 셀러에서 숙성시켰다. 실험실에서는 와인의 균형이 잡혔는지를 분석했고, 2주마다 증발한 와인을 보충했다.

1973 샤르도네는 오크 통에서 8개월을 지낸 후 스테인리스 스틸 탱크로 옮겨졌고, 모든 통들을 테이스팅하여 표준 블렌딩을 만들어냈다. 블렌딩 된 와인은 보리우에서 미생물 안정을 위해 개발한 마이크로 필터를 사용하여 여과를 했으며, 1974년 12월에 병입을 했다. 이번에는 산화를 완벽히 막을 수 있는 진공 코르크 기구를 설치하여 병입은 순조롭게 진행되었다.

1973년 샤르도네는 시작부터 완벽했고 핑크나 브라운 색으로 변하지도 않았다. 병들은 10개월 동안 화씨 50~60도(섭씨 10~15도)에서 저장되었다.

와인 양조에 있어 과학과 예술의 블렌딩은 바로 이런 것이다. 각 단계를 잇는 고리는 마치 사슬을 엮는 것처럼 다음을 연결하는데 하나같이 중요하다. 마지막 병 숙성 단계는 포도와 오크, 이스트 등 와인의 모든 요소들이 섞이며, 부케를 향상시키고 더욱 흥미롭고 복합적인 와인으로 변화시킨다. 와인은 오래될수록 더 좋아진다.

나는 1973 샤르도네가 아직 오크 통 속에 있을 때 맛을 보았다. 아로마와 향미가 놀랄만했으며 균형감도 좋았다. 1974년 5월 4일 영국의 와인 전문가 해리 보Harry Waugh가 예고 없이 샤토 몬텔레나를 방문했다. 나는 와인 도둑wine thief 이라 불리는 작은 유리관을 갖고 통 위쪽으로 올라가서 테이스팅 샘플을 뽑아 그에게 건넸다.

"마이크. 나는 파리에서도 이렇게 좋은 샤르도네는 맛보지 못했어요." 해리가 말했다.

나는 통에서 떨어질 뻔했다.

샤토 몬텔레나의 소유주들은 1975년 5월 27일과 28일에 샌디에고에서 테이스팅을 개최했다. 1972년과 1973년 샤르도네와 부르고뉴의 유명 화이트인 루이 자도의 뫼르소Meursault-Jadot, 조셉 드루앵Drouhin의 퓔리니 몽라셰Puligny-Montrachet, 바타르 몽라셰Bâtard-Montrachet가 블라인드 테이스팅에 들어갔다.

과연 결과는? 5월 27일, 1등은 1972 샤토 몬텔레나, 2등은 1973 샤토 몬텔레나였다. 바타르 몽라셰가 3등, 자도의 뫼르소가 4등, 퓔리니 몽라셰가 5등이었다.

다음날 두 번째 테이스팅에서는 1973 샤토 몬텔레나가 1등이었고 2등이 자도의 뫼르소, 3등이 1972 샤토 몬텔레나였다. 4등은 바타르 몽라셰, 그리고 5등이 퓔리니 몽라셰였다.

이틀 동안 2번 우승을 한 셈이었다. 나는 마치 구름 속에 떠있는 것 같

헤리 보가 시음한 '와인 도둑'으로 채취한 샘플

았다. 샌디에고 테이스팅 후에 어니 한이 말했다. "자 마이크, 나와 함께 뉴욕으로 가요."

그는 아들이 조종하는 자가용 비행기에 짐 배럿과 나를 태우고 뉴욕으로 갔다. 우리는 이틀 동안 '잠들지 않는 도시'를 내려다보는 세계 무역 센터 107층의 '세계의 창The Windows on the World' 레스토랑에서 먹고 마셨다. 늘 음식이 모자랐고 1센트라도 아끼며 살아온 기억을 아직도 가지고 있는 나에게는 참으로 흥분된 경험이었다.

어니 한은 주말을 함께 보내며 나에게 털어놓았다. 그는 대공항 시기에 자랐으며, 대학도 다닐 수 없었고, 사업을 시작했을 때도 나처럼 무일푼이었다고 했다. 1980년에 한이 회사를 팔기로 결정했을 때, 캐나다의 대기업이 2억7천 달러를 지불했다. 수년간의 노고에 대한 보상을 받았던 것이다. 어니 한은 사람이 좋은 자선가였고 열심히 일해서 번 돈을 즐기며 쓸 줄 알았다.

샌디에고 테이스팅의 승리는 세계 최고로 인정되는 와인을 만들 수 있다는 확신을 다시 갖게 해주었다. 나는 샤토 몬텔레나에서 첫 화이트 와인들을 만들 때 몸과 마음을 다 바쳐 일했다. 그때를 회상해 보면 가장 뚜렷이 남는 추억이 하나 있다.

어느 날 나는 어린 딸 바이올렛을 데리고 샤토 몬텔레나의 제이드 호숫가를 거닐고 있었다. 크로아티아 데스네 마을의 호수를 연상시키는 아름답고 평화로운 호수였다. 바이올렛은 호숫가에서 가까운 얕은 물속에 무언가 반짝이는 물건을 보았다. 동으로 만든 작은 종이 노란 줄에 묶여 가지에 걸린 채 물속에 잠겨 있었다. 바이올렛은 물속으로 들어가 그 종을 주워 나왔다. 우리는 왜 그곳에 종이 있었는지, 누구의 종이었는지 궁금했다.

그 종은 나에게는 깊은 의미가 있는 세인트 조지 교회의 종탑을 생각나게 했다. 미국에서 태어난 딸은, 크로아티아와 그렇게 깊이 연결된 부모 사이에서 태어났지만, 공산당에게 빼앗긴 고국을 볼 수 없을는지 모른다. 호수 속, 줄에 매달린 종의 상징이 나에게는 작은 기적처럼 다가왔다.

바이올렛은 그 '보물'을 어디를 가든지 가지고 다녔다. 수년 후 11살이 되었을 때 빅서Big Sur 해안에 있는 상점에 와인을 배달하고 주말을 보내러 갔다. 차에서 내리자 바이올렛은 숙소의 현관에 제이드 호수에서 건져낸 종과 똑같은 종이 수십 개 늘어 서 있는 것을 보았다. 주인이 우리를 맞이하러 나오자 바이올렛은 가지고 있던 종을 보여주었고, 그는 놀라며 물었다. "어디에서 그걸 찾았니?"

"나는 세계를 여행하며 특별한 곳을 발견했을 때 종을 하나씩 숨겨 놓았어요. 언젠가 매우 특별한 사람이 종을 발견할 것이라는 희망을 가지고요. 종 하나를 제이드 호수의 나뭇가지에 매달았죠. 그 종이 우리를 함께 묶어 주는군요. 이건 정말 기적이라고 말하고 싶군요."

옛날에도 그랬듯이 나는 그때도 신이 나와 함께 한다고 믿었다. 하지만 그때는 다음 기적이 바로 코앞인 1976년에 다가오고 있었다는 사실을 전혀 몰랐다.

1976. 5. 24. 파리 테이스팅, 오른쪽 스티븐 스퍼리어, 옆 패트리샤 갤러거

13

파리의 심판

샤토 몬텔레나에 전보 한 장이 날라 왔다. "파리에서 우승" 단 한 줄이었다.

캘리스토가에 있던 나는 무슨 말인지 알 수가 없었다. 뭘 이겼다는 말이지? 그러자 〈뉴욕 타임스〉에서 전화가 왔다. 나와 이야기를 하고 싶다고 했다. 왜? 나는 무언가 잘못을 저질러서 〈뉴욕 타임스〉에서 전화가 왔다고 생각했다.

"제가 뭘 잘못했나요?"

"잘못은 없어요." 전화기 너머 저쪽 끝에서 대답이 들려왔다. "파리 테이스팅에서 우승한 1973년 샤르도네에 대해 인터뷰를 하고 싶습니다." 세 명의 타임스 기자가 뉴욕에서 캘리포니아로 날아 와 나를 만나러 캘리스토가에 도착했다. 기자들이 취재를 하려고 캘리스토가로 온 적이 있었을까? 그런 적은 없었을 것이다.

기자들로부터 1976년 5월 24일 파리 인터컨티넨탈 호텔에서 열린 블라인드 테이스팅에 대한 자세한 소식을 들었다. 샤토 몬텔레나의 두 번째 빈티지인 1973 샤르도네는 다른 캘리포니아 와인들과 함께, 가장 유명한 프랑스 와인들이 참가하는 테이스팅에서 심판을 받았다.

프랑스 와인과 캘리포니아 와인의 라벨을 가린 채로 프랑스 심사위원들이 점수를 매겼다. 점수를 모두 합해보니 나의 샤르도네가 위대한 부르고뉴 와인을 제치고 최고점을 받았다는 것이다. 그렇다. 내가 만든 1973 샤토 몬텔레나가 132점을 받았다.

블라인드 테이스팅에 참가한 모든 캘리포니아와 프랑스 샤르도네보다 점수를 더 많이 받았다. 마침내 사건의 전말을 알게 된 나는 행복과 기쁨에 넘쳐 크로아티아 노래를 불렀다. 와이너리에서는 진지하기만 했던 나는 덩실덩실 춤을 추기 시작했다.

캘리포니아에는 더 좋은 소식도 있었다. 나파 밸리 스택스 립 와인 셀러스Stag's Leap Wine Cellars의 카베르네 소비뇽이 레드 와인에서도 최고점을 받은 것이다.

프랑크 J. 프라이얼Frank J. Prial은 〈뉴욕 타임스〉에 "최고의 미국 포도밭과 와이너리에서 아주 특별한 와인을 생산할 수 있다는 사실이 입증되었다."라고 보도했다.

나는 다시 태어난 것 같았다. 오랜 세월 동안의 배움과 노력, 더 배우고 더 열심히 노력하고, 포도밭에서, 셀러에서, 실험실에서 밤낮을 지새우며 일한 결과가 달콤한 열매가 되었고, 내 인생 최고의 수확이 되었다. 내가 그 와인을 만들었고 또 그 와인이 파리에서 우승하게 된 사실, 이 모두가 운이 좋았던 걸까?

어느 철학자가 말했다. "행운은 준비된 사람이 기회를 만났을 때 찾아온다." 맞는 말이다.

파리 테이스팅, 왼쪽 끝에 서 있는 조지 테이버

파리 테이스팅에 대한 많은 기사가 보도되었다. 지금은 친구가 된 조지 테이버George Taber는 현장에 참석한 유일한 기자였다. 그의 책 〈파리의 심판The Judgment of Paris〉은 테이스팅의 전 과정을 상세하게 기록했고, 이후 와인 세계가 어떻게 바뀌게 되었는지에 대해서도 자세히 소개했다.

나는 그 자리에 참석하지도 않았으며, 테이스팅이 열린다는 사실도 몰랐기 때문에 들은 대로 이야기할 수밖에 없다.

스티브 스퍼리어Steven Spurrier라는 영국인이 파리에서 카브 드 라 마들렌Caves de la Madeleine이라는 와인 상점을 하고 있었다. 또 6주간 와인 교육을 하는 아카데미 뒤 뱅Académie du Vin이라는 와인 스쿨도 운영하고 있었다. 미국 동료인 패트리샤 갤러거Patricia Gallagher는 캘리포니아의 와인이 발전하고 있다는 것을 잘 알고 있었으며, 그들은 미국의 좋은 와인들을 테이스팅 해왔다.

스퍼리어는 프랑스 와인과 거의 알려지지 않은 캘리포니아 와인을 블라인드 테이스팅 하며 비교해 보자는 아이디어를 냈다. 1976년은 미국 독립 2백주년이 되는 해이니 의미도 있고, 또 스퍼리어는 그의 와인 상점을 알리기 위한 명분도 있었다.

그들은 프랑스인 심사위원을 초청하여 최고급 프랑스 부르고뉴 화이트 와인과 보르도 레드 와인을, 캘리포니아 와인과 함께 테이스팅 하도록 준비했다. 그러나 아무도 실제로 그런 결과가 나오리라는 예측은 하지 못했다.

스퍼리어와 갤러거는 미국 와인을 수집했다. 와인 기자인 로버트 피니건Robert Finigan은 1972 샤토 몬텔레나 샤르도네를 맛본 후, 스티븐 스퍼리어에게 다음 나파 밸리에 오면 마이크 그르기치를 꼭 만나고 그의

파리 테이스팅. 패트리샤 갤러거, 스티븐 스퍼리어, 오데트 칸

샤르도네를 맛보라고 권했다.

1976년 이른 봄 처음으로 스퍼리어가 부인 벨라Bella와 함께 나파 밸리에 왔다. 나는 만나지 못했지만 그는 나의 샤르도네를 테이스팅에 출품하기로 결정했다. 스퍼리어는 아마 나의 샤르도네 두 빈티지가 1975년 5월 27일과 28일의 샌디에고 테이스팅에서 부르고뉴의 유명 화이트를 이긴 결과를 알고 있었을 것이다.

캘리포니아 와인을 선택은 했는데, 큰 문제는 5월 24일 테이스팅 날짜에 맞추어 와인을 파리로 보내는 일이었다.

조안 디킨슨 드푸이Joanne Dickenson Depuy는 나파 밸리에서 프랑스 와인 여행을 하는 여행사를 하고 있었다. 그녀는 1976년 5월 앙드레 첼리스체프가 인솔하는 프랑스 상파뉴에서 보르도까지 여행을 계획하고 있었다. 나파 밸리의 많은 재배자들이 참여했고 그 중 샤토 몬텔레나의 공동 소유주인 짐 배럿도 있었다.

패트리샤 갤러거는 캘리포니아 와인을 가장 경제적으로 운송할 수 있도록 조안에게 도움을 요청했다. 조안은 와인을 파리로 가지고 가기가 얼마나 번거로웠는지, 또 26병을 통관시키는 데도 문제가 있었다는 것을 한참 후에 털어놓았다. 프랑스로 단체 여행을 가니 그대로 세관은 통과할 수 있다고 생각했는데, 실제로 입국을 하려니 여행객 1인당 한 병씩만 갖고 들어갈 수 있다는 통보를 받았다.

그녀는 급히 와인 상자를 풀어 그룹 회원들에게 한 병씩을 맡겼다. 조안이 와인 운반을 맡지 않았더라면, 그리고 파리로 입국하는 순간 그런 기지를 발휘하지 못했더라면 캘리포니아 와인은 파리 테이스팅에 결코 제시간에 도착하지 못했을 것이다.

행사는 파리의 인터컨티넨탈 호텔에서 열렸고, 파리에 있는 〈타임〉

잡지의 미국 특파원인 조지 M. 테이버가 테이스팅에 참석했다. 기자로는 유일한 참석자였는데, 다른 기자들은 프랑스가 당연히 이길 것이며 기삿거리도 없을 것이라 생각하고 참석하지 않았다.

수년 후 조지가 캘리스토가의 내 집을 방문했다. 참석한 기자는 단 한 명이었기 때문에 특별히 테이스팅 와인의 리스트를 받았고, 방을 돌며 심사위원들의 견해를 직접 들을 수 있었다고 했다. 프랑스어를 했기 때문에 심사위원들의 말 한마디 한마디를 다 알아들었다. 그는 의심의 여지없이 인생 특종을 하게 된 것이다.

파리 테이스팅에 참가한 캘리포니아 화이트 와인, 샤르도네
- 샬론 빈야드Chalone Vineyard, 1974
- 샤토 몬텔레나Chateau Montelena, 1973
- 데이비드 브루스 와이너리David Bruce Winery, 1973
- 프리마크 애비 와이너리Freemark Abbey Winery, 1972
- 스프링 마운틴 빈야드Spring Mountain Vineyard, 1973
- 비더크레스트 빈야즈Veedercrest Vineyards, 1972

프랑스 화이트 와인, 부르고뉴의 전설적인 샤르도네
- 바타르 몽라셰Bâtard-Montrachet, (Ramonet-Prudhon), 1973
- 본 클로 데 무쉬Beaune Clos des Mouches, (Joseph Drouhin), 1973
- 뫼르소 샤름Meursault Charmes (Roulot), 1973
- 퓔리니 몽라셰Puligny-Montrachet '레 퓌셀Les Pucelles,' (Domaine Lefaive), 1972

괄호 속은 와인이 생산된 포도밭 소유주이다. 조셉 드루앵은 클로 데 무쉬 빈야드에서 와인을 사서 블렌딩과 병입을 한 네고시앙이다.

캘리포니아 레드 와인, 카베르네 소비뇽
- 클로 뒤 발 와이너리Clos du Val Winery, 1972
- 프리마크 애비 와이너리Freemark Abbey Winery, 1969
- 하이츠 셀러스 마사즈 빈야드Heitz Cellars Martha's vineyard, 1970
- 마야카마스 빈야즈Mayacamas Vineyards, 1971
- 리지 빈야즈 몬테 벨로Ridge Vineyards Monte Bello, 1971
- 스택스 립 와인 셀러스Stag's Leap Wine Cellars, 1973

프랑스 보르도 지역 레드 와인, 수세기 동안 이름을 떨쳤던 카베르네 소비뇽
- 샤토 오브리옹Château Haut Brion, 1970
- 샤토 레오빌 라카스Château Léoville-Las-Cases, 1971
- 샤토 몽로즈Château Montrose, 1970
- 샤토 무통 로칠드Château Mouton Rothschild, 1970

심사위원들도 모두 유명 인사였다.

- 피에르 브리쥬Pierre Bréjoux, 프랑스 고급 와인을 관리하는 원산지
  명칭 통제 위원회 총감독
- 미셸 도바즈Michel Dovaz, 아카데미 뒤 뱅 와인 교육
- 클로드 뒤브와 미요Claude DuBois-Millot, 고 미유Gault Millau 영업

부장, 프랑스 와인과 음식 가이드 출판인

- 오데트 칸Odette Kahn, 〈프랑스 와인 리뷰*La Revue du Vin de France*〉, 〈프랑스 음식과 와인*Cuisine et Vins de France*〉 편집장
- 레몽 올리베Raymond Oliver, 와인 셀러가 유명한 미슐랭 3스타 그랑 베푸르Le Grand Véfour 셰프, 소유주
- 피에르 타리Pierre Tari, 샤토 지스쿠르 소유주, 1855 프랑스 와인 그랑 크뤼 클라세 협회 사무총장
- 크리스치앙 바네크Christian Vannequé, 파리에서 가장 유명한 미슐랭 3스타 투르 다르장Tour d'Argent 수석 소믈리에
- 오베르 드 빌렌Aubert de Villaine, 부르고뉴 최고 포도밭 중 하나인 도멘 드 라 로마네 콩티 공동 소유주 겸 이사
- 장 클로 브리나Jean-Claud Vrinat, 미슐랭 3스타였던 테이방 Taillevent 레스토랑 소유주, 소믈리에

심사위원들은 각자 점수를 매겨 합산했다.

테이스팅 후 합산 점수

샤르도네
- 샤토 몬텔레나Chateau Montelena, 1973 - 132.0
- 뫼르소 샤름Meursault Charmes, Roulot, 1973 - 126.5
- 샬론 빈야즈Chalone Vineyards, 1974 - 121.0
- 스프링 마운틴 빈야드Spring Mountain Vineyard, 1973 - 104.0
- 본 클로 데 무쉬Beaune Clos des Mouches, 1973 - 101.0

- 프리마크 애비 와이너리Freemark Abbey Winery, 1972 - 100.0
- 바타르 몽라셰Bâtard-Montrachet, Ramonet-Prudhon, 1973 - 94.0
- 퓔리니 몽라셰 레 퓌셀Puligny-Montrachet 'Les Pucelles'(Domaine Leflaive), 1972 - 89.0
- 비더크레스트 빈야즈Veedercrest Vineyards, 1972 - 88.0
- 데이비드 브루스 와이너리David Bruce Winery, 1973 - 42.0

카베르네 소비뇽
- 스택스 립 와인 셀러스Stag's Leap Wine Cellars, 1973 - 127.5
- 샤토 무통 로칠드Château Mouton Rothschild, 1970 - 126.0
- 샤토 오브리옹Château Haut-Brion, 1970 - 125.5
- 샤토 몽로즈Château Montrose, 1970 - 122.0
- 리지 빈야즈 몬테 벨로Ridge Vineyards Monte Bello, 1971 - 103.5
- 샤토 레오빌 라 카스Château Léoville-Las-Cases, 1971 - 97.0
- 마야카마스 빈야즈Mayacamas Vineyards, 1971 - 89.5
- 클로 뒤 발 와이너리Clos du Val Winery, 1972 - 87.5
- 하이츠 셀러스 마사즈 빈야드Heitz Cellars Martha's Vineyard, 1970 - 84.5
- 프리마크 애비 와이너리Freemark Abbey Winery, 1969 - 78.0

캘리포니아의 와인 메이커들은 위대한 와인을 만들기 위해 노력한 이상의 보상을 받게 되었다. 프랑스 와인 전문가들이 프랑스와 캘리포니아 와인의 차이를 알아내지 못한 것이다.

한 심사위원은 바타르 몽라셰를 마시며 "이건 분명 캘리포니아야."라고 말했으며, 또 한 심사위원은 나파 밸리 샤르도네를 마시며 "아, 이제 프랑스로 돌아왔군요."라고 소리쳤다고 조지 테이버가 전했다.

"예상치 못했던 사건이 일어났다. 마침내 캘리포니아가 골Gaul[프랑스의 옛 이름]을 이겼다." 조지 테이버가 쓴 1976년 6월 7일 〈타임〉 잡지의 기사였다.

나는 '파리의 심판' 수년 후에 스티븐 스퍼리어를 러더퍼드의 내 와이너리에서 처음 만났다. 그날 한 그룹의 방문객들에게 '파리의 심판'에 대해 얘기를 하고 있었는데, 그 일을 추진한 스퍼리어가 뒤쪽에서 듣고 있었다. 나는 그를 아이디어가 아주 뛰어나며 훌륭한 미각을 갖고 계신 분이라고 소개했다.

나는 어떻게 그런 완벽한 와인을 만들 수 있었느냐는 질문을 수년에 걸쳐 여러 차례 되풀이하여 받았다. 크로아티아의 작은 마을에서 이민을 온, 글도 모르는 부모 밑에서 자란 키 작은 남자가 어떻게 최고의 프랑스 와인 전문가들을 이길 수 있었단 말인가?

나는 기술적인 면에서 프랑스 와인과 몇 가지 다른 방법을 채택했다. 샤르도네를 화씨 45~50도(섭씨7~10도)에서 저온 발효를 시키면 진행이 늦어지며, 자연 아로마가 잘 보존된다. 말로락트 발효 과정도 생략했는데, 프랑스 샤르도네에서 나는 젖산 냄새를 좋아하지 않기 때문이다. 나의 샤르도네는 사과산이 그대로 남았으며, 신선한 맛과 깔끔한 산도가 음식과도 잘 어울렸다.

나는 샤르도네를 8백 상자쯤 만들었고, 서서히 발효시켜 프랑스 오크 통에 8개월 숙성시켰다. [〈뉴욕 타임즈〉 프라이얼의 기사 중 1천8백 상자와 6개월 숙성은 잘못된 것임.] 1973년 샤르도네는 1년 사용한 오크 통에서 숙성시켜 타닌이 더 부드럽고 우아하고 섬세했다. 파리 테이스팅

The New York Times

WEDNESDAY JUNE 9, 1976

WINE TALK
By FRANK J. PRIAL

CALIFORNIA LABELS OUTDO FRENCH IN BLIND TEST

"Several California white wines triumphed over some of the best Burgundy has to offer in a blind tasting in Paris recently. More startling: The judges were French…"

"The fact is that the best American vineyards and wineries can produce extraordinary wines. Admittedly the wines in this tasting are from the premium wineries, are in extremely short supply and cost a great deal of money—anywhere from $6 to $20 a bottle. But the same is true of the Burgundies…"

"Miljenko 'Mike' Grgich, the winemaker at Chateau Montelena, said he made 1,800 cases of the 1973 Chardonnay; all of which has been sold. The wine was fermented extremely slowly and spent six months in French oak barrels before bottling…"

*Miljenko "Mike" Grgich
at Chateau Montelena*

TIME

Judgement of Paris

Americans abroad have been boasting for years about California wines, only to be greeted in most cases by polite disbelief—or worse. Among the few fervent and respected admirers of *le vin de Californie* in France is a transplanted Englishman, Steven Spurrier, 34, who owns the Cave de la Madeleine wine shop, one of the best in Paris, and the Académie du Vin, a wine shcool whose six-week courses are attended by the French Restaurant Association's chefs and sommeliers. Last week in Paris, at a formal wine tasting organized by Spurrier, the unthinkable happened: California defeated all Gaul.

The contest was as strictly controlled as the production of a Château Lafite. The nine French judges, drawn from an oenophile's *Who's Who*, included such high priests as Pierre Tari, secretary-general of the *Association des Grands Crus Classés*, and Raymond Oliver, owner of Le Grand Vefour restaurant and doyen of French culinary writers. The wines tasted were transatlantic cousins—four white Burgundies against six California Pinot Chardonnays and four Grands Crus Châteaux reds from Bordeaux against six California Cabernet Sauvignons.

Gallic Gems. As they swirled, sniffed, sipped and spat, some judges were instantly able to separate an imported upstart from an aristocrat. More often, the panel was confused. "Ah, back to France!" exclaimed Oliver from sipping a 1972 Chardonnay from the Napa Valley. "That is definitely California. It has no nose, " said another judge—after downing a Bâtard Montrachet '73. Other comments included such Gallic gems as "this is nervous and agreeable," "a good nose but not too much in the mouth," and "this soars out of the ordinary."

When the ballots were cast, the top-soaring red was Stag's Leap Wine Cellars' '72 from the Napa Valley, followed by Mouton-Rothschild '70, Haut-Brion '70 and Montrose '70. The four winning whites were, in order, Château Montelena '73 from Napa, French Meursault-Charmes '73 and two other Californians, Chalone '74 from Monterey County and Napa's Spring Mountain '73. The U.S. winners are little known to wine lovers, since they are in short supply even in California and rather expensive ($6 plus). Jim Barrett, Montelena's general manager and part owner, said: "Not bad for kids from the sticks."

⟨타임*TIME*⟩

파리의 심판

미국인들은 외국인들에게 오랫동안 캘리포니아 와인을 자랑해왔지만, 예의바른 대답이나 들으면 다행이었다. 프랑스에 사는 몇 명 되지 않는 캘리포니아 와인 애호가 중 존경받는 영국인이 있었다. 34살의 스티븐 스퍼리어는 영국에서 이주하여 파리 최고의 와인 상점인 카브 드 라 마들렌과 와인 스쿨 아카데미 뒤 뱅을 운영하고 있었다. 그의 아카데미에서 제공하는 6주 코스 와인 강의에는 프랑스 레스토랑 협회의 셰프와 소믈리에들이 수강했다. 지난 주 파리에서 스퍼리어가 공식 와인 테이스팅을 주최했는데, 깜짝 놀랄 일이 일어났다. 캘리포니아가 골[프랑스의 옛 이름]을 이긴 것이다.

대회는 마치 샤토 라피트의 와인 생산처럼 엄격하게 통제되었다. 프랑스 심사위원 8명은 와인 전문가 인명사전에 실릴 만한 권위자들로 구성되었다. 그랑 크뤼 클라세 협회 사무총장 피에르 타리, 레스토랑 르 그랑 베푸르 소유주이며 프랑스 요리 대부 레몽 올리베 등 유명 인사가 참여했다. 시음 와인은 대서양 양쪽 와인들로, 부르고뉴 화이트 와인 4종과 캘리포니아 샤르도네 6종, 그리고 보르도의 그랑 크뤼 샤토 레드 4종과 캘리포니아 카베르네 소비뇽 6종이었다.

프랑스의 보석들

와인 잔을 서서히 돌리고 향과 맛을 보고 뱉으며 심사위원 몇 명은 바로 바다를 건너온 새내기 와인과 유럽의 귀족적인 와인을 구별할 수 있었지만 대부분은 혼란스러워했다. 올리베는 나파 밸리의 1972년 샤르도네를 맛보며 "아, 이제 프랑스로 돌아왔군요!"라고 외쳤다. 또 다른 심사위원은 73년 바타르 몽라셰를 마시며 "이건 분명 캘리포니아야. 향이 전혀 없어." 라고 말했다. 프랑스의 보석들에 대한 평가는 "이건 까칠하지만 괜찮아.", "향은 좋은데 맛은 덜해.", "이건 특별한 와인이군요." 등등이었다.

투표가 실시되자 나파 밸리의 72년 스택스 립 와인 셀러스가 최고의 레드 와인으로 뽑혔다. 다음이 70년 무통 로칠드, 70년 오브리옹, 70년 몽로즈 순서였다. 최고의 화이트 와인은 나파의 73년 샤토 몬텔레나였다. 다음이 프랑스 73년 뫼르소 샤름, 그리고 캘리포니아 몬터레이의 74년 샬론, 나파의 73년 스프링 마운틴이었다. 미국의 우승 와인들은 와인 애호가들에게도 잘 알려지지 않았다. 캘리포니아에서도 물량이 적었고 가격도 비쌌기 때문이다.(6달러 이상) 샤토 몬텔레나의 매니저이며 소유주 중 한 명이기도 한 짐 배럿은 "시골 풋내기가 만든 와인이 좋은 평가를 받다니, 나쁘지 않군요!"라고 말했다.

[파리스의 심판The Judgement of Paris은 그리스 신화에 나오는 이야기 이다. 트로이의 왕자 파리스가 헤라, 아테나, 아프로디테라는 3명의 여신 중 가장 아름다운 신을 고르게 되었다. 헤라는 '아시아의 군주' 자리를, 아테나는 '전쟁의 승리'를, 아프로디테는 '가장 아름다운 여성'을 주겠다고 제의했다. 파리스는 아프로디테의 손을 들었다. 파리스는 스파르타 왕의 아내인 '가장 아름다운 여자' 헬레네를 얻었으나, 이로 인해 결국 트로이 전쟁이 일어난다. 파리에서 열린 와인 테이스팅을 취재한 조지 테이버는 〈타임〉지의 기사 제목으로 파리스의 심판을 빗대어 이를 대서특필했다.]

에서 우승한 샤토 몬텔레나는 1973 빈티지였다. 하지만 나의 첫 빈티지 인 1972 샤르도네도 1975년 5월 27일과 28일 샌디에고 테이스팅에서 우승을 했던 와인으로, 다르긴 했지만 여전히 좋았다.

41년이 지난 2013년 4월 1일 90회 생일을 맞아, 나는 친구들과 신문 기자들을 초청하여 축하연을 열었다. 샤토 몬텔레나 1972 빈티지 샤르 도네를 대접했는데, 41년이 지나도록 놀랄만한 신선도와 깊이를 유지하 고 있었다. 분명 장수하는 좋은 와인이었다. 이제 나이가 들고 보니 나한 테 일어난 기적들이 너무 많아 헤아릴 수도 없다.

양조 기술로만 위대한 와인의 탄생을 설명할 수 있을까? 그렇지 않다. 그보다 훨씬 더 중요한 것들이 있다. 포도를 잘 알아야 한다. 포도가 자라 고 익어가는 것을 늘 지켜보아야 한다. 아로마와 풍미가 적당할 때 수확 을 해야 하며, 포도의 향미를 그대로 와인 속에 저장시킬 수 있어야 한다.

그리고 마음에서 우러나는 열정과 예술적인 감각을 지니고 있어야 한 다. 예술성과 열정 없이는 와인에 생명이 깃들 수 없다. 결국은 대지의 어머니, 우리가 신이라고 부르는 그분이 와인을 만드신다고 할 수 있다. 우리는 와인을 만들기 위해 신과 함께 일하는 것을 배울 뿐이다.

'파리의 심판' 결과는 온 세계를 놀라게 했으며, 그 영향은 널리 퍼져 갔다. 프랑스 땅에서만 위대한 와인이 생산될 수 있다는 생각은 산산조 각이 났다. 우리는 프랑스에서 배웠으나 캘리포니아의 스타일을 계발해 나갔다. 1976년 파리 테이스팅의 결과는 프랑스인들에게 캘리포니아, 특히 나파 밸리가 고급 와인 생산지라는 인식을 심어주었다.

'파리의 심판'은 와인 세계에 새로운 활력을 불어넣었다. 캘리포니아 뿐 아니라 세계 곳곳의 와인 메이커들은 그들도 고급 와인을 생산할 수 있는 땅이 있을 것이라는 믿음을 갖게 되었다. 남아공이나 칠레, 아르헨

2013년 90회 생일에 짐 배럿이 보낸 사진과 글

"40년 전 1972년 나는 샤토 몬텔레나의 첫 와인 메이커로 마이크 그르기치를 초빙하는 행운을 얻었다. 마이크가 만든 1973년 샤토 몬텔레나는 1976년 파리 테이스팅에서 우승하여 명성을 얻게 되었다. 생일 축하해요. 마이크."

티나, 이탈리아, 오스트레일리아, 뉴질랜드는 한껏 고무되었으며, 위대한 와인을 향한 대열에 합류했다. 나의 고향인 크로아티아도 좋은 와인을 만들 수 있는 가능성을 보았고, 파리 테이스팅으로 더 좋은 와인을 만들고자 하는 자극을 받았다.

[2006년 '파리의 심판' 30주년에 재대결의 장이 열렸다. 장기 숙성이 가능한 레드 와인으로 한정했으며, 미국 와인의 숙성 여부는 미지수였다. 영국 런던과 나파 밸리 두 곳에서 같은 와인으로 동시에 열린 와인 테이스팅에서 역시 미국 와인이 상위 1~5등 전부를 차지하는 이변이 일어났다.]

당시에는 나의 1973 샤르도네 한 병이 2010년 런던 경매에서 1만 1,325달러에 낙찰될지는 꿈에도 생각하지 못했다. 파리의 심판 여파가 그렇게 클지도 전혀 몰랐다. 나의 와인은 스택스 립 셀러스의 카베르네 소비뇽과 함께 스미소니언 박물관의 "미국 역사를 만든 물건 101The Smithsonian's History of America in 101 Objects"에 포함되었다. 미국으로 온 이민자가 만든 샤르도네가 '미국을 만든 물건American Objects'이 되었다니 내 생애에는 일어날 것 같지 않았던 사건이었다.

워싱턴의 국립 스미소니언 미국 역사 박물관에 나파 밸리의 와인 두 병이, 박물관에 전시되는 첫 와인이 될 줄은 더구나 몰랐다. 또한 나의 작은 골판지 여행 가방, 크로아티아 와인 책들, 알코올 측정기가 스미소니언 박물관에 자리를 잡게 될 줄도 몰랐다. 미국으로 올 때 쓰고 온 베레 모자도 전시에 포함되었다. 그 옛날, 자그레브에서 진열장의 많은 모자들 중 왜 하필 프랑스 베레를 택했을까? 나도 모르게 이미 이런 일이 일어나리라는 예감이 마음속에 있었던 것은 아닐까?

이 모든 영광들은 그때로부터 먼 미래에 일어난 일이다. 1976년의 승리가 나에게 의미한 것은 무엇이었을까? 긴 생애 동안의 노력이 마침내 인정받게 되었고, 나 자신의 이미지도 전적으로 바뀌었다. 하나의 예술 작품은 위대할 수 있다. 그러나 누군가가 그 작품을 예술품이라고 불러 주어야 예술품이 된다. 파리의 심판은 나에게 자존감을 높여 주었고 또한 안전을 보장해 주었다.

나는 내 인생이 변하리라는 것을 알았다. 1976년 53살이었던 나는 이미 50여 년간 와인을 만든 경험이 있었다. '파리의 심판' 후 나는 왜 미국에 왔는가를 내 영혼과 곰곰이 대화해 보았다. 다른 사람을 위해 일하려고 온 것인가, 아니면 나 자신을 위해 일하려고 온 것인가? 다른 사람들을 위해서는 충분히 일했다는 생각이 들었다.

이제는 나 자신을 위해 일할 때가 왔다. 크로아티아를 떠날 때의 그 꿈을 향하여 나아갈 때가 가까이 온 것 같았다.

1977년 7월 4일, 기공식에서 땅을 파는 오스틴 힐스와 나

14

그르기치 힐스 설립

파리의 심판은 앞으로 전진할 수 있는 문을 활짝 열어주었다. 많은 사람들이 나와 함께 일하기를 원했지만, 역시 다른 사람을 위한 일이라 내키지 않았다. 남의 일을 하려고 했다면 크로아티아에 남아 정부를 위해 일하는 것과도 큰 차이가 없을 것이다.

나에게 예술적인 피가 조금은 흐르고 있어서인지, 아무튼 나는 나 자신이 되고 싶었고 나 자신의 와인을 나의 마음과 영혼이 이끄는 대로 만들고 싶었다. 나파 밸리에 온 후 처음으로 나는 꿈에 가까이 다가왔다는 것을 느꼈다.

샤토 몬텔레나와는 5년 계약이 끝났으며, 모아둔 돈도 좀 있었다. 내 소유의 샤토 몬텔레나 주식이 5만 달러 정도였고, 어니 한에게서 받은 주식도 4만5천 달러 정도 되었다. 나의 첫 계획은 포도밭 2에이커를 사서 매년 와인 2천 상자씩을 만들고, 와이너리를 지어 세일즈 룸에서 직접 와인을 파는 것이었다. 마침 러더퍼드에 80에이커의 땅이 매물로 나왔다. 그 중 2에이커를 살 수 있겠다고 생각했다.

나는 보리우에서 일할 때부터 바로 이웃에 있는 이 땅에 관심이 있었다. 당시는 네슬레 회사 소유였는데, 네슬레는 1971년에 세인트헬레나에 있는 옛 베린저 와이너리Beringer Winery도 매입했다.

스위스에 기반을 둔 네슬레는 와인 사업을 하지 않는 회사로는 처음으로 캘리포니아 와이너리에 투자를 했다. 회사 임원 중 한 사람이 앙드레 첼리스체프에게 "와인 사업을 하면 이윤이 얼마나 남을까요?"라고 물었다던 기억이 난다.

"얼마나 벌 수 있을까보다 얼마나 잃을지를 생각해 보는 게 나을 것입니다." 앙드레 첼리스체프의 대답이었다.

네슬레는 1976년에 땅을 약간 매각하려고 했으나, 80에이커는 내가 도저히 살 수 없는 큰 땅이었다. 또한 2에이커도 역시 살 수가 없었다. 1968년부터 나파 카운티는 농지 보존을 위한 토지 구획령을 시행하였으며, 어떤 땅이라도 최소 20에이커 이상의 단위로 팔 수 있었다.

미국에서 처음으로 생긴 농지 보존 협회는 나파 밸리의 농업 환경에 관심을 가진 사람들이 주창하여 결성되었다. 그들은 나파 지역의 경작지가 작은 땅으로 쪼개져 고층 건물과 집들이 들어서는 것을 원하지 않았다. 지금은 실리콘 밸리Silicon Valley라고 부르는 샌프란시스코 남쪽의 산타클라라 밸리에서는 이런 현상이 이미 일어나고 있었다.

실리콘 밸리를 보면, 한때는 나파처럼 들판과 농장이었다는 사실이 믿기지 않을 것이다. 다행히도 나파 주민들의 선견지명으로 포도를 재배할 수 있는 위대한 땅이 보호받게 되었으니 얼마나 잘된 일인지 모른다.

2에이커만 사려던 나의 계획은 실현될 수 없었고, 은행 예금액 9만5천 달러에 5천 달러를 더해 10만 달러를 손에 쥐고 네슬레 대표와 협상을 시작했다. 마침내 새 와이너리 장소로 러더퍼드에 20에이커를 사들이게 되었다.

내가 산 땅은 계곡의 맨 아래쪽이라 홍수의 위험이 있었다. 봄에는 언덕에서 내려오는 찬 공기로 서리가 내릴 수 있어 포도나무에 썩 좋은 곳은 아니었다. 그러나 고속도로가 있는 계곡의 중심에 위치하였고 값도 비교적 싸서 마음에 들었다. 회계사는 서리와 홍수의 위험이 있지만 땅을 사라고 용기를 주었다. "그 땅을 사면 당신은 그곳을 천국으로 만들 수 있을 것입니다." 그는 내가 열심히 일해서 결실을 맺으리라는 것을 알고 있었다.

야생풀이 뒤덮인 20에이커였지만 내 소유의 땅이다. 나는 자랑스럽기 그지없었으며, 마침내 "이 땅은 내 땅이야."라고 소리칠 수 있는 땅을 갖게 되었다.

회계사의 예언은 정확했다. 우리는 서리 방지 송풍기를 설치하고 샤르도네를 심었다. 수년 후에는 이 밭에 러더퍼드에서 유명한 카베르네 소비뇽을 심었다. '러더퍼드 더스트Rutherford Dust'라는 훌륭한 와인을 만드는 포도였다. 당시에는 아직도 계곡의 어느 지역에 어떤 품종에 적합한지를 시험하는 중이었다. 후에 샤르도네는 서늘한 남쪽의 캐너로스Carneros와 아메리칸 캐넌American Canyon에 심었다.

이제 와이너리를 어떻게 지을 것인가라는 문제가 남았다.

오스틴 힐스Austin Hills는 나에게 일자리를 제의한 사람들 중 제일 마음에 들었다. 그는 조용하고 사려 깊은 성격으로 교육도 잘 받은 사람이었다. 스탠포드와 컬럼비아 대학에서 공부했으며, 힐스 앤 브로스 커피 Hills Bros. Coffee 회사의 가족으로 폭넓은 사업 경험도 있었다. 마침 그때 그와 여동생 메리 리 스트레블Mary Lee Strebl이 커피 회사를 팔아 투자할 수 있는 돈을 갖고 있었다.

오스틴은 와인에 관심이 있었으며 이미 포도밭 155에이커에 소비뇽 블랑, 샤르도네, 요하니스버그 리슬링을 재배하고 있었다. 와인은 수버 랭 셀러스Souverain Cellers에서 만들어 힐스 셀러스Hills Cellars란 라벨을 붙여 팔고 있었다. 그러나 오스틴은 더 발전하고 싶어 했고 '세계적'인 와인을 만들고 싶다고 나에게 말했다. 나는 이제 프랑스 와인을 이긴 미국 와인 메이커로서 '세계적'인 평판을 얻었으니 적격이었다.

오스틴과 대화를 나누며 둘이 힘을 합치면 둘 다에게 이득이 될 것이라는 생각이 들었다. 그는 자본을 대고 나는 와인 양조의 경험과 지식을 제공하면 될 것이다. 우리는 프랑스 '샤토 품질'과 맞먹는 위대한 와인을 만들 수 있을 것이다.

둘은 성공을 향한 완벽한 짝이었다. 드디어 오스틴과 그의 여동생 메리 리와 동업을 시작했다.

오스틴과 내가 지분을 협상하면서 나는 보리우에서 일할 때 디렉터 중 한 명이었던 변호사 테오도르 콜브Theodore Kolb를 만나러 샌프란시스코로 갔다.

그에게 이제 내 땅 20에이커를 갖게 되었고, 오스틴과 여동생 메리 리 스트레블이 50만 달러를 투자하려고 한다고 말했다.

"마이크, 와이너리를 지으려면 75만 달러가 필요합니다. 25만 달러가 모자라네요." 콜브가 말했다.

나는 오래 전 캐나다 횡단 열차를 탔을 때 옆자리의 신사가 한 말을 기억했다. 그는 이민자가 작은 사업을 시작해서 혼자서 모든 일을 다 하면 성공할 수 있다고 했다. 만약 미국 사업가에게 75만 달러가 필요하다면, 우리는 훨씬 더 적은 돈으로 해낼 수 있다고 오스틴에게 말했다. 나는 힘든 일을 두려워하지 않았고 나의 모든 시간, 에너지, 지식을 와이너리를 짓는 하나의 꿈에 쏟으리라 결심했다. 우리는 성공하리라는 것을 알았다.

동업은 시작되었고 우리의 유대 관계는 세월이 훨씬 흐른 후까지도 더 강하게 결속되었다. 콜브는 한 해에 1만 상자를 생산하도록 사업 계획을 세웠는데, 이는 생산할 수 있는 최소량으로 이윤도 남길 수 있었다. 그는 신뢰할 수 있는 조언자였으며 2015년 96세의 나이로 세상을 뜰 때까지 일했다. 그는 생의 마지막 해에 병이 들었으니, 그야말로 마지막 날까지 일을 계속할 수 있었다.

나는 샤토 몬텔레나를 떠날 준비를 하며 소중한 경험과 함께 두 가지 중요한 것을 더 챙겼다. 하나는 1972년과 1973년 와인을 만들 때 사용했던 옛날 압착기였다. 샤토 몬텔레나는 더 큰 압착기를 샀고 이제는 필요가 없어졌으니 내가 사서 새 와이너리에 설치하기로 했다.

또 중요한 하나는 구스타보 브람빌라Gustavo Brambila였다. 구스타보는 수년 전에 직장을 구하려고 샤토 몬텔레나로 와서 그를 기억하느냐고 물었다. 내가 보리우 빈야드에서 일할 때 마당에서 놀고 있었던 아이였다. 그때 나는 그의 아버지에게 아이들 중 한 명이라도 대학에 보내라고 말했던 것을 기억한다.

구스타보는 캘리포니아 대학 데이비스에 진학했고 멕시코계 미국인으로서는 처음으로 포도 재배와 양조학 학위를 받고 졸업했다. 나는 그에게 첫 직장을 줄 수 있어 무척 기뻤다.

구스타보는 1976년에 샤토 몬텔레나에서 일을 시작했고, 품질 관리 책임을 맡아 나에게 많은 도움이 되었다. 그는 나와 함께 그르기치 힐스에서 1999년까지 일한 후, 페주 프로빈스 와이너리Peju Province Winery

샤토 몬텔레나의 옛날 압착기 앞에서

의 매니저 겸 와인 메이커로 자리를 옮겼다. 1996년에는 트레이스 브롬 버거와 동업하여 구스타보 트레이스Gustavo Thrace라는 와이너리를 설립했다.

사람은 항상 앞으로, 위로 향해 전진하며 발전해 가야 한다. 오스틴 힐스와 나도 바로 그 길을 따라갔다.

와이너리 계획은 잘 진행되고 있었다. 오스틴과 나는 새 와이너리 이름으로 둘이서 한 단어씩을 선택하자고 했다. 나는 샤토 품질의 와인을 만드는 것이 목표였기 때문에 '샤토'로 정했고 오스틴은 그의 이름인 '힐스'로 정했다. 1977년 2월, 샤토 힐스라는 이름의 새 와이너리 신청서를 카운티에 제출했다.

그때는 와이너리가 아직 이름밖에 없었지만, 나는 1977년 수확 샤르도네를 먼저 사려고 4월에 디즈니 가족의 레틀로 빈야드Retlaw Vineyard(레틀로Retlaw는 월트 디즈니를 기려 월터Walter를 거꾸로 쓴 것이다)와 60톤을 계약했다. 그리고 나파 존 한나의 10에이커 포도밭에서 수확할 수 있는 만큼의 요하니스버그 리슬링을 예약했다. 리슬링 와인은 6개월 안에 팔 수 있었고 현금 유통을 원활하게 해줄 것이었다. 샤르도네는 팔 때까지 시간이 더 오래 걸린다.

오스틴은 오스트리아 건축가에게 1백 달러를 지불하고 도면 스케치 다섯 장을 받았다. 우리는 그 중에서 가장 고전적이며 깔끔하게 보이는 도면을 택했다. 루 게르하르트가 설계를 했으며, 우리는 1977년 5월 존 칼루아에게 와이너리 건축을 맡겼다.

건축 허가를 기다리는 동안 첫 장애물에 부딪쳤다. 현장에서 지하수를 찾아 물을 끌어와야 하는데, 이웃인 데니스 가제타Dennis Gagetta가 수맥을 찾는 방법을 알았다. 나는 그에게 우리 땅에서 지하수를 찾아 달라고 부탁했다. 황동 막대기 두 개를 손에 들고 지하수의 위치를 찾아 땅 위를 걸어 다니다가 그가 물었다. "물이 왜 필요한가요?"

"여기에 작은 와이너리를 지으려고 해요."

"와이너리로 어떻게 진입하려고 합니까?" 그가 물었다. 나는 어리둥절했다. 무슨 뜻일까? "내 땅이 기찻길과 29번 고속도로 사이에 있는데, 변호사에게 가서 의논해 보는 게 나을 것입니다." 데니스가 말했다.

나는 심장이 거의 멎는 것 같았다. 당장 세인트헬레나에 있는 그의 변호사에게 달려가서 이 난관을 설명했다. 데니스 가제타가 내 땅 가장자리에 있는 기찻길과 29번 고속도로 사이에 50피트의 땅을 소유하고 있다면 길을 낼 수 없으며 와이너리를 지을 수도 없다고 말했다.

"마이크, 진정하세요." 변호사가 말했다 "그건 그렇게 심각한 일은 아닙니다."

변호사는 나의 평판을 알고 있었다. 그는 데니스 가제타가 그 땅의 소유자라는 것도 확실하지 않다고 하며 상황을 자세히 설명해 주었다. 매입한 적도 상속받은 적도 없으며, 단지 카운티에 소송을 냈을 뿐이라고 말했다. 안심이 되었다. 그리고 마침내 해결되었다. 데니스 가제타가 바로 내 땅 옆의 집과 카베르네 소비뇽 밭 3에이커를 리차드 두아르테 Richard Duarte에게 팔았다. 내가 두아르테에게 가서 진입로에 대한 문제를 이야기하니, 그가 수월하게 대답했다. "아무 문제 없어요. 마이크. 내 진입로를 사용하세요."

나는 당시에는 자갈길이었던 진입로를 24피트 넓이로 포장하고 그에게 같이 사용하자고 제안했다. 수년 후 두아르테가 집과 포도밭을 팔려고 했을 때는 우리가 매입할 수 있었다. 이 집은 현재 와이너리의 역사를 보여주는 물건들을 전시하는 그르기치 힐스 역사관으로 사용되고 있다.

와이너리에서 매입한 포도를 운반해야 하는 일과 연관된 여러 사건들 중 하나였다.

와이너리를 시작하고 새 상품을 만드는 일은 수많은 결정을 해야 하지만, 와이너리 이름과 라벨보다 더 눈에 띄는 것은 없을 것이다. 와이너리의 이름은 샤토 힐스로 허가나 났다. 하지만 오스틴의 친구 한 명이 와이너리를 둘러본 후, 단순한 벽돌에 합판 벽, 콘크리트 바닥으로 지은 건물을 "샤토라고는 할 수가 없네요."라고 말했다. 우리도 고개를 끄떡였다. 그러면 가족 소유라는 것을 강조하여 둘의 이름을 넣자고 했다. 'G'가 'H'보다 앞에 오니 그르기치 힐스 셀러로 결정했다.

라벨에는 파리 테이스팅에서 샤르도네로 우승했고, 그로 인해 나의 명성도 올랐으니 샤르도네를 그려 넣자고 제안했다. 화가 세바스찬 티투스Sebastian Titus에게 황금색 포도알이 촘촘히 달린 샤르도네 송이를 그려달라고 부탁했다. 가족 소유를 표시하기 위해서 오스틴과 나는 라벨의 아래쪽 양쪽 코너에 각자가 좋아하는 디자인을 하나씩 넣기로 했다. 그는 영국 가족들의 상징인 말을, 나는 고향 크로아티아의 문장인 빨강과 흰색 체크 보드를 선택했다.

디자인을 보니 마음에 들기는 했지만, 완벽주의자의 눈에는 포도송이에 뭔가 부족하다는 생각이 들었다.

나는 친구 마그릿 비버Margrit Biever(1980년 로버트 몬다비 부인이 되었다)에게 가보기로 했다. 그녀는 와인 전문가이기도 했지만 화가였다. 그림을 보더니 "마이크, 포도송이를 약간 길게 그려야 삼각형이 안정적이에요."라고 말했다. 세바스찬 티투스는 그녀 말대로 그림을 그리고 우리는 같은 라벨을 지금까지 사용하고 있다.

이 라벨이 화이트 와인에는 완벽했으나, 1976년 빈티지 진판델을 만

GRGICH HILLS

Napa Valley

CHARDONNAY

1977

 PRODUCED AND BOTTLED BY GRGICH HILLS CELLAR
RUTHERFORD, CALFORNIA   ALCOHOL 13.4% BY VOLUME

그르기치 힐스 라벨

들었을 때는 새로 그려야 했다. 화이트 와인 라벨을 레드 와인에는 쓸 수가 없었다. 세바스찬에게 라벨을 그려 달라고 부탁을 했더니 3천 달러를 요구했다. 나는 그만한 돈을 지출할 수가 없었다. 그리고 많은 프랑스 생산자들이 블랙 앤 화이트 라벨을 자랑스럽게 사용하는 것을 보았기 때문에, 인쇄업자에게 라벨의 색깔만 흑백으로 바꿔 달라고 했다.

그르기치 힐스의 레드 와인은 그때부터 20년 동안 이 삭막한 라벨을 붙이고 팔려나갔다. 어느 날 런던의 한 애호가로부터 편지를 받았는데, 그렇게 좋은 와인에 라벨이 너무 싸게 보인다는 내용이었다. 당시 판매와 경영을 맡고 있던 딸 바이올렛은 곧 세바스찬과 의논하여 레드 와인과 어울리는 자주색 카베르네 소비뇽 포도로 새 라벨을 만들었다.

오스틴과 나는 1977년 7월 4일에 기공식을 하기로 했다. 이민자로서 미국이 나에게 베풀어준 기회에 감사하는 마음과, 독립 기념일에 나도 자유를 얻게 되었다는 의미가 있었다. 나 자신의 와이너리를 갖는 평생의 꿈이 이루어지고 있었다.

"표지판이 있어야 하지 않을까?" 한 친구가 말했다. 나는 캘리스토가로 가서 20달러를 지불하고 간단히 '그르기치 힐스 셀러, 러더퍼드'라고 쓴 간판을 만들어 기공식 장소로 정한 곳에 세웠다.

기공식을 하기 전 나는 네 병의 와인을 와이너리의 네 모퉁이에 묻었다. 1958 수버랭 카베르네 소비뇽, 1968 보리우 조지 드 라투르 프라이빗 리저브 카베르네 소비뇽, 1969 로버트 몬다비 프라이빗 리저브 카베르네 소비뇽과 1973 샤토 몬텔레나 샤르도네였다.

1977년 7월 4일 50여 명의 친척과 이웃, 친구들이 모였다. 로버트와 마이클 몬다비도 그르기치 힐스 셀러의 탄생을 축하하기 위해 왔다. 처음 도착한 친구는 이웃인 빌 펠싱과 그의 가족이었는데, 지금도 같은 와

바이올렛이 1973 샤토 몬텔레나를 땅에 붓고 있다.

인 클럽의 멤버이다. 조카 앤토니 도만디치 신부는 포도밭과 모인 사람들을 축복했다.

오스틴과 나는 새 와이너리의 땅을 삽으로 팠다. 딸 바이올렛은 1973년 샤르도네 한 병을 따서 우리가 판 구덩이에 부었다. 그날은 진정 나의 독립 기념일이었다.

나는 필요한 장비들을 모두 구비해야 했는데 예산이 빠듯했다. 샤토 몬텔레나에서 샀던 오래된 압착기는 있었으나, 다른 장비들은 어디에서 구해야 할지 큰 부담이 되었다. 와이너리들이 새 장비를 구입할 때 헌 물건을 판다는 생각이 들어 중고 장비들을 찾기 시작했다.

오크 통은 프랑스산 새 통을 샀으나 다른 장비는 나파와 소노마 밸리 구석구석을 뒤졌다. 파쇄기는 소노마에서, 호퍼는 오크빌 빈야즈Oakville Vineyards, 파쇄된 포도를 이동시키는 펌프는 크리스천 브라더스Christian Brothers 와이너리에서 사왔고, 포도 통을 들어 올려 호퍼에 쏟는 호이스트는 존 칼루아가 설치했다. 절약이 되었을 뿐만 아니라 필요할 때 맞춰 바로 준비가 되었다.

장비 구입과 동시에 처음으로 직원도 고용했다. 모든 일에 혼자서 다 주의를 기울일 수는 없었는데, 마침 샤토 몬텔레나의 숙련된 전문가인 구스타보 브람빌라가 조수로 일할 수 있어서 마음이 놓였다. 다음 당장 필요한 직원은 회계사로, 베벌리 파월Beverly Powell을 채용했다. 그녀는 나파와 소노마 카운티를 대표하는 마이크 톰슨 의원의 어머니였으며, 우리는 오랫동안 함께 일했다.

나파의 웰스 파고 은행에 사업 계좌도 열었는데, 그 후로 지금까지 돈독한 관계를 계속 유지하고 있다.

건축의 진행이 늦어지자 나는 점점 조바심이 나기 시작했다. 7월은

기공식을 집전하는 앤토니 도만디치 신부

벌써 지나가고 있었고 곧 8월이 다가오고, 9월이 되면 포도가 도착할 텐데. 공사의 진척은 느리고 준비도 걱정이 되었다. 포도가 갈 데가 없으면 어떡하지?

8월에는 너무 걱정되어 옛 친구인 로버트 몬다비를 찾아갔다.

"무슨 문제지, 마이크?"

"지금 작은 와이너리를 짓고 있는데 공사가 늦어져 수확 때까지 완성되지 않을 것 같아요. 샤르도네를 60톤 샀는데 파쇄를 못할 수도 있어요."

"기공식을 언제 했던가요?" 그가 물었다.

"7월 4일이었지요."

"그래요? 나는 1966년 7월 17일에 기공식을 했는데도 가능했어요." 로버트가 말했다.

만약 9월까지 와이너리가 완성되지 못하면, 그는 우리 포도 60톤을 몬다비 와이너리에서 파쇄할 수 있도록 해주겠다고 제의했다. 몬다비에서는 해마다 더 많은 포도를 파쇄하고 있었고, 탱크도 항상 충분하지 않다는 사실을 나는 잘 알고 있었다. 그도 탱크를 모두 사용해야 할 텐데, 정말 너그럽게도 도와주려고 한 것이었다.

그는 필요할 때 그의 와이너리에서 포도를 파쇄할 수 있다는 내용을 쓴 노란색 종이 한 장을 나에게 내밀었다. 그 종이를 잃어버린 것이 후회스럽다. 그 종이는 내 마음에 평화를 주었고, 또 필요할 때 친구가 어떻게 도움을 주는지를 보여주는 종이였다. 손에 쥔 노란색 종이 한 장으로 나는 포도들이 안전할 것이라는 믿음을 갖게 되었다.

수확이 다가왔다. 동부 해안에서 선적한 특수 전기 패널이 두 달 만에 도착했는데 주문한 물건이 아니었다. 벌써 9월 1일이었고, 모든 준비는

80회 생일에 마그릿 비버와 로버트 몬다비와 함께

기공식에서 몬다비와 오스틴과 함께

완료되었는데 전기가 없다니. 정말 위기였다.

나는 망연자실하여 전기공을 불러 서부 해안에서 맞는 패널을 구할 수 있는지 찾아보라고 했다. 다행히도 살리나스에서 패널을 구할 수 있었고, 포도가 도착하기 바로 전에 설치할 수 있었다.

로버트 몬다비가 옳았다. 우리는 해냈다. 파쇄기/가지 제거기와 압착기, 탱크가 준비되었고 새 건물에 설치하였다. 그러나 지붕이 끝나지 않아 플라스틱 커버로 서까래를 덮었다. 1977년 9월 5일, 그르기치 힐스에서 처음으로 포도를 파쇄했다. 존 한나의 샤르도네였다.

세계 어디에서나 포도를 재배하고 와인을 좋아하는 사람들은 축제를 즐기는 것 같다. 수확기는 일 년 중 가장 바쁠 때이긴 하지만, 포도를 키워 온 몇 달 동안의 노고를 자축하는 때이기도 하다.

크로아티아 데스네에서 열리는 축제는 매우 단순했다. 11월 11일 세인트 마틴스 데이St. Martin's Day가 가장 큰 축제일이며, 그날 햇와인의 테이스팅이 처음으로 시작된다. 모든 주민들은 새로 만든 와인을 이웃과 나누며 맛난 음식을 먹고 노래하고 춤춘다.

데스네에서는 사제가 첫 포도를 축복하는 것이 전통이었으며 수확의 시작을 알리는 일상적인 일이었다. 그르기치의 첫 축전은 세인트헬레나 성당의 조지 아지즈 신부님이 집전했다. 그는 포도와 모인 사람들에게 성수를 뿌리며 축복했다. 데스네에서 어린 시절을 보낼 때 신부님이 우리 가족들을 축복했던 장면이 연상되었다. 정말 영광스런 날이었고 천국에 있는 것 같은 느낌이었다.

그리기치 힐스에서는 첫 축전 이후 매년 가을에 수확에 대한 감사 기도를 드린다. "위대한 와인을 만들기 위해서는 위대한 포도가 있어야 한다."라는 옛말은 언제나 진리이며, 매년 신부님을 초청하여 첫 포도 더미

지붕 없는 셀러, 문 밖으로 샤토 몬텔레나에서 산 압착기가 보인다.

1977년 9월 5일. 그르기치 힐스 첫 포도 도착

포도를 내리는 것을 보고 있는 오스틴 힐스와 나

에 축복을 내리는 것도 이 때문이다. 그르기치 힐스 직원들과 손님들은 와이너리에서 수확을 축하하는 오찬을 함께 하며, 일 년 동안 해온 일들을 돌아보고 앞으로 할 일에 대해서도 의견을 나눈다.

1977년 이후로 그르기치 힐스에서는 매년 7월 4일에 축제를 연다. 미국과 크로아티아를 축복하고, 미국과 크로아티아 음식을 먹고, 미국과 크로아티아 음악을 듣고 춤을 춘다. 나는 저 먼 나라에서 온 이민자이며, 나보다 먼저 왔던 모든 이민자들처럼 신세계에 정착했다. 또한 내 이름을 걸고 와이너리를 만들겠다는 목표를 성취했다. 미국인들이 자유와 독립을 축하하는 이 날에 나도 자유와 독립을 축하하게 되었으니 더욱 감회가 깊은 날이다.

7월 4일은 양국의 가장 기쁜 날을 결합하는 날이며, 또 애국심을 고취시키기에 이보다 더 좋은 날은 찾을 수 없을 것이다.

페스티발 전야 크로아티아 민속춤 공연

대지의 어머니가 이 아름다운 샤르도네를 맺게 하셨으니, 나는 자랑스러운 아버지가 된 느낌이다.

A Glass Full *of* Miracles

~

성공을 향한 열정

그르기치 힐스 셀러 문앞에서

15

샤르도네의 왕

 자유를 찾아 미국으로 떠난 꿈과 나의 기업을 운영하려는 꿈은 1977년에 현실로 다가왔다. 나는 나파 밸리에 땅을 소유했을 뿐만 아니라 와이너리도 설립했다. 아버지로부터, 또 아버지가 할아버지에게서 배운 모든 것, 자그레브 대학에서 배운 지식들, UC 데이비스, 리 스튜어트, 티모시 수사, 앙드레 첼리스체프, 로버트 몬다비에게서 습득한 모든 지식들이 바탕이 되어 드디어 나의 꿈이 실현될 수 있었다.

 열네 살에 상점 점원으로 일했던 때부터, 유령의 집 같던 샤토 몬텔레나에서 와이너리를 재건하며 와인 메이커로 성숙했던 내 인생의 모든 경험들이 주마등처럼 스쳤다. 운이 좋았던 것일까? 하나의 교훈이 떠올랐다: "행운은 준비된 사람이 기회를 만났을 때 찾아온다."

 그르기치 힐스의 새 셀러에서 첫 빈티지를 만든 후에야 나는 와이너리를 설립하는 두려움에서 벗어날 수 있었다. 첫해에는 1백 톤의 포도를 매입했는데 60톤은 나파에서, 40톤은 소노마에서 샀다. 리슬링도 30톤을 사서 와인을 만들었다. 리슬링은 6개월이 지나 판매할 수 있었으며, 샤르도네는 더 오래 걸렸다.

회사는 힐스 셀러스Hills Cellars에서 병입한 오스틴 힐스 라벨의 1976 샤르도네와 1976 리슬링을 매입하여, 바로 판매가 가능하도록 했다. 1976년에 매입한 진판델 벌크 와인은 와이너리에서 숙성시켜 1979년에 판매할 예정이었다.

1977년 11월 1일 테이스팅 룸을 오픈하여 오스틴 와인을 팔기 시작했다. 나는 10달러에 테이블을 하나 사서 테이스팅 룸의 카운터로 사용했다. 수년 동안 그 테이블에서 수백만 달러의 와인을 팔았으니 투자를 정말 잘한 것이다.

나는 와이너리의 성장을 위해 조심스럽게 보수적으로 계획을 세웠다. 처음에는 와이너리에서만 와인을 팔았다. 다음에는 가장 가까운 러더퍼드 북쪽 세인트헬레나에서 판매를 시작했다. 와인이 잘 팔리자, 13마일 남쪽의 나파로 내려갔다. 나파에서 성공적으로 판매되자 45마일이나 떨어진 샌프란시스코까지 진출했다.

와이너리에서 이윤을 남기려면 최소 5년에서 10년 정도는 걸린다. 첫해에는 시작한 지 두 달밖에 되지 않았고 시설에 경비가 너무 많이 들어갔기 때문에 4만9천 달러의 적자가 났다. 그러나 1978년에는 모두 회복되었으며 이윤까지 남겼다. 그 후로 이윤은 점점 늘어났으며 적자는 전혀 없었다. 은행 빚도 없었고 잔고도 남아 있었다. 나뿐만 아니라 와인 사업에 종사하는 누구라도 이런 일은 기적이라고 생각했을 것이다.

사실 사업상 이 지점에 도달하기까지는 먼 길을 걸어왔다. 나의 목표는 균형이 잡히고 우아하며 오래 가는 와인을 만드는 것이었다. 초기의 판매 실적으로 우리는 바른 길로 가고 있다는 확신을 가졌다. 고객들은 특히 나의 샤르도네를 좋아했으며 판매는 늘어나고 있었다. 나는 곧 그르기치 힐스 샤르도네가 성공의 가도를 달리고 있다는 확신을 다시 갖게 되었다.

1980년에 크리스 커닝햄Chris Cunningham에게서 편지가 왔다. 그는 남부 캘리포니아 코스타 메사Costa Mesa의 오렌지 카운티 와인 협회 회장이었는데, 오렌지 카운티 축제의 연례 와인 대회에 출품할 와인을 3병 보내줄 수 있는가 물어왔다. 이 지역은 미국에서 와인 소비가 가장 많은 지역으로 부상했으며, 1976년부터 와인을 감정하고 즐기는 문화를 발전시키는 목적으로 와인 대회는 축제의 일부가 되었다.

오렌지 카운티 축제는 해마다 성장했다. 1980년에는 13종의 와인이 테이스팅에 출품되었다. 슈냉 블랑 드라이와 오프 드라이, 게뷔르츠트라미너, 소비뇽 블랑, 샤르도네, 블랑 드 누아, 프티 시라, 카베르네 소비뇽, 피노 누아, 진판델, 드라이 레이트 하비스트 진판델, 스위트 레이트 하비스트 진판델, 드라이 셰리였다.

오렌지 카운티 대회장에는 와인 전문가와 포도 재배자, 와인 메이커, 와이너리 대표들이 참석하여 와인을 블라인드 테이스팅 했다. 점수는 업계의 인정을 받은 UC 데이비스에서 만든 20점 만점 체제를 사용했다. 모든 와인은 지역 시장에서 판매했다.

와인은 소비자가 비교하기 좋도록 가격대를 저가, 중가, 고가premium 와인의 세 단계로 나누었다. 나는 상점에서 병당 12달러에 판매하는 프리미엄 급의 1977 그르기치 샤르도네를 보냈다.

심사위원은 도멘 샹동Domaine Chandon의 도나인 샘플Dawnine Sample, 샤토 세인트 진Ch. St. Jean의 리처드 애로우드Richard Arrowwood, 로즈 앤 엘우드 와이너리Llords & Elwood Winery의 리차드

1980년 11월 9일 〈시카고 트리뷴〉

엘우드Richard Elwood, 스택스 립 와인 셀러스Stag's Leap Wine Cellers의 워렌 위니아스키Warren Winiarski였다. 우리는 골드 메달을 받았는데, 그르기치 힐스로서는 처음 받는 골드 메달이었다.

규모가 더 큰 시카고 샤르도네 대전The Great Chicago Chardonnay Showdown도 곧 열릴 예정이었다.

1980년에 〈시카고 트리뷴Chicago Tribune〉의 와인 기자인 크레이그 골드윈Craig Goldwyn이 샤르도네 대전을 주최했다. 스코키Skokie에 있는 쉐퍼즈 와인 앤 리큐어Schaefer's Wines and Liquors와 시카고의 솔로몬즈Solomon's, 리버데일Riverdale의 솔라즈Sola's와 함께였다. 세계의 유명 와인 메이커들이 이 역사적인 대회에 초대되었으며 와인을 출품했다. 모두 221개 샤르도네가 세계 곳곳에서 시카고로 모여들었다. 단일 품종으로 개최하는 블라인드 테이스팅으로는 최대 규모였다.

골드윈은 "시카고 샤르도네 대전"이라는 제목으로 "참가 와인은 세계 최고의 화이트 와인을 만드는 샤르도네 단일 품종이며, 프랑스와 캘리포니아뿐 아니라 뉴욕, 워싱턴, 불가리아 등에서도 참가했다."라고 보도했다.

심사위원은 시카고, 뉴욕, 미시간에서 초청된 전문가들이었다. 패널리스트는 다음과 같았다.

- 에드워드 로버트 브룩스Edward Robert Brooks, "구어메 온 더 고Gourmet on the Go", 시카고
- 패트릭 피건Patrick W. Fegan, 〈시카고Chicago〉 잡지 와인 칼럼 기고가
- 조세프 글룬츠Joseph Glunz, 루이 글룬츠Louis Glunz, Inc. 부회장,

링컨우드, 일리노이

- 머나 그린스팬Myrna Greenspan, 유니언 리큐어 컴퍼니Union Liquor Company, 와인 하우스 영업이사, 시카고, 일리노이

- 존 하트John Hart, 시카고 와인 컴퍼니Chicago Wine Company, 우드데일, 일리노이

- 제럴드 허시Gerald A Hirsch, 커스텀 하우스 와인 머천츠Custom House Wine Merchants, 스코키, 일리노이

- 데나 킬러Dana Keeler, 불리 힐 빈야즈Bully Hill Vineyards 셀러 마스터, 해먼즈포트, 뉴욕

- 노브 미즈비키Norb Mizwicki, 와인 강사, 파크 리지, 일리노이

- 미론 나이팅게일Myron Nightingale, 베린저 빈야즈Beringer Vineyards 와인 메이커, 세인트헬레나, 캘리포니아

- 닐 오브라이언Neil O'Brien, 라 투르La Tour 레스토랑 와인 디렉터, 소믈리에, 시카고, 일리노이

- 레너드 올슨Leonard Olson, 테이버 힐 빈야즈Tabor Hill Vineyards 와인 마스터, 뷰캐넌, 미시간

- 리차드 피터슨 박사Dr. Richard Peterson, 몬터레이 빈야드Monterey Vineyard 와인 메이커, 곤잘레스, 캘리포니아

- 맥스 폰더Max Ponder, 아마네티 와인 앤 리큐어Armanetti Wines and Liquors, 시카고, 일리노이

- 스털링 프랫Sterling Pratt, 쉐퍼즈 와인 앤 리큐어Schaefer's Wines and Liquors, 스코키, 일리노이

- 로렌스 레트너Laurence Ratner, 코노서 와인Connoisseur Wines Ltd 와인 디렉터, 시카고, 일리노이

- 모리스 로스Maurice L. Ross, Jr., 유니언 리큐어Union Liquor Company 와인 하우스 부회장, 시카고, 일리노이
- 조지 쉐퍼George Schaefer, 쉐퍼즈 와인 앤 리큐어Schaefer's Wines and Liquors 소유주, 스코키, 일리노이
- 론 세노프Ron Senoff, 레드 애로 와인 앤 리큐어Red Arrow Wines and Liquors 소유주, 시카고, 일리노이
- 하워드 실버맨Howard Silverman, 샘즈 와인 웨어하우스Sam's Wine Warehouse 와인 컨설턴트, 시카고, 일리노이
- 레너드 솔로몬Leonard Solomon, 솔로몬즈 와인 앤 리큐어 Solomon's wines and Liquors, 시카고, 일리노이
- 짐 스틸Jim Steele, 솔라즈 리큐어Sola's Liquors 와인 디렉터, 리버데일, 일리노이
- 데니스 스티크Dennis Styck, 유니언 리큐어Union Liquor Company, 와인 하우스 영업부장, 시카고, 일리노이
- 낸시 베르시노Nanci Versino, 와인 컨설턴트, 시카고, 일리노이
- 릭 워드Rick Ward, 로버트 몬다비 와이너리Robert Mondavi Winery 중서부 지역 매니저
- 에드 와츠키비츠Ed Wawszkiewicz, 미생물학자, 전 마운트 에덴 빈야즈Mt. Eden Vineyards 컨설턴트, 시카고, 일리노이
- 줄리어스 와일Julius Wile, 줄리어스 와일 앤 선즈Julius Wile and Sons Co., 스카즈데일, 뉴욕

테이스팅은 2부로 나뉘어 진행되었다. 처음은 '가격대별 경연'으로 각각 다섯 명의 심사위원이 다섯 개의 패널을 구성했다. 다음은 '결승전'으

로 심사위원 열 명을 다시 구성하여 최고점을 받은 19개 와인을 가격에 상관없이 심사했다. 시카고 샤르도네 대전의 우승 와인은 다음과 같았다.

- 샤르도네 소노마Chardonnay Sonoma 1977, 그르기치 힐스 셀러 Grgich Hills Cellar
- 본Beaune '클로 데 무쉬Close des Mouches' 1978, J. 드루앵J. Drouhin
- 피노 샤르도네Pinot Chardonanay, Napa Valley 1974, 하이츠 셀러스Heitz Cellars
- 샤르도네 알렉산더 밸리Chardonnay Alexander Valley 1977, 시미 와이너리Simi Winery
- 샤르도네 캘리포니아Chardonnay California 1978, 샤토 몬텔레나 Chateau Montelena
- 뫼르소 프르미에 크뤼 '주느브리에르Genevrières' 1978, A. 로피토 A. Ropiteau
- 샤사뉴 몽라셰Chassagne Montrachet '모르조Morgeaot' 1978, 포넬르Ponnelle
- 샤르도네 소노마Chardonnay Sonoma 1978, 드라이 크릭 빈야드 Dry Creek Vineyard
- 슈발리에 몽라셰Chevalier-Montracher 1978, M. 니엘롱M. Niellon
- 퓔리니 몽라셰Puligny-Montrachet 1978, 루이 자도L. Jadot
- 샤르도네Chardonnay 1978, 잉글눅 빈야즈Inglenook Vineyards
- 샤르도네Chardonnay '클레르 드 륀Claire de Lune' 1978, 아시엔다 와인 셀러스Hacienda Wine Cellars
- 마콩 블랑 빌라주Mâcon Blanc Villages 1978, L. 자도L. Jadot

- 바타르 몽라셰Bâtard-Montrachet 1978, M. 니엘롱M. Niellon
- 프티 샤블리Petit Chablis 1979, 랑블랑Lamblin
- 마콩 빌라주Mâcon Villages 1978, G. 뒤뵈프Duboeuf
- 푸이 퓌세Pouilly-Fuissé 1978, 샤토 드 보르가르Ch. de Beauregard
- 마콩Macon '생 루이Saint Louis' 샤르도네Chardonnay 1977, B&G
- 부르고뉴 블랑 쉬페리외르Bourgogne Blanc Supérieur 1977, 드르와지DeLoisy

"챔피언은 미엔코 마이크 그르기치의 샤르도네 소노마Chardonnay Sonoma 1977(18달러)이 차지했다." 대회가 끝났을 때 크레이그 골드윈이 보도했다. "그의 새 와이너리에서 처음 생산한 빈티지가 프랑스의 최고 와인을 다시 제쳤다."

골드윈의 기사는 아주 만족스러웠다.

"그르기치는 1976년 파리에서 6개의 캘리포니아 와인과 프랑스의 가장 유명한 4개의 부르고뉴 화이트가 경합을 벌였을 때도 최고점을 받았다. 당시 미국이 독립 2백 주년을 맞는 고조된 분위기에서, 실제로 모든 미국 신문들이 그르기치의 승리를 대서특필했으며 미국 와인의 시대가 도래할 것이라고 예견했다."

집에서 가까운 동네에 사는 한 신문 기자도 시카고 대전과 오렌지 카운티 축제에 대한 기사를 썼다. 1980년 12월 7일 〈발레호 타임스 헤럴드Vallejo Times-Herald〉 제리 미드Jerry Mead의 기사였다.

"시카고 트리뷴 독자가 아니면 '시카고 샤르도네 대전과 결선'이라는 말은 들어본 적이 없을 것이다."

그는 경연 대회를 설명한 후 "우승 와인은 실제로 아주 특별한 이야기

중 일부분이다. … 1976년 스티븐 스퍼리어는 파리에서 잘 알려지지 않은 와인상이었다. 그는 샤르도네 포도로 만든 유명한 프랑스 와인 몇 개와 비슷한 수의 캘리포니아에서 생산된 와인을 비교 테이스팅 하는 자리를 마련했다. 심사위원은 모두 프랑스인이었다."

"테이스팅에서 캘리포니아 와인이 이겼고, 국제적인 관심을 받게 되었다. 프랑스 심사위원 몇 명은 본인의 채점표를 회수하려고도 했으나 마지못해 주저하며 제출할 수밖에 없었다. 내가 과장해서 하는 말은 아니다."

"우승 와인은 나파 밸리의 샤토 몬텔레나 샤르도네였다. 와인 메이커는 정이 많고 키가 작은 미엔코 마이크 그르기치였는데, 이름도 어려워 식자공을 난감하게 했다."

"그르기치가 '시카고 샤르도네 대전'에서 또 한 번 우승을 했다. 이번에는 자신의 와이너리인 나파 밸리의 그르기치 힐스에서 생산한 와인이며, 새 와이너리의 지붕 아래에서 출시한 첫 빈티지였다. 가끔 와인 대회를 신뢰하지 못하고 우승에 의문을 갖기도 하는데, 1977 그르기치 힐스 샤르도네는 그해 오렌지 카운티 축제에서도 역시 골드 메달을 수상했다. 경쟁이 심한 대회에서 한 번의 우승은 요행이라고도 할 수 있으나, 두 번이나 이어 최고 대회에서 우승했으니 아무리 냉소적이라고 하더라도 인정할 수밖에 없을 것이다."

1980년 11월 17일 크레이그 골드윈Craig Goldwyn은 〈시카고 트리뷴 *Chicago Tribune*〉칼럼 "포도나무"에 "세계 최고의 샤르도네"라는 기사를 쓰며 나에게 물었다. "도대체 비밀이 무엇입니까? 어떻게 하면 세계 최고 샤르도네를 만들 수 있는지요?"

"포도나무는 마음에서 우러나오는 사랑으로 키우고, 와인은 자연 상

러더퍼드의 오스틴 집에서 샤르도네로 승리의 축배를 들고 있다.

태를 그대로 유지시키려고 합니다. 가공하지 않고, 원심분리도 하지 않고, 여과도 하지 않습니다."

"완벽한 와인을 만들기 위해서는 컴퓨터가 있어야 한다고 생각하지만, 나는 컴퓨터는 잊어버리려고 합니다. 나는 와인 메이커가 아니며, 와인을 아기처럼 돌보는 와인 시터wine sitter라고 할 수 있어요. 와인을 보살피지요. 와인은 좋은 환경을 만들어 주면 저절로 좋은 와인이 됩니다. 나에게는 와인이 과학이기보다는 예술입니다. 하지만 머릿속에는 필요할 때는 언제나 꺼내 쓸 수 있는 과학 지식이 들어있어요."

1980년에도 나는 그렇게 느꼈지만 지금도 마찬가지이다. 오늘도 나는 와인 시터이며 예술적으로 와인을 만든다고 말하고 싶다. 크레이그 골드윈이 쓴 기사는 액자에 넣어 그르기치 힐스의 역사관에 걸어두고 있다.

'시카고 샤르도네 대전'과 오렌지 카운티 축제에서 우승은 파리의 심판이 단순한 사고가 아니었다는 것을 증명했다. 나는 '샤르도네의 왕'이라는 애정 어린 이름으로 불리게 되었다. 왕이라고 불린다고 상상해 보라. 나는 이 세상의 꼭대기에 앉아있는 느낌이었다.

시카고 대전 이후 우리는 그르기치 힐스 샤르도네를 팔 때 1인당 할당량을 정해야 했다. 생산량을 늘릴 때까지는 한 해에 3상자로 제한했으며, 고객의 수요에 맞추기까지는 15년이 걸렸다.

그르기치 힐스의 평판이 올라가자 우리는 와인 목록을 늘여갔다. 1979년에는 첫 소비뇽 블랑을 로버트 몬다비 스타일로 만들어 출시하며 퓌메 블랑Fume Blanc이라는 이름으로 불렀다. 소비뇽 블랑이 보르도에서는 주 화이트 품종이지만, 당시 미국에서는 품질이 좋지 않아 별로 평판도 좋지 않았다.

1984 퓌메 블랑을 처음 출시하며 흥분한 모습

몬다비는 프랑스 루아르 벨리Loire Valley에서 생산되는 깔끔하고 우아한 소비뇽 블랑 와인인 '푸이 퓌메Pouilly Fumé'에서 영감을 받았다. '퓌메'는 오크 통에서 숙성되었다는 뜻이다. 또 로버트는 미국인에게는 소비뇽 블랑보다는 퓌메 블랑이 더 발음하기 쉽다고 생각했다.

1984년에는 1980년 빈티지 카베르네 소비뇽을 처음 출시했다. '레드 품종의 왕'인 카베르네 소비뇽은 나파 밸리에서 가장 많이 재배되는 품종이다. 나파는 긴 여름 동안 건조한 날씨가 계속되어 포도가 충분히 성숙할 수 있는 좋은 기후 조건을 갖추고 있다. 1994년에는 딸의 이름인 바이올렛Violet을 따서 비올레타Violetta라는 라벨로 스위트 와인을 출시했다. 2002년에 마지막으로 그르기치 힐스에서 출시한 와인은 메를로였는데 1999년 빈티지부터였다.

그동안 나를 놀라게 했던 사건들이 계속해서 일어났다. 1981년에는 백악관에서 나의 1979 샤르도네를 스페인의 후안 카를로스Juan Carlos 왕 만찬에 올렸다. 다음 해 레이건 대통령은 같은 빈티지를 파리의 미국 대사관에서 베푼 프랑수아 미테랑 대통령을 위한 만찬을 위해 공수했다. 1983년에는 캘리포니아를 방문한 영국 엘리자베스 2세 여왕을 위해 스탠포드 대학 총장인 도널드 케네디Donald Kennedy가 베푼 만찬에 나의 1978 샤르도네가 올랐다.

왕과 여왕, 대통령들이 크로아티아의 작은 마을 양치기 소년이 만든 와인을 마시고 즐긴다니 얼마나 놀라운 일인가?

시카고 샤르도네 대전이 열렸던 1980년에는 와이너리가 너무 바빠 승리를 자축할 시간이 없었다. 1976년 '파리의 심판'처럼 잘 알려지지도 않아서 35년이 지난 후에야 대 축하연을 열게 되었다. 드디어 내가 '세계 최고 샤르도네'를 만든 장본인이라는 것을 세상에 공표하게 되었다.

DINNER

Loup de mer flambé au fenouil
Riz au safran

Selle d'agneau Richelieu
Bouquetière de légumes

Salade à l'estragon
Brillat-savarin

Bavarois Plombière Coulis de framboise

Grgich Hills
Chardonnay 1979

Martha's Vineyard
Heitz
Cabernet Sauvignon 1974

Domaine Chandon
Brut Special Reserve

AMERICAN EMBASSY
RESIDENCE

Paris, France
Thursday, June 3, 1982

Le Président de la République Française
and Madame Mitterrand

파리의 미국 대사관에서 열린 만찬 메뉴

March 30, 1983

Dear Mr. Grgich:

Nancy and I were very pleased to learn about
your generous contribution to the festivities
in honor of Her Majesty Queen Elizabeth II.
The visit was a memorable occasion for all of
us, and we deeply appreciate your gesture of
friendship and goodwill.

With our warm appreciation and best wishes,

Sincerely,

Ronald Reagan

Mr. Miljenko Grgich
c/o Grgich Hills Cellar
Post Office Box 450
Rutherford, California   94573

레이건 대통령의 편지

2015년에 시카고와 나파에서 두 번의 축하연이 열렸다. 시카고에서는 람 에마뉴엘Rahm Emanuel 시장이 2015년 5월 7일을 '시카고 샤르도네 대전'의 날로 정했다. 우리는 시카고의 존 핸콕John Hancock 센터 97층 시그니처 룸에서 갈라 디너를 열었다. 명예 내빈은 1980년 대회를 조직하고 결선 심사를 했던 〈시카고 트리뷴〉의 크레이그 골드윈 기자였다.

크로아티아도 나와 함께 축하해 주었다. 내빈 중에는 크로아티아 출신인 시카고의 대주교 블라스 제이 쿠피치Blase J. Cupich, 일리노이 레스토랑 협회 회장 샘 토이아Sam Toia, 재미 크로아티아 대사 요십 파로Josip Paro, 크로아티아 시카고 영사 옐레나 그르치츠 폴리츠Jelena Grčić Polić, 시카고 불스의 크로아티아 선수 토니 쿠코츠Toni Kukoč와 이비차 두칸Ivica Dukan이 참석했다. 딸 바이올렛은 시카고 시의 열쇠를 증정받고 흥분했으며, 자랑스러운 그 순간에 크로아티아계 미국인들을 위한 시장의 선언서를 낭독했다.

나파로 돌아와서 바이올렛과 나는 130명의 내빈을 초대하여 두 번째 갈라 파티를 열었다. 미연방 의회 마이크 톰슨Mike Thompson 의원은 테이스팅 35주년을 기념하는 의회 상패를 수여했다. 주의회 의원인 빌 도드Bill Dodd, 나파 카운티 고문인 디안 딜런Diane Dillon이 참석했으며, 캘리스토가 시장인 크리스 캐닝Chris Canning과 나의 친구들이 참석했다.

또 다른 특별 손님은 그룹 레터맨The Lettermen의 창립 멤버이면서 크로아티아의 오랜 친구 토니 부탈라Tony Butala였는데, 나의 크로아티아 애창곡인 세레나데 "불가능한 꿈The Impossible Dream"을 불러주었다. 크로아티아는 조그마한 나라이지만 우리는 기쁨을 함께 나누는 넓은 마음을 갖고 있었다.

제임스 비어드 파운데이션James Beard Foundation 회장인 수잔 웅가로Susan Ungaro도 나파 만찬에 참석했다. 그녀는 미엔코 마이크 그르기치의 아메리칸 드림 장학회에 대해서 언급했다. 우리는 제임스 비어드 파운데이션과 함께 이 나라가 나에게 베푼 것처럼, 젊고 유망한 와인 전문가들에게 성공의 기회를 주기 위해 재단을 만들었다. 수십 년에 걸쳐 맺어진 친구들을 만나 기뻤고, 또 그르기치의 성공을 이어가기 위해 많은 노력을 하는 딸이 곁에 있어 무척 기쁜 날이었다.

그러나 무엇보다 대단했던 것은 세계 최고로 알려진 1977년 그르기치 힐스 샤르도네가 그때까지 남아 있었던 것이다. 우리가 그 와인들을 테이스팅 하는 신문 기사도 났다. 와인은 아직도 생생했으며, 남아있던 샤르도네 두 상자는 정말 축하를 받을만한 와인의 큰 승리였다.

마이크 톰슨 의원이 상패를 수여하고 있다.

1984년 포도 축전. 작은 기적들처럼 반짝이는 물방울이 보인다.

16

진주 목걸이

오스틴 힐스와 함께 그르기치 힐스를 시작했을 때, 나는 황량한 러더 퍼드 땅을 사서 와인을 만들겠다는 꿈밖에는 아무것도 없었다. 초창기에는 포도를 거의 외부에서 매입했지만, 와이너리가 점차 이윤을 남기게 되면서부터 포도밭을 사는데 투자할 수 있었다.

포도밭이 왜 그토록 중요할까? 최고의 와인은 최고의 포도에서부터 시작하기 때문이다. 좋지 않은 포도로 적당한 와인은 만들 수 있다. 그러나 나의 목표는 늘 최고 품질의 와인을 만드는 것이었다. 나파 밸리에는 훌륭한 포도를 생산하는 재배자가 많다. 하지만 포도밭을 직접 소유하고 포도나무를 직접 키우게 되면 가지치기부터 수확까지, 시작부터 끝까지 포도를 관리할 수 있다.

포도나무는 우리와 함께 대자연이 키운다고 진정 말하고 싶다. 대지의 어머니는 해마다 농부에게 놀라운 선물을 안겨 준다. 나는 어릴 때부터 대자연이 주는 선물인 햇빛, 비, 안개, 파도 등을 무한히 존경하는 법을 배웠다. 마지막 결정은 늘 대지의 어머니가 내린다.

우리가 러더퍼드에 처음 산 땅은 1820년에 정부가 멕시코인 마리아노 발레호Mariano Vallejo 장군에게 무상으로 불하한 광대한 땅 중 일부분이었다. 1831년 발레호 장군은 케이머스 랜초Caymus Rancho라는 넓은 땅을 조지 욘트George Yount에게 넘겼다. 그는 나파 밸리에 정착한 첫 외지인이었으며, 욘트빌Yountville은 1867년에 그를 기리면서 마을 이름이 되었다.

그르기치 힐스는 첫 포도밭으로 매입한 러더퍼드의 20에이커에 샤르도네 포도를 심었다. 1960년대는 처음 포도를 심기 시작하며 나파 카운티의 테루아에 대해 지식과 경험을 쌓아가는 시기였다. 나파는 작은 지역이지만 북쪽에서 남쪽까지 토양이나 기후에 놀랄 만한 차이가 있다.

나는 서늘한 기후에 맞는 샤르도네는 시원하고 바람이 부는 캐너로스와 아메리칸 캐년에 적합하며, 카베르네 소비뇽은 유명한 '러더퍼드 더스트Rutherford Dust'라 불리는 러더퍼드 지역에서 잘 자란다는 것을 알았다. 샤르도네에 좋은 땅을 발견한 후 러더퍼드 포도밭에는 주로 카베르네 소비뇽을 다시 심었고, 보르도 블렌딩에 필요한 프티 베르도Petit Verdot를 1퍼센트 심었다.

와이너리가 번성하면서 나는 마침내 나파 밸리에 처음 올 때부터 유심히 보아왔던 땅을 약간 살 수 있었다.

1958년에 나파에 온 후로 나는 3년 동안 자동차가 없었다. 그레이하운드 버스를 타고 마을 아래위로 다녔는데, 그 길은 욘트빌의 포도밭을 지나갔다. 호퍼 크리크Hopper Creek 근처였는데 조지 욘트가 나파 밸리에 처음 포도나무를 심었던 곳에서 멀지 않았다.

나는 욘트빌의 카베르네 소비뇽 포도나무들을 특히 유심히 보았다.

1959년에 심은 오래된 카베르네 포도나무, 욘트빌 빈야드

잉글눅 클론 카베르네 소비뇽으로 니바움Niebaum 카베르네 소비뇽 #29라고도 알려져 있었다. 러더퍼드의 유명한 잉글눅 빈야드Inglenook Vineyard에서 왔으며, 건강한 세인트 조지St. George 대목에 접목되어 필록세라에도 강했다. 나파 최고의 포도밭으로 자갈 위에 미사토가 덮였으며, 해가 잘 들고 배수도 완벽한 땅이었다.

어느 날 불도저가 이 포도나무들을 가로지르는 것을 보았을 때, 나는 마치 누구에게 이를 뽑히는 것 같은 심경이었다. 북에서 남으로 이어지는 두 개의 도로 중 29번 고속도로(다른 하나는 동쪽 언덕에 있는 실버라도 트레일Silverado Trail이다)가 욘트빌 마을을 통과하지 않도록 포도밭을 질러 직선으로 다시 길을 내고 있었다. 포도나무들이 길을 막고 있었기 때문에 베어 내고 있었던 것이었다. 나는 충격을 받았으며, 언젠가는 남아 있는 포도나무와 포도밭을 사려고 결심했다. 1959년에 재식된 포도나무들이었다.

드디어 포도밭이 매물로 나왔지만 너무 비쌌다. 나는 네 번이나 사려고 시도했지만 실패했고, 1984년 8월 마침내 성공했다. 그르기치 힐스는 욘트빌의 최고 카베르네 소비뇽 밭 79에이커의 소유주가 되었다. 1959년에 심은 옛날 포도밭과 1백 년 된 아름다운 빅토리아풍의 하얀 저택도 포함되어 있었다.

집은 보너스였지만, 나는 이 집에 특별히 애착이 갔다. 건물도 우아하고 멋지며 역사도 지니고 있었기 때문이다. 조지 욘트는 찰스 호퍼 Charles Hopper에게 땅을 팔았고, 호퍼는 29번 도로를 조성하는데 4에이커를 기증했다. 1871년에는 나머지 112에이커를 토머스 포버Thomas Fawver에게 팔았다. 포버는 포도나무를 심었으며, 1885년에는 포버 하우스라 불리는 이 집을 지었다.

욘트빌 빈야드, 지금은 '바이올렛즈 빈야드'. 1885년 지은 욘트빌의
빅토리아풍 저택에서 매년 7월 4일 주말에 와인 클럽 페스티벌을 개최한다.

1985년에 세인트헬레나에서 이 근사한 빅토리아풍 하우스로 이사를 했다. 내 평생 살아 본 적이 없었던 더없이 멋진 집이었다. 나파에 도착해 처음 샀던 세인트헬레나의 작고 마룻바닥이 찌그러진 집에서부터 얼마나 먼 길을 왔던가. 이런 집에서 산다는 사실로 나는 이제 미국인이 다 된 것 같은 느낌이었다.

나는 특히 위층 창문에서 바라보는 경치를 좋아했다. 포도밭의 위치는 이 동네에서 최고였다. 또한 1959년에 심은 세인트 조지 대목에 접목한 잉글눅 클론 포도나무들은 훌륭한 와인을 만들 수 있겠다는 믿음을 주었다.

포버 하우스는 16년간 나의 보금자리가 되었다. 손님들을 위한 방도 많았지만, 가장 추억에 남는 손님은 초대받지 않고 와서 머무는 손님들이었다. 지붕의 처마에는 벌들이 집을 지었는데, 벌집을 딴 곳으로 옮겼지만 벌떼들은 여전히 마당에 머무르며 황금빛 꿀로 집세를 대신했다.

나는 이 포도밭의 훌륭한 포도나무들을 사랑한다. 내가 알기로는 이 동네에서 두 번째로 오래된 카베르네 소비뇽 포도나무들이다. 오래된 나무들은 포도는 덜 열리지만, 열매가 정말 진하고 품질이 좋다. 나는 이 포도나무들의 향미가 너무 좋아 라벨에 따로 표기하기로 결정했다.

1991년에는 최고 포도밭의 포도를 따로 발효시켜, 욘트빌 셀렉션 카베르네 소비뇽 첫 빈티지를 출시했다. 첫 빈티지는 큰 찬사를 받았으며 연이은 빈티지들도 그만한 주목을 받았다. 나이든 나무도 사람처럼 나이만이 줄 수 있는 지혜를 가지게 되며, 젊음이 이루지 못하는 것을 성취할 수 있다. 와인과 여자는 나이 들수록 좋아진다. 그들을 과소평가하지 말자.

그르기치 힐스의 첫 샤르도네는 나파의 존 한나 욘트빌에 있는 디즈니 가족의 레트로 빈야드Retlaw Vineyard에서 매입한 포도를 블렌딩 했다. 하지만 나는 수익이 나자 샤르도네 포도밭을 물색하기 시작했다.

존 한나에게서 매입한 포도가 특히 마음에 들어 캐너로스 지역을 살펴보았다. 샌프란시스코 만에 인접하여 나파와 소노마 카운티에 걸쳐있는 캐너로스는 한 때 린컨 로스 캐너로스 스페인 랜드의 일부였다. 로스 캐너로스는 스페인어로 '숫양'이라는 뜻이며, 바람이 몰아치는 이 땅은 양을 키우는 목장이었다. 태평양의 시원한 바람과 얕지만 촘촘한 토양은 포도가 오래 나무에 달려 있게 하며 향미를 더 복합적으로 발전시킨다.

마침내 세바스티아니 가족이 팔려고 내놓은 땅을 찾았다. 이 땅은 옛날에는 포도를 심었던 땅이었지만, 1989년에 우리가 101에이커를 샀을 때는 아무것도 없었다.

포도나무를 심기 전에 나는 토양의 성분을 정확히 알기 위해 굴착기로 구덩이를 팠다. 2피트 정도의 갈색 미세 토양 아래 깨끗한 모래층이 있었다. 나는 후에 이 지식을 활용할 수 있었다. AxR1 대목의 포도나무를 심자 곧 필록세라의 징후가 보였다. 필록세라는 포도 뿌리에 기생하는 진딧물 같은 벌레이다.

필록세라는 모래에서는 살 수 없기 때문에, 나는 용수를 줄여 포도나무 뿌리가 수분을 찾아 토양의 모래층으로 깊이 들어가도록 했다. 포도나무는 계속 성장했다. 그르기치 힐스는 현재 나파 쪽 캐너로스 아펠라시옹에 샤르도네 73에이커와 메를로, 소비뇽 블랑, 카베르네 프랑 등을 재배하고 있다.

캐너로스에서 재배 성공에 따라, 나파 밸리 최남단에 있는 아메리칸 캐년 근처 포도밭도 물색했다. 1996년에 캐너로스 동쪽 술푸르 스프링스Sulphur Springs 산기슭에 땅 203에이커를 매입했다. 이 땅은 발레호 랜초 수스콜Vallejo's Rancho Suscol 장군이 받은 땅의 일부로 농사를 지

캐너로스 빈야드, 현재 '메리 리즈 빈야드'

은 적이 없었던, 가축들이 풀을 뜯던 곳이었다. 아메리칸 캐년은 캐너로스보다 약간 더 시원하고 바람도 강하다. 포도나무의 수세가 약하여 품질이 좋고 농축된 열매가 열린다.

이곳 토양은 사질 양토sandy loam, 점판암 위에 점질 양토clay loam 등 다양하며, 모두 포도에 좋은 토양이다. 언덕의 능선들도 빗물이 자연적으로 잘 빠지게 하여 뿌리가 젖기를 싫어하는 포도나무에는 이상적인 곳이다.

아메리칸 캐년 포도밭은 그르기치 소유 중 가장 넓다. 주로 샤르도네와 소비뇽 블랑을 심었으며, 메를로도 약간 심었고 포도밭의 가장 서늘한 곳에는 리슬링과 소비뇽 블랑, 게뷔르츠트라미너를 심었다. 이곳에서는 보트리티스botrytis / '노블 롯noble rot' 포도도 수확할 수 있어서, '레이트 하비스트Late Harvest' 와인을 만들 수 있다. 아주 농축된 향미의 스위트 와인으로, 딸 바이올렛의 이름을 따서 비올레타Violetta라는 라벨을 붙였다.

나는 포도밭 하나를 더 사기로 했다. 오래 전 1970년대에 샤토 몬텔레나에서 일할 때 포도를 매입했던 캘리스토가 서쪽의 포도밭이었다. 이 밭에는 진판델 포도나무가 자라고 있었는데 1백 년이 넘은 나무였다. 이 오래된 나무를 누가 심었는지는 아무도 몰랐지만 새싹들이 고목에서 자라고 있었다.

이 포도밭의 진판델은 내가 맛본 것 중 최고였다. 그만한 나잇값을 하고 있었다. 나는 포도밭이 매물로 나올 때까지 끈기 있게 기다렸으며, 1997년에 드디어 매입하게 되었다. 우리는 이곳 포도로 1998년에 미엔코즈 올드 바인 진판델Miljenko's Old Vine Zinfandel 첫 빈티지를 만들어 2001년에 출시했다.

미엔코즈 빈야드, 캘리스토가의 집 현관에서 보이는 세인트헬레나 산

그곳은 정말 아름답고 평화로우며 고요한 곳이었다. 참나무와 소나무가 포도밭을 둘러있고 동쪽으로는 웅장한 세인트헬레나 산이 보인다. 진판델과 산이 있는 이곳은 크로아티아의 고향 데스네와 깊이 연결되어 있는 것 같았다. 나는 이 포도밭을 크로아티아 이름인 미엔코즈 빈야드 Miljenko's vineyard로 이름을 지었다. 다른 어느 포도밭보다도 나는 이곳에서 뿌리를 찾은 느낌이 들었다.

여기에 진판델 포도나무가 있다. 진판델도 나처럼 분명 크로아티아에서 왔다고 그때도 지금도 나는 믿고 있다. 진판델이 산 그림자 아래 자라고 있었다. 그 산은 어린 시절 데스네에서 오르던 바비나 고밀라 산을 생각나게 했다. 나는 세인트헬레나 산이 보이는 포도밭 위쪽 숲속에 새 집을 짓기로 결심했다.

내 소유의 포도밭을 마련하고 포도나무를 심는데 20여 년이 걸렸다. 포도밭은 1977년 20에이커에서 2003년에는 366에이커로 늘어났다. 나파 밸리의 북쪽에서 남쪽까지, 모두 귀중한 보석 같은 최고의 포도밭들을 알알이 사들여 마침내 '진주 목걸이'를 엮어냈다. 이제 우리가 만드는 모든 와인은 직접 재배한 포도들로 충당할 수 있다.

2007년에는 와이너리 이름을 그르기치 힐스 이스테이트로 바꾸었고, 완벽히 자체 포도밭에서 재배한 포도로만 만드는 와인이라는 중대한 선언을 하게 되었다.

1980년대는 나파 전체가 발전하는 시기였다. 오스틴과 나는 천천히 그리고 확실한 성장 전략을 무리 없이 진행하고 있었지만, 나파 밸리는 빠르게 변하고 있었다. 와인 사업을 하려는 사람들이 몰려들어 땅값도 점점 더 올랐다.

바이올렛은 성장하여 나와 함께 포도밭과 셀러로 다녔고, 여름 방학에는 와이너리에서 일했다. 언젠가는 딸이 그르기치 힐스 이스테이트의 경영을 이어갈 것이었다. 나는 셀러와 실험실, 회계, 테이스팅까지 와이너리의 모든 일들을 가르쳤다. 내가 테이스팅 룸의 유리잔을 손으로 닦아야 한다고 고집하자 가끔 딸이 불평한 적이 있었다. "세척기를 사면 될 텐데요, 훨씬 더 효과적이에요"

나는 그때 딸에게 나의 젊은 시절 이야기를 잘 하지 않았다. 한참 후에야 내가 캐나다에서 미국으로 오기 위해 기다리며 지낸 외로운 시절의 이야기를 하게 되었다. 유리잔 닦는 법을 배우며 시작한 캐나다 생활에 대해 듣고 난 후 딸이 말했다. "아버지가 나에게 잔 씻기부터 시킨 이유를 이제야 이해하게 되었어요."

1983년 바이올렛은 캘리포니아의 UC 데이비스에 입학했다. 하지만 음악에도 재능이 있었다. 두 살 때에는 내가 옛날 데스네에서 소년 시절에 만든 것처럼 대나무로 작은 플루트를 만들어 주었다. 바이올렛은 그 플루트로 소리를 냈고, 한번은 플루트를 입에 물고 넘어져 아랫입술에서 입천장까지 찔리고 말았다.

내가 점심 식사를 하러 집에 오자 사고가 일어났다. 아내와 크로아티아에서 다니러 온 누나 리우비차는 겁에 질려 어쩔 줄 모르고 있었다. 다행히도 바로 병원으로 가서 의사는 파이프를 꺼냈고 치료는 잘 되었다. 그런 일도 있었지만 바이올렛은 음악에 계속 관심을 가졌고, 데이비스에서도 양조학과 동시에 음악도 공부했다. 인디애나 대학에 진학하여 음악 석사 학위를 받았다.

바이올렛이 학교에 다닐 때 우리 가족은 중요한 새 식구를 맞아들였다. 누나 네다의 손자인 이보 예라마즈Ivo Jeramaz였다.

이보도 나처럼 크로아티아에서 가족과 함께 와인을 만들며 자랐다. 하

세대를 블렌딩하며, 딸 바이올렛과 이보 예라마즈

러더퍼드 포도밭에서 대지의 어머니와 함께 일하는 이보 예라마즈

지만 와인 메이커가 될 생각은 없었으며 자그레브 대학에서 공학을 전공했다. 석사 학위를 마친 후에는 캘리포니아에서 일할 꿈을 갖고 있었다.

그는 1986년에 나파 밸리에 도착했다. 나는 그를 도울 수 있고, 또 와인을 알고 관심이 있는 친척과 즐거운 시간을 보낼 수 있어서 정말 기뻤다. 여러 날 밤을 빅토리아풍 집에서 늦게까지 그를 기다리기도 했다. 너무 늦어 집으로 살금살금 들어와 창문으로 기어오르는 것도 보았다.

피할 수 없는 일이었는지, 이보는 와인 양조에 매료되었고 진로도 바꾸게 되었다. 나는 통 세척 일부터 시작하여, 와이너리의 여러 일들을 차근차근 시키며 와인 메이커의 길로 그를 이끌었다. 가족의 전통을 잇는 일이며, 또 와인 만들기는 과학과 예술의 접목이라는 것을 잘 알고 있는 그는 나에게는 둘도 없는 중요한 협력자가 되었다.

이보는 그르기치 힐스에서 20여 년 동안 일하며 책임이 점점 늘어 갔다. 옛날의 지혜와 예술적 안목을 와인 만들기에 접목하며, 과학적인 기술과 기계의 도움도 받아들였다. 그는 와이너리와 포도밭에서 안 해본 일이 없는 유일한 사람일 것이다. 그것도 매일매일, 정말 모든 일을 다 해냈다.

셀러에는 또 한 명의 보물이 있었는데, 1981년에 양조 담당으로 온 게리 에클린Gary Ecklin이었다. 그는 오크 통 회전 장치OXO line를 도입하는 데 중요한 기여를 했다. 오크 통을 쌓아 돌리는 독창적인 방식으로, 예민한 '쉬르 리sur lie' 숙성 과정을 조심스럽게 다루는 시스템이다.

셀러 직원들은 이 시스템으로 60갤런의 오크 통을 규칙적으로 돌리고 화이트 와인의 통에 가라앉는 이스트와 '리lees(찌꺼기)'를 부드럽게 섞이게 했다. 이 방식은 와인을 공기에 노출시키지 않으면서 와인의 골격과 복합성을 더 향상시킬 수 있다.

1988년에는 바이올렛이 정식 직원으로 와이너리에 합류했다. 1980

년대 나파는 오르막과 내리막이 있었다. 필록세라가 덮친 많은 포도밭에서는 포도나무를 다시 심었다. 와인 매출은 항상 국가 경제의 영향을 받으니, 1980년 초반 경기 침체의 늪도 피해 갈 수는 없었다.

하지만 전반적으로 와인 산업은 강하게 발전하고 있었으며, 더구나 나는 딸과 함께 일할 수 있어 행복했다. 우리는 와이너리의 첫 10년을 잘 견뎌내었으며 번성하고 있었다.

다음에는 무슨 일이 기다리고 있을까? 나는 그 날이 그렇게 빨리 오리라고는 상상도 하지 못했다. 크로아티아에서 친척들을 데려오는 대신 내가 고향을 방문하게 된 것이다.

나의 와인 발자취를 계승하고 있는 바이올렛

1400년대 후반에 지은 자그레브의 세인트 마크 성당.
지붕 위 왼쪽은 크로아티아 트라이윤 왕국과 슬로베니아, 달마티아 문장, 오른쪽은 자그레브 문장

17

크로아티아로 귀향

1989년 11월 9일, 다시 내 인생을 바꾸는 세계적인 사건이 일어났다. 독일에서는 자유 서독과 공산 동독을 막고 있던 베를린 장벽이 무너졌다. 공산 유럽을 세계로부터 고립시켰던 철의 장막이 사라지며, 소련과 공산 치하의 위성 국가들은 혼란에 빠졌다. 체코슬로바키아, 헝가리, 폴란드, 불가리아, 루마니아는 자유 국가가 되었으며, 크로아티아도 자유를 얻게 되었다.

크로아티아는 자유를 열망하고 있었다. 나는 고향에서 멀리 떨어져 지내는 동안 고향의 가족, 친구들과 소식을 주고받았다. 그들은 늘 내 마음 속에 있었고 내 인생의 한 부분으로 자리 잡고 있었다. 하지만 내가 할 수 있었던 일은 조카 이보를 미국으로 오게 도와주는 정도뿐이었다. 나는 1970년대와 1980년대 공산 통치에 대한 불만과 사회적 불안에 대해 잘 알고 있었지만, 결국 자유를 찾을 수 있을까 의심스러웠다.

1차 세계대전 후 유고슬라비아와 합병되었던 크로아티아는 독립 운

동을 계속했다. 대부분 크로아티아인들은 12세기 크로아티아 왕국처럼 독립하기를 원했다. 1990년 4월에는 몇 개의 정당이 출현하여 첫 선거를 치렀으며, 크로아티아 독립 운동의 지도자인 프라뇨 투즈만Franjo Tudman을 대통령으로 선출했다.

한 달 후인 1990년 5월, 불가능할 것 같았던 일이 일어났다. 고향을 떠난 지 36년 만에 드디어 크로아티아로 돌아가게 된 것이다. 비행기에서 내려 고향 땅에 발을 딛자 내 가슴은 행복으로 벅차올랐다.

나는 우선 수도인 자그레브로 갔다. 남쪽의 내 집에서는 멀리 떨어진 곳이지만, 자그레브 또한 내 마음의 도시였다. 나는 여기서 4년 동안 학생 시절을 보냈으며, 아직도 자그레브에 살고 있는 친구들이 있었다. 친구들과의 좋은 추억들을 간직하고 있었던 나는 드디어 옛날을 회상하며 그들과 얼굴을 맞대고 웃고 얘기할 수 있었다.

공산주의가 몰락하고 고향 방문이 가능해진 후 바로 크로아티아로 돌아간 사람은 나뿐만이 아니었다. 내가 묵은 자그레브의 호텔에는 공산 치하에서 크로아티아를 떠났던 사람들이 1백 명도 넘게 묵고 있었다. 그곳은 너무나 흥분된 분위기였다.

마침내 그들은 고향으로 돌아왔다. 공산주의의 엄한 규율과 압박이 얼마나 이 나라를 고갈시켰는지도 알 수 있었다. 나 자신을 위해 일하지 않는다면 누구를 위해 일해야 한단 말인가? 일하는 목적이 무엇인가? 자유 없이 어떻게 행복과 번영을 찾을 수 있는가?

우리는 떠났지만 다시 돌아왔다. 우리 모두는 같은 생각을 갖고 있었다. 크로아티아를 위해서 할 수 있는 일이 무엇일까? 투즈만 대통령은 나를 오찬에 초대하며 차를 호텔로 보냈다. 대통령 궁에서는 그의 아내가 크로아티아 가정식을 대접했다.

데스네 마을의 미엔코 그르기치는 지금 크로아티아 대통령과 점심 식사를 하려고 대통령 궁에 앉아 있다. "크로아티아를 위해 할 수 있는 일이 무엇일까?" 나는 스스로에게 물었다.

"미국에서 무슨 일을 하십니까?" 투즈만 대통령이 물었다.

"와인을 만들고 있습니다."

"그러면, 여기에서도 와인을 만들 수 있지 않을까요? 우리는 더 나은 와인을 만들어야 합니다."

그렇다. 내가 크로아티아에서 할 수 있는 일이다. 멀리서 살던 동안 얻은 모든 지식과 경험을 고향으로 가지고 와서, 크로아티아 와인 메이커들이 더 좋은 와인을 만들 수 있도록 해야 한다. 나는 크로아티아에 현대식 와이너리를 설립하는 계획에 착수했다.

나에게는 늘 마음에 걸리는 문제가 하나 있었다. 자그레브 대학의 졸업장을 받을 수 있을까? 수십 년 전 자그레브를 떠날 때 대학 과정은 모두 마쳤으나 논문은 끝내지 못하고 독일로 갔다. 공식적으로 졸업장을 받게 되면 독일에 갈 서류가 허용되지 않았기 때문이다.

대학에 알아보았더니 대답은 충격적이었다. 미엔코 그르기치가 1950~1954년까지 자그레브 대학에 다녔다는 기록이 전혀 없다는 것이었다. 내가 사라져 버린 것이다. 공산주의가 어떤 것이라는 것을 보여주는 사건이었고, 나는 그때 떠나기를 잘했다는 생각이 들었다. 떠나지 못했다면 공산 치하의 많은 사람들처럼, 나도 어디론가 감쪽같이 사라져 버렸을 것이다.

이 일로 공산 치하의 삶을 다시 생각해 보게 되었다. 하지만 지금은 1954년 내가 떠날 때와는 다른 새로운 기운이 자그레브를 에워싸고 있었다. 낙관적인 분위기였으며 사람들은 흥분되어 있었고 미래에 대한 희망이 넘치고 있었다.

남쪽의 내 고향 집을 찾아갔다. 누나 네다 외에는 모든 형제 자매가 다 세상을 떠났지만, 아직도 데스네에는 그르기츠 가족들이 살고 있었다. 1945년 전쟁이 끝난 후, 형 미요Mijo는 데스네에 머물고 있었다. 언덕 위에 있던 세 채의 집은 독일이 파괴했고 돌담만 남아 있었다. 그래도 골조는 남아 있었으므로 미요는 아래쪽 우물 곁에 있는 돌집을 수리하고 지붕을 올리고 살았다. 딸 셋과 아들 한 명을 두었는데, 1990년 내가 찾아갔을 때 조카들을 만날 수 있어 너무 기뻤다.

데스네에서는 내가 어릴 때에도 이미 많은 사람들이 미국으로 이민을 갔다. 내가 여덟 살쯤이었을 때 존 메닥이라는 한 신사가 미국에서 살다 50여 년 만에 고향을 방문했다. 데스네의 가족과 친구들이 그에게 마을이 얼마나 많이 변했는지를 물었다. 그는 바비나 고밀라 산의 높은 봉우리를 가리키며 물었다. "저 봉우리 이름이 무엇이지요? 잊어버렸네요."

"예제바츠Ježevac입니다." 다른 사람들도 놀랐지만 나도 놀랐다. 어떻게 데스네에서 태어난 사람이 예제바츠를 잊을 수 있는가?

미국에 살다 36년 만에 고향에 돌아와 보니 나에게도 비슷한 일이 일어났다. 데스네 근처의 산봉우리들을 올려다보며 스스로도 놀랐다. 그 중 반쯤밖에 이름을 기억할 수 없었다. 또 데산스코 예제로Desansko Jezero 호수에 어릴 때 낚시를 하고 생선을 구워 먹던 작은 섬이 있었다. 놀랍게도 나는 그 섬 이름을 기억할 수 없었다. 누나가 놀라며 말했다. "골약Goljak이야."

그 섬 이름을 잊었다는 사실이 도저히 믿어지지 않았다. 존 메닥의 기억이 머리를 스치며, 어떻게 예제바츠를 잊을 수가 있었는지 도저히 믿을 수 없었던 그때가 생각났다. 하지만 지금 여기에 서 있는 나도 놀랍게

데산스코 예제로

같은 경험을 하고 있지 않은가. 데스네의 교회에 갔을 때도 만났던 사람들의 이름을 거의 기억할 수가 없었다.

데스네에서 집이 있었던 산으로 올라갔다. 지금은 돌 더미만 남아있고 난로가 있었던 곳에는 풀만 자라고 있었다. 어릴 때 부모, 친척, 이웃어른들이 주위에 모여 얘기를 나누었던 난로였다. 나는 얘기들을 재미나게 듣곤 했다.

그들은 모두 갔지만 나는 그들이 하던 얘기들을 기억하고 있다. 사막으로 간 사람의 이야기도 있었다. 그는 누가 이런 곳에 살고 싶어 할까하고 의아해했다. 노래하는 새들을 보며 물었다. "아무것도 없는, 물도, 언덕도, 초록색 나무도 없는 이곳에서 왜 노래를 하니?"

새가 대답했다. "이곳은 옛날에 내 부모가 살았던 곳이며, 또 그들의부모들, 조부모들도 모두 여기에서 노래했어요. 이곳은 제 조상들의 집이며, 또 내 집이지요."

물론 크로아티아는 사막이 아니다. 아름다운 자연이 있고 해안이 있고 섬이 있고 산이 있고 숲이 있으며 호수가 있는 곳이다. 또한 크로아티아는 나라를 사랑하는 사람들이 있으며, 그들의 부모들, 조부모들, 모든조상들이 살던 곳이니 더욱 의미가 있는 곳이다.

하지만 크로아티아에는 아직도 험난한 미래가 기다리고 있었다. 유고슬라비아로부터 독립을 선언했을 때, 유고슬라비아를 지배했던 세르비아는 크로아티아 자유주의자들과 전쟁을 벌였다. 그들은 크로아티아 안에 살고 있던 세르비아인들의 지원을 받았다. 전쟁은 오래 계속되었고 처참했다.

1995년에 전쟁이 끝났을 때는 수천 명이 죽었고 투옥되었다. 자그레브와 두브로브니크Dubrovnik같은 역사적인 도시들은 심각하게 파괴되었으며, 크로아티아에는 지뢰가 2백만 개 이상 묻혀 있었다. 크로아티아는 1천 년이 지난 후에야 드디어 나라를 되찾았다. 재건이 시작되면서 나는 새 와이너리를 세울 계획을 추진했다.

중앙에 그르기츠 비나 와이너리가 보인다. 뒤쪽 트르스테니크 마을

18

그르기츠 비나

1993년, 딸 바이올렛과 조카 이보 예라마즈의 도움을 받아 크로아티아에 와이너리를 지을 자리를 물색했다. 나는 미국에서 배운 신기술과 전문 지식을 활용할 수 있는 현대적인 와이너리를 짓고 싶었다.

마침 운 좋게도 친구 페로 폴리야니츠Pero Poljanić가 아이디어를 내어 쉽게 해결되었다. 페로는 펠레샤츠Pelješac 반도의 남쪽 해안에 있는 트르스테니크Trstenik에 살고 있었는데, 어린 시절 나의 집이 있던 곳에서 바다 건너편 마을이었다. 그는 트르스테니크 근처에 있는 카라울라Karaula라는 2층 돌로 지은 건물을 사라고 나에게 권했다.

크로아티아의 와인 역사는 매우 오래되었다. 기록에 의하면 예수가 탄생하기 몇 세기 전부터 포도가 재배되었다고 한다. 펠레샤츠 반도는 역사적으로 크로아티아에서 가장 좋은 포도 재배 지역으로 알려져 있다. 그 중 중요한 지역은 딩카츠Dingač와 포스툽Postup이며, 크로아티아의 토착 레드 품종인 플라바츠 말리Plavac Mali가 잘 자란다.

19세기 후반에는 필록세라가 유럽 전역의 포도밭을 덮쳤다. 특히 프랑스와 이탈리아에서는 포도와 와인이 심각하게 모자라는 상황이었다. 트르스테니크는 딩카츠와 포스툽에서 생산되는 와인을 이탈리아와 유럽 지역에 수출하는 중요한 항구였다.

펠레샤츠를 여행하며 포도밭을 가보지 않고 와인을 맛보지 않는다면, 파리에 가서 '모나리자'를 보지 않는 것과 같다는 말이 있다. 펠레샤츠 반도는 와인과 음식으로 유명하며 요즈음 농부들의 교육 수준은 크로아티아의 다른 어느 곳보다 높다.

트르스테니크는 인구가 100여 명 정도이며, 달마티아 남쪽 와인 지역의 역사적인 성곽 도시 두브로브니크에서 북쪽으로 차로 약 2시간 거리이다. 트르스테니크는 크로아티아 해안에서 가장 아름다운 마을 중 하나로, 아드리아해의 바닷물은 수정처럼 맑고 물고기들과 수중 생물들도 풍부하다.

카라울라는 1940년대에 근처 코르출라Korčula 섬에서 가지고 온 돌로 건축한 정부 소유 건물이었는데, 아드리아해를 경비하고 크로아티아 해안을 방어하는 군사 기지로 사용되었다. 후에는 방 32개의 휴양 시설로 개조되어 모스타르Mostar에 있는 비행기 공장의 정부 직원을 위한 리조트로 바뀌었다.

카라울라를 매입하여 이름을 바꾸고 개축 승인과 와이너리 허가를 받을 때까지 3년이 걸렸다. 친구 페로와 자그레브에서 변호사를 하는 또한 친구 이보 카타비츠Ivo Katavić의 도움이 컸다.

카라울라를 와이너리로 개조하니 포도밭의 아름다운 전경이 훨씬 더 돋보이는 것 같았다. 이보 예라마즈의 아버지이자 나의 조카인 스레츠코 예라마즈는 개축이 완성될 때까지 지켜보며 감독하는 일을 도맡았다.

트르스테니크 풍경

크로아티아에서 또 다른 파라다이스를 찾을 수 있었던 것도 하나의 기적이었다.

프리모르스카Primorska 해안 지역에 있는 딩카츠 와인 지역은 1961년에 크로아티아가 정한 최초의 와인 보호 구역이었다. 트르스테니크와 포도부체Podobuče 마을 사이에 위치하며 자브라다 산맥의 남서쪽 언덕을 마주하고 있다.

딩카츠와 포스툽은 투박한 석회암 토양으로, 부서져 내린 석회석limestone과 백운석dolomite 위에 표층토가 얇게 덮인 지형이다. 이 지역들은 위치가 독특하여 최고 품질의 플라바츠 말리를 생산해온 오랜 역사를 자랑한다.

포도나무들은 아드리아해를 바라보고 서 있으며, 가파른 언덕은 고급 와인 포도를 재배하는데 중요한 요소들을 모두 갖추고 있다. 아래 푸른 바다와 하얀 돌들은 햇빛을 잘 반사시켜 주며, 자갈 토양은 배수가 잘되기 때문에 뿌리가 젖는 것을 싫어하는 포도나무에는 이상적인 곳이다. 적당하게 내리는 비도 최고의 포도를 생산하는데 일조를 한다.

가파른 지형 때문에 개간은 항상 손으로 해야 했으며, 포도나무 이랑도 너무 좁아 기계가 비집고 들어갈 수도 없다.

딩카츠는 접근이 용이하지 않으며, 포톰예Potomje 마을 사람들은 포도밭을 일구기 위해 수세기 동안 당나귀나, 짐을 나르는 동물들을 타고 다녔다. 농부들에게는 정말 힘든 일이었고 효율적이지도 않았다.

1970년대 초에는 지역 포도 재배자들이 돈을 모아 산을 통과하는 단선 터널을 팠다. 1973년에 공사가 끝나, 포도를 딩카츠에서 터널을 통하여 와이너리까지 바로 수송할 수 있었다. 당나귀가 수확한 포도를 등에 지고 4백 미터 높이의 산길을 오르내리던 때가 옛날 일이 되었다.

반도의 해안을 따라 아주 좁은 외길이 있다. 2010년 5월 크로아티아에 갔을 때 친구 마리아와 이 시골길을 따라 운전했다. 정말 색다른 경험이었다. 왼쪽은 포도밭이 개간되는 산이었고 오른쪽은 아드리아해와 맞닿는 딩카츠 절벽이었다. 한 곳에서 나는 차를 멈추자고 했다.

차에서 내려 딩가츠 쪽으로 걸어갔다. 마리아는 45도 경사의 딩카츠 언덕과 아드리아해를 배경으로 사진을 찍었다.

길이 어디로 이어지는지는 몰랐지만, 나는 막연히 트르스테니크까지 갈 것이라고 생각했다. 우리는 계속 운전해갔고 모험은 계속되었다. 좁은 길은 트르스테니크를 내려다보는 가파른 쿠친Cucin 산의 남쪽에 있는 묘지를 통과했다. 마침내 마을의 경계에 있는 아름다운 자갈 해변이 나타났다. 우리는 트르스테니크를 지나 해안 길을 따라 그르기츠 비나 와이너리에 도착했다. 집이었다.

그르기치 비나 와이너리를 시작했을 때 사람들이 물었다. "마이크, 여기에서 돈을 벌 생각인가요?"

"아뇨, 그렇지만 돈을 잃지는 않을 겁니다." 내가 대답했다.

나는 크로아티아에서 전쟁의 황폐함을 경험했다. 크로아티아를 위해서 내가 원하는 단 한 가지가 있다면, 세계를 위해서도 마찬가지지만, 더 이상 전쟁은 없어야 한다는 것이다. 크로아티아는 고급 와인을 만드는 훨씬 더 즐거운 일에 힘을 쏟을 수 있어야 한다.

나는 최고의 설비와 기술로 크로아티아 토착 품종을 개발하고 와인의 종류를 늘여 외국에서도 품질을 인정받고 싶었다. 크로아티아 와인은 미국에서도 이미 판매되고 있었다. 하지만 유럽적인 성격이었고 가격도 미국 와인만큼 비싸지 않았다. 나의 목표는 지역 와인의 품질을 향상시키고 크로아티아 지역 품종만으로 세계 수준의 와인을 생산하는 것이었다.

처음 계획은 크로아티아의 최고 품종으로 레드와 화이트 두 종류만 생산하려고 했다. 레드 와인은 딩카츠와 포스툽 지역의 플라바츠 말리로 만들기로 했다. 플라바츠는 크로아티아어로 '블루'라는 뜻이며 말리는 '스몰'이라는 뜻이다.

플라바츠 말리는 달마티아 중부와 남부 바위가 많고 건조한 지역에서 번성한다. 곰팡이 균에도 저항력이 강하며, 껍질이 두껍고 알맹이는 단단하며 당도도 높고 산도는 적당하다. 우리의 플라바츠 말리는 펠레샤츠 반도의 산 위, 남쪽으로는 아드리아해를 바라보는 작고 가파른 밭에서 자란다.

다음 장에 플라바츠 말리에 대한 더 놀랄만한 이야기가 이어진다. 플라바츠 말리는 캘리포니아의 진판델 포도와 크로아티아의 클리예낙 카스텔란스키Crljenak Kaštelanski 포도와 관계가 있다.

화이트 와인은 달마티아 남부 일부 지역에서 자라는 제일 좋은 토착 품종인 포십Pošip으로 만들기로 했다. 포십은 근처 섬인 코르출라에서 재배되고 있었다. 1967년에 크로아티아 화이트 와인 지역으로는 최초로 보호 구역으로 지정된 곳이다.

코르출라 포십이 언제부터 재배되었는지, 어디에서 왔는지, 근원에 대해서는 아무도 모른다. 하지만 코르출라에서 자라는 두 품종이 자연적으로 교잡되어 생긴 토착 화이트 품종인 것은 분명하다. 2002년 자그레브 대학 농학부의 에디 말레티츠Edi Maletić 박사와 이반 페이츠Ivan Pejić 박사는 DNA 실험을 했다.

최초의 야생 포십은 마린 바바카 토마시츠Marin Barbaca Tomasić가 19세기 중엽 스목비차Smokvica 마을에서 발견했으며, 코르출라 섬 블라토Blato 마을에서 자라는 브라트코비나Bratkovina와 즈라타리차Zlatarica

품종의 자손임을 밝혔다.

포십은 수세기 동안 크로아티아의 여러 섬과 달마티아 해안을 따라 재배되었다. 아드리아해의 시원한 바람은 청포도에는 완벽한 기후였다. 포십은 말린 살구와 무화과 향을 지닌 특별한 향미로 나파 밸리의 슈냉 블랑과 매우 비슷하며 부드럽고 균형이 잡힌 와인을 만든다.

우리는 고품질의 포도가 생산되는 코르출라의 차라Čara에서 재배한 포십을 사들였다. 손으로 수확한 포도들은 상처를 막기 위해 작은 상자에 담아 옮겼다. 코르출라에서 배로 오레비츠Orebić까지 수송한 다음 트럭으로 트르스테니크에 있는 와이너리로 운반했다.

2003년에는 와이너리와 가까운 포스툽 와인 지역에 1만 평방미터의 휴농지를 매입할 기회가 왔다. 포스툽은 이 지역 중심에 있는 작은 마을의 이름이기도 하다. 포스툽 와인 지역은 펠레샤츠 해협 건너 코르출라 섬과 바디아Badija 섬, 믈레트 해협 건너 믈레트Mljet 섬과 라스토보 Lastovo 섬에 걸쳐 있다.

포스툽에서 재배하는 주 품종은 플라바츠 말리인데, 근처 가파른 딩카츠 지역 포도처럼 높은 평가를 받고 있다. 포스툽 와인은 딩카츠의 플라바츠 말리 기본 와인처럼 탄탄한 개성은 나타내지 않지만, 포도밭이 언덕에 있고 아드리아해에서 반사되는 햇빛으로 내륙보다는 풀 바디 와인으로 발전할 수 있다.

비탈이 딩카츠보다는 그렇게 심하지 않고, 도로가 더 개설되어 수송도 상당히 쉬운 편이었다. 포스툽은 1967년 딩카츠 다음 두 번째로 크로아티아 와인 지역(지금은 국가 보호 지역Protected Geographical Status)으로 지정되었다.

포스툽 포도밭에는 플라바츠 말리를 심었다. 그 외에는 실험적 목적으로 클리예낙 카스텔란스키Crljenak Kaštelanski 13그루를 심었는데, 그 때는 미국의 진판델과 태생적으로 같은 품종이라는 것이 증명된 후였다.

스레츠코 예레마즈는 포도나무를 심는 것도 감독하며 또다시 나를 도와주었다. 그는 엔지니어였고 매우 꼼꼼했으므로 이랑마다 분명히 정확하게 포도나무가 심어졌는지도 확인했다. 지금 우리 소유 포도밭에서는 매년 고품질 포도를 5톤에서 7톤 정도 수확하고 있다.

어떤 와인을 생산할까를 결정한 후 우리는 포십과 플라바츠 말리의 라벨 디자인에 착수했다. 나는 와인을 마시는 사람들이 트르스테니크의 아름다움을 느낄 수 있는 라벨을 상상해 보았다. 그러면 와인이 만들어진 곳에 조금이라도 더 관심을 갖지 않을까?

나는 캘리스토가의 디자이너 미셸 르블랑Michele LeBlanc에게 그르기츠 비나 와이너리의 라벨을 부탁했다. 아드리아해의 맑고 푸른 물을 내려다보는 언덕 위의 와이너리와 크로아티아의 산마루와 범선을 그려달라고 주문했다. 그녀가 그린 이 아름다운 작품은 미국 라벨 디자인 대회에서 수상했다.

그르기츠 비나를 설립하면서, 나는 캘리포니아 산타 로사에서 제작한 스테인리스 스틸 탱크를 기차로 텍사스로 옮긴 후 크로아티아까지 배로 수송했다. 또 프랑스 오크 통도 샀는데, 당시 크로아티아에서는 누구도 프랑스 오크 통을 사용한 적이 없었다.

그르기치 비나에 하나 더 가져가고 싶은 장비가 있었다. 캘리포니아에서 그르기치 힐스를 설립할 때 샤토 몬텔레나에서 사왔던 포도 압착기였다. 나의 와이너리는 이 압착기 없이는 완벽할 수 없다.

이 압착기로 샤토 몬텔레나에서 1972년과 1973년 샤르도네를 만들었으며, 또 그르기치 힐스에서 처음으로 만든 두 개의 유명한 샤르도네

그르기츠 비나에서 생산되는 포십과 플라바츠 말리 와인

를 만들었다. 1980년대 시카고 대전에서 우승한 1977 소노마 샤르도네와, 1980년 오렌지 카운티 축제에서 금메달을 수상한 1977 나파 밸리 샤르도네이다.

이 작고 오래된 압착기는 나의 성공의 상징이었다. 이제는 내 고향 크로아티아로 가져가서, 트르스테니크에 세운 나의 새 와이너리에 설치하고 싶었다.

이 작은 압착기는 나에게 더한 행운을 가져다줄 것이었다.

우리는 미국에서 공수해 온 이 옛날 압착기로 1996 포십과 플라바츠 말리 와인을 처음으로 만들었다. 1999년 10월에는 뉴욕의 유엔 대표부 만찬장에서 '크로아티아의 달' 행사 축연이 열렸다. 크로아티아 음식과 와인을 한 달간 제공하는 축제였다. 자그레브의 위원회는 크로아티아 와인 산업을 대표해서 1997 그르기츠 비나 포십과 1997 플라바츠 말리를 선정했다. 그르기츠 비나 와인과 매칭되는 음식을 준비하기 위해 자그레브에서 요리사가 왔다.

뉴욕에 있는 유엔 본부에 들어서자 28명의 기자들과 다섯 대륙 회원국들의 대표들, 귀빈들이 내 와인과 함께 기다리고 있었다. 고향을 떠난 지 45년 후에 이곳에 발을 들여놓게 되었으니 꿈만 같았다.

유엔은 나에게 공산 치하에서 벗어날 기회를 주었고, 자유로운 세상에서 행운을 시험해 볼 수 있는 기회를 준 단체이다. 미국에서 내가 키가 작고 왜소한 사람이라는 것을 잊도록 해준 아주 드문 기회였다. '나는 키가 10피트'라고 외치고 싶었다. 와이너리는 이제 성공의 가도를 달리고 있었다.

요즈음은 나파 밸리에서 그르기츠 비나의 운영을 하고 있다. 크로아티아에서는 크레쇼 부츠코비츠Krešo Vučković가 와인 메이커와 매니저

옛날 압착기, 현재 크로아티아 그르기츠 비나에서 사용

를 같이 맡고 있으며, 부인 드라제나Dražena가 그를 도운다. 메트코비츠 근처 회계 사무소의 콘토Conto가 장부를 맡고 있고 스레츠코의 부인이며 이보의 어머니인 예리차 예라마즈Jelica Jeramaz가 모든 일을 총괄한다.

그르기츠 비나는 3천에서 4천 상자의 와인을 생산하는데, 그 중 반은 포십이며 반은 플라바츠 말리이다. 매니저 크레쇼는 고품질의 포도 생산을 확인하기 위해 포도를 공급받는 밭을 정기적으로 방문한다. 와이너리는 펠레샤츠 반도에서 재배하는 플라바츠 말리와 코르출라의 포십 재배자들로부터 최고 품질의 포도를 매입한다.

트르스테니크에서는 최고 농부인 페로 폴리야니츠와, 그의 사촌 마테 폴리야니츠, 트르스테니크 항구의 소장이며 이 지역에서 가장 큰 포도밭을 소유하고 있는 이보 치비리츠에게서 포도를 매입한다.

미국의 와인 애호가들은 그르기츠 비나를 방문하여 와인을 테이스팅하며 아름다운 자연 경치를 즐긴다. 그르기츠 비나까지 자갈길이 이어지며, 바위 위에 단순한 하얀 돌 건물이 아드리아해를 내려다보며 서 있다. 향기로운 사이프러스 숲이 주위를 둘러싸고 숲 너머 바다 쪽으로 경사진 바위 산의 야생 허브 속에서 플라바츠 말리가 자라고 있다.

테이스팅 룸에 들어서면 방문객들은 "도브로 도쉴리 우 비나리유 그르기츠Dobro došli u vinariju Grgić!"라는 크로아티아 전통 인사말을 듣게 된다. 아버지는 크로아티아의 고향 땅에서 와인 양조의 가족 전통이 이어지고 그르기츠 이름도 이어지고 있으니 무척 자랑스럽게 생각하실 것이다.

그르기츠 비나를 준비하던 중에 나는 놀랄만한 좋은 소식을 들었다. 공산주의자들은 떠났고 크로아티아는 이제 자유의 나라가 되었다. 자그

2010년 그르기츠 비나를 방문한 나의 오래된 친구 이보 소코리츠

레브 대학에서 미엔코 그르기치가 양조학과 포도 재배학의 모든 과정을 마쳤다는 기록을 발견했다는 소식을 전해왔다. 이제 학위를 받기 위한 논문 제출만 남아 있다. 나에게는 깊은 성취감을 주는 소식이었으며, 춤을 추고 싶을 정도로 기뻤다.

마침내 1997년 6월 13일, 74살의 나이로 자그레브 대학 졸업식에 참석할 수 있었다. 졸업장을 받는 다른 학생들보다는 훨씬 나이가 많았고 걸음도 느렸지만 기쁨은 훨씬 더 컸다. 내 인생에서 자부심을 느낀 순간이었으며, 나에게 일어난 또 하나의 기적이었다.

REPUBLIC OF CROATIA
UNIVERSITY OF ZAGREB
FACULTY OF AGRICULTURE IN ZAGREB

DIPLOMA

ON UNIVERSITY QUALIFICATIONS OF THE SEVENTH (VII/1) GRADE

MILJENKO GRGIĆ

born on April 1, 1923 in Desne, Community of Metković, Republic of Croatia,

has completed on June 9, 1997 at the Faculty of Agriculture in Zagreb the

program of studies

FRUIT AND WINE-GROWING AND VINICULTURE

in the duration of eight semesters.

The Faculty of Agriculture in Zagreb hereby ascertains that MILJENKO GRGIĆ

has passed all necessary examinations and has fulfilled all other regulations pursuant

to the program of studies of Fruit and Wine-growing and Viniculture, acquiring

university qualifications of the seventh (VII/1) grade and the professional title

**BACHELOR OF AGRICULTURE -
FRUIT AND WINE-GROWING AND VINICULTURE SPECIALIST**

as well as all rights appertaining unto him.

Class: 602-04/97-04/04

Number: 380-71-04-97-65

Zagreb, June 9, 1997

DEAN

Prof. Dr. Sc. FRANJO TOMIĆ

크로아티아를 떠난 지 수십 년 후에 받은 자그레브 대학 졸업장

클리예낙 포도나무, 에디 말레티츠 교수가 카스텔 노비에서 발견한 진판델 조상

19

진판델의 수수께끼

1990년 36년만에 고향을 방문한 후, 나는 진판델 포도의 원산지에 대한 의문의 실마리를 풀 수 있게 되었다. 1958년 나파 밸리에 도착한 첫날 밤부터 궁금하게 생각했던 문제였다.

캘리포니아에 도착한 첫날 밤, 리 스튜어트의 포도밭에서 외딴 오두막으로 걸어가며 나는 주변 포도들을 유심히 살펴보았다. 줄기와 잎, 송이, 색깔, 크기 등 모두가 나에게는 매우 친숙했다. 데스네의 아버지 포도밭에서 늘 보았던 플라바츠 말리와 똑같다는 생각이 들었다.

아버지는 여러 종류의 포도를 섞어 심었는데, 나는 그 하나하나를 마음속에 기억하고 있었다. 그 포도나무들을 보며 나는 마치 옛 친구를 만난 것 같은 느낌이 들었다. 나는 혼자가 아니었다. 크로아티아의 포도나무가 나를 따라 미국으로 온 것일까?

"이 포도나무가 무엇인가요?" 리 스튜어트 씨에게 물어보았다. 그는 캘리포니아에 흔한 진판델이라고 답했다. "진판델이 어디에서 온 것일까요?" 놀랍게도 아무도 몰랐다. 나파 밸리에서 가장 잘 알려진 품종인 샤르도네와 카베르네 소비뇽은 원산지를 모두 다 알고 있었다. 샤르도네와 카베르네 소비뇽은 프랑스에서 왔고, 리슬링은 독일에서 왔다. 그러면 진판델은? 그것은 아직도 수수께끼로 남아 있었다. 책을 구해 읽어보아도 답은 비슷했다.

진판델은 어디에서 왔는지 모른다. 나는 마음속 깊이 수버랭을 둘러싸고 있는 이 포도나무들은 옛날 집에 있던 포도나무와 같다는 확신이 있었다. 하지만 나는 가난한 이민자이며, 아는 사람도 없었고 영어도 거의 못했다. 진판델의 근원을 크로아티아에서 찾을 수 있다고 말한들 누가 믿겠는가? 혼자 생각을 하며, 언젠가는 크로아티아에서 진판델의 뿌리를 찾아야겠다는 다짐을 했다.

어느 날 세인트헬레나의 서터 홈 와이너리Sutter Home Winery에서 진판델 심포지움이 열렸다. 우리는 진판델이 어떤 경로로 미국에 오게 되었는지에 대한 토론을 들었다. 여러 가지 이론이 있었는데, 그 중 19세기 중반 헝가리의 아고스톤 하라즈시Agoston Haraszthy 백작이 가지고 왔다고 추정하는 사람들이 많았다.

하라즈시는 파란만장한 모험가로 1840년대 미국에 이주했고 캘리포니아로 올 때까지 여러 가지 일을 했다. 특별히 와인에 관심이 많았으며, 소노마에 도착하여 1856년에 캘리포니아의 최초 고급 와이너리인 부에나 비스타Buena Vista 와이너리를 설립했다. 그는 '캘리포니아 와인 산업의 아버지'로 불리기도 한다.(불행히도 니카라과Nicaragua에서 악어에게 먹혀 최후를 마쳤다.)

하라즈시가 진판델을 캘리포니아로 가지고 왔다는 가정은 가능할 수는 있지만, 최초라고 할 수는 없었다. 진판델은 그가 도착하기 오래 전부터 동부 해안에서 자라고 있었다고 확인되었다. 비엔나에서 왔다고도 하고 이탈리아의 수도승이 미국으로 가지고 왔다고도 하며 의견이 분분했다.

이 시기에 크로아티아의 달마티아는 헝가리 제국의 일부였다. 크로아티아인들이 1850년대부터 캘리포니아에 포도밭과 와이너리를 소유하고 있었다는 기록도 있다. 나는 하라즈시가 캘리포니아에 진판델을 가지고 왔을 수도 있으며, 아니면 와인을 만들던 크로아티아인들이 골드러시에 달마티아에서, 즉 아드리아 해안에서 태평양 해안으로 가지고 왔을 수도 있다고 생각했다.

시간이 지나며 나는 진판델과 플라바츠 말리의 유사성에 대한 여러 기사를 찾아보았다. 크로아티아를 방문한 나파 밸리 스토리북 마운틴 와이너리Storybook Mountain Winery의 제리 셉Jerry Seps 박사는 진판델의 근원이 크로아티아일지도 모른다는 기사를 썼다. UC 데이비스의 올모 Olmo 박사는 크로아티아에서 플라바츠 말리 샘플을 받은 후, 진판델과 같은 품종이 아닌것 같다고 했다.

나는 진판델이 크로아티아에서 왔다고 믿고 있었지만, 수년 동안은 내가 말할 수 있는 처지가 아니었다. 1990년에 크로티아에 돌아갔을 때 나는 다시 플라바츠 말리를 자세히 보았다. 잘못 본 것이 아니라는 확신이 들었다. 똑같았다.

다음 1993년에는 크로아티아에 나파 밸리 진판델을 가지고 갔다. 송이와 잎, 가지를 갖고 가서 비교해 보니 유사점을 확인할 수 있었으며 같은 포도라는 믿음이 더욱 굳어졌다.

여행중 나는 〈진판델, 프리미티보, 플라바츠 말리〉라는 책을 발견했다. 크로아티아의 과학자 페터 말레트Peter Malet 박사가 쓴 책이었는데,

그는 이 세 품종이 같은 품종에서 변이된 클론이라고 믿고 있었다.

　UC 데이비스의 포도 유전학자인 캐롤 메레디스Carole Meredith 박사는 DNA 실험을 통해 유럽 포도종의 기원을 추적하고 있었다. 나는 욘트빌의 집으로 그녀를 초대하여 말레트 박사의 책을 보여주었다. 캐롤이 관심을 보여 나는 그 책을 영어로 번역했다. 호기심을 갖게 된 그녀는 진판델의 뿌리를 찾기 위한 열망으로 1998년에 크로아티아를 방문하게 되었다.

　나는 캐롤에게 진판델을 연구하는 동안 트르스테니크의 나의 와이너리에서 머물도록 제안했다. 마침 메레디스 박사의 조수인 야센카 필야츠

DNA 실험으로 진판델의 근원지가 크로아티아임을 밝힌 캐롤 메레디스 박사

제가라츠Jasenka Piljac Žegarac가 크로아티아인이라 통역을 할 수 있었다. 메레디스 박사는 펠레샤츠에 있는 플라바츠 말리 포도밭을 보고 바로 "진판델이 지천에 널려 있구나."라고 생각했다고 한다.

그녀는 플라바츠 말리 샘플을 150개나 미국으로 가지고 와서 데이비스에서 실험을 했다. 하지만 모두 진판델과 가까운 친척이라는 결과만 나왔다.

포십Posip에 대한 연구를 했던 자그레브 대학의 두 교수 이반 페이츠 Ivan Pejić와 에디 말레티츠Edie Maletić 교수도 계속해서 진판델의 근원을 찾았다. 2000년 9월 7일 말레티츠 교수는 카스텔 노비의 스플리트 근처에서 클리예낙 카스텔란스키Crljenak Kaštelanski라 불리는 옛날 포도나무를 발견했다. 샘플을 메레디스 박사에게 보냈고, 그녀는 크로아티아 진판델 잎을 여덟 가지 다른 테스트를 통해 분석했으며, 모두 캘리포니아 진판델과 동일하다는 결과가 나왔다.

이어서 클리예낙이 크로아티아에 많은 자손을 뿌렸으며, 플라바츠 말리도 그 중 하나라는 것이 판명되었다.

성공이었다. 캘리포니아 진판델의 조상이 크로아티아에서 발견된 것이다.

나의 주선으로 욘트빌의 시장 메리 루 홀트Mary Lou Holt를 초청하였으며, 카스텔 노비Kaštel Novi와 욘트빌은 자매 결연을 맺었다. 현재 진판델의 원조가 발견된 자리에 돌로 된 기념비가 서 있다. "미엔코 그르기치는 멀리 캘리포니아에서 진판델의 고향이 크로아티아라는 것을 알았으며, 과학이 이를 증명하였다."

55년 동안의 추측과 연구, 분석, 실험으로 진판델의 고향이 크로아티아라는 중요한 사실이 세상에 드러나게 되었다. 자그레브 대학의 말레티

진판델의 조상이 발견된 근처 카스텔 노비의 '비브리칼 가든Biblical Garden' 돌 기념비

츠 교수와 페이츠 교수는 이를 기록으로 남겨야 한다고 생각했다. 2009년에는 크로아티아 라디오와 텔레비전 회사 HRT와 밀카 바리시츠Milka Barišić 감독이 다큐멘터리 영화를 만들었다.

〈도시에 진판델Dossier Zinfandel〉은 2013년 4월 19일~20일 자그레브 와인과 음식 주간에 개봉되었으며, 2013년 11월 제3회 나파 밸리 필름 페스티벌에서 상연되었다. 또 바리시츠 감독은 프랑스의 국제 포도 와인 필름 페스티벌에 다큐멘터리를 제출하도록 권유받았다.

〈도시에 진판델〉은 2014년 국제 포도 와인 필름 페스티벌에서 150개 영화 중 선정되어 상연되었다. 다큐멘터리는 과학문화상Prix Science-Culture을 수상했고, 밀카 바리시츠는 2014년 9월에 파리 룩셈부르크궁 프랑스 상원에서 표창장을 받았다. 그르기치 힐스 이스테이트는 〈도시에 진판델〉 DVD의 미국 판권을 샀다.

캘리포니아에 크로아티아 진판델을 최초로 심은 사람은 누구였을까? 우리는 결코 알 수 없다. 아마도 미지의 초기 이민자가 이 거룩한 포도나무와 함께 크로아티아의 와인 전통과 지식, 유산을 가지고 왔을 것이다. 하지만 나는 크로아티아와 캘리포니아의 연결고리를 찾아내는데 역할을 해낸 한 사람으로서 큰 자부심을 가지고 있다.

왜 이런 일이 중요한 문제가 될까? 하나는 크로아티아의 와인 전통이 얼마나 오래되었는가를 보여주며, 또 하나는 비록 32달러만 갖고 온 난민일지라도, 누구도 상상할 수 없는 엄청난 일을 해낼 수 있다는 것을 보여주기 때문이다. 이민자는 낯선 외국에서 새 가정을 이루고 살지만, 누구도 결코 고향을 잊지는 못한다. 고향에 대한 사랑은 유명한 크로아티아의 시인 아우구스트 세노아August Šenoa의 시에 구구절절이 나타난다. 1862년 크로아티아 〈자그레브 타임스〉에 실렸던 시이다.

캘리포니아 황금, 크로아티아 와인

아우구스트 세노아

신은 황금으로 캘리포니아에 축복을 내렸네.

황금은 끝없이 넓은 땅속에서 행복했네.

강과 실개천은 보물을 숨긴 채 흘러가고,

바위는 금맥을 품 속에 숨겼네.

하지만 무엇으로 가득 채워졌든지

황홀한 전율은 느낄 수 없었네.

저 멀리 있을 때는, 놀라운 변화!

황금이 고향을 떠나고, 배를 타고

대양을 건너 유럽으로 떠나면 – 이상한 일이야?

화창한 날 오스트리아 철도를 따라.

아, 오스트리아? 황금? 하지만 어디에 있어? 어디에?

형제들이여, 박물관에서 찾아봐야겠지.

그리고 우리, 순박한 사람들은,

종이 하나로 만족하겠지.

크로아티아는 와인으로 넘쳐나네.

한 방울 한 방울은 금보다 더 고귀하며 수정처럼 맑아.

신은 우리의 포도나무를 축복하셨네.

명성은 세계 곳곳 멀고 가까운 곳으로 뻗치고,

예언자가 고향에서는 외면당하듯,

우리도 때로는 예의를 갖추지 않아.

하지만 저 멀리 있을 때는, 놀라운 변화!

고향을 떠나 있을 때는 언제나

소중히 여겨지는 크로아티아 와인 – 이상한 일이야?

낯선 땅에서 그리워하네.

어정쩡한 맥주를 마실 때,

가끔은 고통스러운 눈물을 씻으며,

그때 너를 기억하며, 멋진 고향을 그리네.

불타는, 풍요로운, 향기로운,

인생을 품고, 사랑과 손잡고,

천국의 우렁찬 노래가 넘치는,

옛날의 영화와 자부심이 담긴,

분명하고 강한 용기와 신념을 간직한,

노인에게는 묘약, 젊은이에게는 밝은 햇빛,

기쁜 만남의 진실한 증거.

그리고 당신, 크로아티아의 형제들아,

계속 춤추고, 온 맘을 다해 노래하자.

친구여, 와인이 넘쳐오른다. 저 반짝이는 기포를 보라.

잡담은 그만 – 모두 축배를 들자.

타국의 태양 아래 와인을 그리워하는,

많은 아들들을 위해 잔을 들자.

적당히 마시자. 정신을 잃지 않게,

적이 공격할 틈을 찾지 못하게.

담대히 마시자.

찬란한 새 포도나무를 위해,

겸손하게 마시자. 신성한 열정의 선물을,

현명하게 마시자, 현자의 가르침처럼.

〈자그레브 타임스〉 1862 크로아티아

dossier
zinfandel

SCRIPTWRITER AND DIRECTOR MILKA BARIŠIĆ
DIRECTOR OF PHOTOGRAPHY DRAGAN RULJANČIĆ
PICTURE EDITOR ZDRAVKO BORKO HRT
SOUND RECORDING BORIS HARMIĆ
milka.barisic@gmail.com

OFFICIAL SELECTION
NAPA VALLEY
FILM FESTIVAL
2013

영화 〈도시에 진판델〉 포스터

하이디 쿤, 평화의 뿌리 세계 시민상 수여

20

평화의 뿌리

전쟁을 겪으며 나는 '평화주의자'가 되었다. 전쟁의 공포와 불행이 덮친 나라에서 살아 보았다면 다시는 전쟁이 일어나지 않도록 해야 한다고 생각할 것이다. 또한 전쟁으로 입은 상처를 치유하는 일보다 더 중요한 일도 없을 것이다. 크로아티아 독립 전쟁은 1991년부터 1995년까지 계속되었다.

온 나라가 파괴되었고 땅속의 지뢰는 보이지 않는 상처로 아직도 남아 있다. 대략 2백만 개의 지뢰가 학교와 병원, 도로에 매설된 것으로 추정되며, 어디에 묻혀있는지 도면도 기록도 없다.

전쟁은 끝났지만 지뢰들은 땅속에서 폭발을 기다리고 있다. 자칫 잘못하면 아무것도 모르는 아이들과 농부들, 무고한 사람들이 죽거나 불구가 된다. 살아남아도 끔찍한 상처를 입거나 절단 수술을 해야 한다. 사람들이 마음 놓고 들에 나가 일하고 작물을 키울 수 없다면, 전쟁의 상처는 치유되지 못할 것이다. 지뢰가 남아 있는 한 전쟁의 공포와 해악도 그대로 남아 있을 것이다.

하이디 쿤Heidi Kuhn은 '평화의 뿌리Roots of Peace'를 발족시켰다. 그녀는 암을 극복하고 영국의 다이애나 공주가 이끌던 국제 지뢰 금지 캠페인International Campaign to Ban Landmines에 감화되어 지지자가 되었다. 1997년 다이애나 공주가 사망한 후, 하이디는 평화의 뿌리라는 단체를 결성하여 그녀의 고향인 나파 근처 마린 카운티Marin County에 본부를 세웠다. 목표는 "세계에 남아 있는 지뢰를 제거하여 농지로 바꾸는 일이다. 말 그대로 '지뢰밭을 포도밭으로Mines to Vines'이다."

하이디는 발칸 전쟁의 참혹한 후유증을 앓고 있는 크로아티아를 도움이 필요한 곳이라 생각하고 첫 프로젝트로 정했다.

지뢰 제거는 복잡하고 위험하며 비용도 많이 들고 치밀한 훈련이 필요하다. 땅에 지뢰를 묻는 데는 개당 3~5달러 정도밖에 들지 않지만, 지뢰를 제거하고 농작물을 재배할 수 있는 땅으로 복원시키는 데는 수천 달러가 든다.

하이디는 미 국무성의 지원을 받고, 또 개인 기부자도 찾아 나섰다. 그녀가 포도밭 소유주들에게서 도움을 받기 위해 나파 밸리에 왔을 때 우리는 처음 만났다. 하이디는 1998년 러더퍼드의 그르기치 힐스 와인메이커 디너에 참석했으며, 나파에 와이너리를 가진 크로아티아인이 있다는 말을 들은 적이 있다고 나에게 말했다.

평화의 뿌리가 내건 사명과 사업 계획은 공감을 불러일으켰다. 나는 공산 크로아티아를 탈출하여 나파 밸리에서 와이너리를 갖게 되었다. 꿈을 성취한 행운아로서 늘 고향 사람들과 성공의 결실을 나누고 싶었다.

평화의 뿌리를 돕는 일이야말로 이를 실행할 수 있는 좋은 길이라는 생각이 들었다. 지뢰를 제거 – 복구 – 재건하는 일은 궁극적으로 농부들에게 땅을 돌려주는 일이며, 또한 조상들이 재배해 온 포도나무를 심고 와인을 만드는 일에도 도움을 줄 수 있을 것이다.

욘트빌의 집에서 하이디 쿤을 만난 후, 딸 바이올렛은 그녀와 함께 마들렌 올브라이트Madeleine Albright 국무장관을 만나러 워싱턴 D.C.로 갔다. 올브라이트 장관에게는 변화를 상징하는 포도나무를 증정했으며, 지지자 19명과 함께 만찬에 참석하여 2010년까지 세계의 지뢰를 제거할 것을 결정했다.

하이디는 미 국무성의 지뢰 제거 사무실에서 짐 로렌스와 일하며, 첫 지뢰 제거 프로젝트로 크로아티아 슬라보니아 지역에 있는 드라갈리츠Dragalić 마을을 방문하는 계획을 세웠다. 그녀는 크로아티아 정부 지뢰 센터와 지역 주민들의 협조를 받아 밀과 포도를 재배할 수 있는 땅을 찾았다. 농부들에게 빵과 와인을 줄 수 있으며, 미사 때처럼(크로아티아는 대부분 로마 가톨릭 교도이다.) 빵과 와인을 나누며 주민들이 희망을 가지고 잘 살 수 있기를 바라는 마음이었다.

2000년 5월에 나는 와인업자들과 함께 비노 비테Vino Vitae(와인은 인생이다)라는 행사에 참석하기 위해 크로아티아의 자그레브로 갔다. 하이디는 13살인 딸 카이라이Kyleigh를 데리고 왔다. 전쟁으로 피폐해진 크로아티아의 땅을 딸과 함께 직접 볼 수 있는 중요한 기회였다.

자그레브를 떠나기 전, 나는 드라갈리츠 마을의 '평화의 뿌리' 상징으로, 하이디에게 트르스테니크 포도밭의 포도나무를 직접 포장해 주었다.

크로아티아의 미국 대사관은 평화의 뿌리 대표들을 위하여 교통편을 알선하고 제공해 주었다. 나는 하이디와 카이라이 쿤, 미 국무성 무기 제거 사무소U.S. Department of State Office of weapons removal and Abatement 대표들을 데리고 드라갈리츠로 향했다.

드라갈리츠에 도착하자 마을 주민들은 미국 대표들을 환영했으며, 더 구나 크로아티아 사람들이 동행하여 더 기뻐했다. 그들은 아이들과 미래를 향한 희망으로 활짝 웃고 있었다.

우리는 하이디에게 준 포도나무를 드라갈리츠에 심고 싶었지만, 유엔 지뢰 제거팀의 허가가 아직 나지 않은 상태여서 걷는 것조차 허용되지 않았다. 하이디는 결국 2000년 성모의 날에 세 명의 크로아티아 아이들에게 성모 마리아가 나타났다는 메주고리예Medjugorje에 그 포도나무를 심었다. 대표들은 비빈예Bibinje, 치스타 말라Čista Mala, 치스타 벨리카Čista Velika, 이록Ilok, 카를로바츠Karlovač 지역으로 여행을 했고 나는 트르스테니크로 돌아왔다.

지뢰를 땅에서 파내면 그 자리에 포도나무를 심었다. 드라갈리츠는 내륙 지방이라 게뷔르츠트라미너, 샤르도네, 리슬링, 소비뇽 블랑 등 대부분 화이트 와인용 포도를 심었다. 달마티아 해안의 자다르Zadar 근처에는 카베르네 소비뇽이나 메를로, 플라바츠 말리 등 레드 와인용 포도를 심었다.

나는 하이디와 함께 드라갈리츠를 여행하며 변화가 서서히, 그러나 확실하게 일어나는 것을 볼 수 있었다. 포도나무 한 그루마다 희망을 심는 것 같은 느낌이었다.

그동안 나파에서는 평화의 뿌리를 위한 모금이 계속되었다. 2001년 5월 19일에는 1976 파리의 심판 25주년을 맞아, 친구인 〈욘트빌 선Yountville Sun〉의 설립자 오스카 로즈Oscar Rhodes의 도움을 받아 그르기치 힐스에서 축하 행사를 열었다. 낮에는 와인과 음식 테이스팅을 하고, 저녁에는 욘트빌의 도멘 샹동Domaine Chandon에서 만찬과 경매를 열기로 했다. 오스카는 19개 레스토랑을 초대하고 나는 31개 와이너리를 독려하여 모두 80명이 축하 행사에 참석했다.

행사는 대성공이었으며 평화의 뿌리를 위한 모금액이 6만4천 달러에 달했다. 인터내셔널 트러스트 펀드와 크로아티아 지뢰 센터의 기부금과 합하니 19만2천 달러가 되었으며, 수익금은 크로아티아에서 지뢰를 제거하고 포도나무를 심는데 쓰게 되었다.

경매가 끝난 후 하이디는 유엔 코피 아난 사무총장의 대외 담당 사무차장인 질리언 마틴 소렌슨을 만나러 갔다. 평화의 뿌리는 분쟁 지역에서 성공을 거둔 민간 단체 4개 중 하나로 뽑혔으며, 하이디는 세계의 다른 지역에서도 크로아티아처럼 결실을 거둘 수 있다는 희망을 갖게 되었다.

2001년 6월 18일에는 산 라파엘San Rafael 로터리 클럽에서 나에게 폴 해리스 상Paul Harris Fellowship Award을 수여했다. '지뢰에 대한 경각심을 깨우치고 지뢰 제거를 위해 6만4천 달러를 모금하여 인류애적인 지도자 역할'을 실천한 데 대한 상이었다. 무척 명예롭고 영광스러운 자리였다.

캘리포니아 산 라파엘 로터리 클럽이 크로아티아의 자다르 로터리 클럽과 자매결연을 맺게 되었을 때는 더욱 행복했다.

평화의 뿌리는 크로아티아에서 '공포의 씨앗'을 제거하는 일을 계속했다. 비빈예, 치스타 말라, 카를로바츠, 치스타 벨리카, 이록 지역 등의 지뢰가 제거되었다. 내가 개인적으로 낸 5만 달러는 미 국무성의 인터내셔널 트러스터 펀드와 함께 지뢰 제거 – 나무심기 – 바시치차Bašćica 정원 사업에 사용되었다. 바시치차는 크로아티아어로 '작은 정원'이란 뜻이다.

샌프란시스코 로터리 클럽과 자다르 로터리 클럽, 자다르 대학은 '지뢰의 재앙을 풍요로운 포도밭으로' 바꾸는 사업에 힘을 합쳤다. 바시치차에 포도나무 2만5천 그루를 심었고, 사과나무 1만2천5백 그루가 자라고 있다. 바시치차는 진정한 작은 정원으로 바뀌었다.

가까운 곳에 자다르 대학의 시범 농장이 있었다. 여러 포도 품종들이 재배되고 있었는데, 크로아티아의 미래 와인 메이커가 될 학생들에게 유익한 실험장이었다. 나는 2010년에 지뢰를 제거한 이 지역에서 생산된 첫해 빈티지 와인을 증정받으며 깊은 감동을 받았다.

하이디 쿤은 나를 위한 돌 기념비가 작은 정원에 세워질 것이라고 알려 주었다. 수년간 평화의 뿌리에 보낸 성금에 대한 경의의 표시라고 했다. "평화의 뿌리 정원 미엔코 마이크 그르기치에게 헌정"이라고 새겨진 기념비가 미국 백악관을 지은 돌과 같은 크로아티아의 흰 돌에 새겨질 것이다. 나는 기쁨으로 가슴이 뛰었다.

2007년 4월 30일 뉴욕은 아름다운 봄날이었다. 큐나드 관광Cunard Line의 화려한 여객선 퀸 엘리자베스 2호, QE2가 나를 기다리고 있었으니 더욱 황홀했다. 뉴욕에서 영국 사우스햄턴으로 가는 대서양 횡단 여객선이었다. 나는 그르기치 힐스 와인이 제공되는 '평화의 뿌리 – 평화의 항해' 오찬 리셉션에 초대되었다.

특별 손님은 나뿐만이 아니었다. 오찬 후에 하이디 쿤은 요르단 왕비 퀸 누르Noor와 나를 무대 위에서 소개했다. 하이디는 평화의 뿌리를 대표하여 세계 지뢰 제거에 기여한 공로를 치켜세우며 우리에게 평화의 뿌리 세계 시민상을 수여했다.

누르 왕비과 함께 세계 시민상을 받게 된 나는 무척 영광스러웠다. 미국인이며 요르단 왕과 결혼한 누르 왕비는 평화의 뿌리 활동을 지원했다. 나는 왕비와 함께 상을 받게 되어 감동에 사로잡혔으며, 특히 크로아티아 사람들이 3백 명이나 참석하여 나와 기쁨을 나누었기 때문에 더욱 흥분했다.

누르 왕비와 함께 퀸 엘리자베스 2호에 승선

2008년 9월 11일, 뉴욕의 9 · 11 테러 일곱 번째 추모일에 하이디 쿤과 나는 그르기치 힐스의 입구에 조성한 평화의 분수에 동전을 던졌다. 그날 이후로 와이너리를 방문하는 손님들은 평화의 호수에 동전을 던지게 되었으며 동전들은 평화의 뿌리에 기부했다.

나는 개인의 작은 기부라도 좋은 명분이 된다고 생각한다. 누구라도 도움을 줄 수 있다. 동전을 던지며 소원을 비는 분수냐고 묻는 사람들도 있다. 물론 개인적인 소원을 빌어도 되지만, 나의 소원은 평화이며 평화의 뿌리가 온 세상으로 퍼져나가는 것이다. 전쟁이 일어났던 나라에서는 지금도 지뢰 제거 작업이 계속되고 있다. 땅이 추구하는 최선의 목표는 농작물을 재배하여 사람들을 먹여 살리는 일이다. 또 와인을 만드는 일이다.

하이디의 아이디어는 뿌리를 깊이 내렸다. 오늘날 평화의 뿌리는 아프가니스탄과 베트남, 캄보디아, 이스라엘과 가자 지구 등 여러 나라들을 도울 수 있을 만큼 성장했다. 그러나 크로아티아에서는 전쟁이 끝난지 20년이 흘렀지만, 아직도 땅 속 지뢰가 모두 발견되지도 제거되지도 않았다. 전쟁이 남긴 무서운 유물이다.

2003년 하와이 마우리 와인과 음식 페스티벌에서 앙드레아 로빈슨과 함께 공로상 수상

〈오래된 포도나무처럼〉 영화 포스터

21

오래된 포도나무처럼

2000년 1월 1일, 새로운 세기가 시작되는 날이다. 77년의 내 인생은 추억들과 기적들로 채워져 있다. 다음에는 어떤 일이 일어날 것인가?

나파 밸리의 와인 산업은 변하고 있었다. 수백 개의 새 와이너리가 문을 열었고, 목장이나 농장이었던 곳에는 포도나무를 심었다. 언덕에는 저택이 들어서고 길에는 리무진이 트랙터와 뒤섞여 움직이고 있다. 나파 밸리는 유명해지고 부유해졌다.

그르기치 힐스 와이너리는 웅장한 샤토 스타일로 지은 나파의 새 와이너리들에 비하면 실로 소박하게 보인다. 하지만 오스틴 힐스와 나는 만족한다. 충직한 고객들은 와인 클럽 파티에 참석하려고 멀리서도 찾아오며, 먼 곳에서도 와이너리를 방문하러 오는 고객들과 새로운 구매자들도 늘고 있다.

그르기치 힐스에서는 확실하며 꾸준한 성장을 선호한다. 와인 병 하나하나의 품질을 관리하지 못할 정도로 규모가 커지거나, 웅장한 건물을 짓기 위해 빚을 지는 일은 바라는 바가 아니다. 내 것이라고 부를 수 있는 작은 땅을 사려던 꿈은 그르기치 힐스로 실현되었다. 그때는 상상조차 못했던 독립을 이제 성취한 것이다.

딸 바이올렛과 조카 이보가 그르기치 힐스에서 맡은 일들이 점점 늘어났다. 나도 80이 가까워지니, 문득 캘리스토가에 내가 마지막 살 집을 지으면 좋겠다는 생각이 들었다. 1889년에 조성된 진판델 포도밭과 함께 1997년에 매입한 땅이다.

미엔코즈 빈야드Miljenko's Vineyard를 내려다보는 곳에 집을 짓는 프로젝트는 예상보다 더 커지고 집도 커졌다. 언덕 위에 집을 지으려면 허가를 받아야 했다. 행정적인 절차는 복잡했지만, 1977년에 와이너리를 빨리 지으려고 허둥대며 허가를 받던 압박과는 비교도 안 되었다.

2001년 건축이 끝났을 때 집은 대저택이 되었다. 이렇게 큰 집에서 무엇을 하며 지낼까 걱정이 되었다. 식기 세척기, 세탁기, 건조기, 팩스, 프린터, 난방기, 셀 수 없이 많은 전구들, 고장 날 물건들이 너무 많았다.

내 인생의 이야기는 행운이 계속하여 찾아오는 이야기 같다. 2002년에 찾아온 행운은 뉴욕 유엔 평화의 뿌리 만찬에서 마리아 루이자 모레노 레이스Maria Luisa Moreno Reyes를 처음 만났을 때였다. 그날 저녁 그녀는 알아채지 못한 것 같았지만, 나는 그녀를 잊지 않았다. 그녀는 유엔 사무총장 사무실에서 일하고 있었으며, 지금은 나의 많은 일들을 거들어 주고 이 책을 끝내는 데도 도움을 주고 있다.

새 집은 50년 전 하웰 산 수버랭에서 처음 살았던 방 한 칸 오두막과는 엄청나게 달랐다. 또 세인트헬레나에서 8천5백 달러에 샀던 마루가 삐꺽거리는 소박한 집과도 물론 달랐다. 꿈의 집은 미엔코즈 빈야드를 내려다보며 창을 열면 행복이 넘치는 풍경이 펼쳐진다. 집 옆으로는 텃

2009/09/26

와인 클럽 파티에서 마리아 루이자 모레노 레이스와 함께 포도 밟기

밭이 있고 과일 나무들도 종류대로 있다. 사과, 무화과, 자두, 배, 또 봄이 오면 기다려지는 흰 복숭아도 있다.

포도밭을 거닐거나 토마토나 가지를 따러 정원에 나갈 때면, 옛날 고향 집과 부모님과 내 인생의 경험들을 모두 이곳에서 만나는 느낌을 받는다. 내가 살고 일했던 모든 곳, 내가 배우고 노력했던 모든 일들이 나를 이 언덕으로 이끌어, 나와 함께 이곳에서 산과 포도밭을 쳐다보며 평화롭게 살고 있다는 생각이 든다.

이제 나파 밸리에서 나는 옛날 사람이 되었다는 것을 최근에 깨달았다. 우리는 금주 시기 이후 잠자고 있던 와인 산업을 재건한 '개척자'들이었다. 많은 옛날 친구들이 저세상으로 갔다. 리 스튜어트는 1986년에, 앙드레 첼리스체프는 1994년에, 티모시 수사는 2004년에, 로버트 몬다비는 2008년에 사망했다.

나파 밸리의 와인업자들끼리 만나 와인에 대해 서로 대화를 나누며 점심을 같이했던 옛 시절은 지나갔다. UC 데이비스의 연사를 초빙하여 강연을 듣고, 코퍼 침니Copper Chimney에서 저녁을 먹으며 전문가들과 의견을 교환하던 그때가 떠오른다. 요즈음은 새 업자들과 와인 메이커들이 너무 많아져, 모두가 참석할 수 있는 큰 레스토랑도 없다. 점점 더 많은 와인 메이커들이 독자적으로 그들의 길을 가고 있다.

포도 재배자들이 모두 관심을 갖는 주제가 있다면, 바로 나파 밸리가 얼마나 소중하고 훼손되기 쉬운 곳인가를 점점 더 깨달아가고 있다는 점이다. 내가 나파 밸리에 처음 왔을 때는 농약 사용은 일상적이었다. 포도나무의 모든 병충해는 농약을 뿌리는 것으로 해결했다.

그르기치 힐스에서는 늘 옛날 아버지가 농사짓던 방식을 염두에 두고 실행하려 했다. 아버지는 농약이나 살균제 또는 화학 비료 등 화학 약품

Top row, left to right: Bernard Porter of Chic du Val, Jamie and Jack Davies of Schramsberg. Bottom row, Left to right: Dick Graff of Chalone, Robert Mondavi, Paul Draper of Ridge, Mike Grgich of Grgich Hills Cellar, Charlie Wagner of Caymus, Al Brounstein of Diamond Creek and Dave Stare of Dry Creek Vineyards. Photo: Fred Lyon

CALIFORNIA'S PIONEERS

The modern era of the now thriving California wine industry began in the mid 1960s. JONATHAN GOODALL goes west and meets the people who made it happen

캘리포니아의 개척자들,

윗줄 왼쪽부터 버나드 포터Bernard Porter, 제미 앤 잭 데이비스Jamie & Jack Davies, 아랫줄 왼쪽부터 딕 그라프Dick Graff, 로버트 몬다비Robert Mondavi, 폴 드레이프Paul Draper, 마이크 그르기치Mike Grgich, 찰리 와그너Charlie Wagner, 알 브라운스타인Al Brounstein, 데이브 스테어Dave Stare

을 전혀 사용하지 않으셨으며, 우리는 걱정 없이 즐겁게 와인을 마실 수 있었다. 나는 옛날 내 나라에서 내 아버지가 만들었던 자연적인 방식으로 와인을 만들려고 노력한다.

이보는 유기농 재배 방법을 구축해 갔다. 한동안은 바이오 다이내믹 농법 철학에도 관심을 가졌다. 이는 신비하지만 실현 가능한 흥미 있는 농법이다. 그가 바이오 다이내믹 농법을 추구하려 할 때 동의는 했지만, 궁극적으로 과학적인 면이 부족한 것 같아 썩 끌리지는 않았다. 또 와인이 더 나아지지도 않았고 비용은 많이 들었다. 와인을 만드는 사람은 자신에게 맞는 방법을 찾아야 한다.

나는 늘 위대한 와인은 포도밭에서 시작한다고 믿어 왔다. 2006년에는 그르기치 힐스의 포도밭 366에이커 모두 유기농 인증을 받았다. 유기농은 땅에도 좋고 포도에는 더 좋다. 그르기치 힐스는 같은 해에 태양열판은 설치하여 태양 에너지를 사용하게 되었다.

2007년에는 우리 와이너리에서 재배한 포도만 사용하게 되었으므로, 와이너리 이름도 그르기치 힐스 이스테이트Grgich Hills Estate로 바꾸었다. 이 모든 변화와 함께 그르기치 와인의 새로운 모토가 만들어졌다. "우리 포도밭에서 당신의 와인 잔까지, 유기농으로From our vineyard to your glass, naturally"

나는 지금 지팡이를 짚고 천천히 포도밭을 둘러본다. 전 생애를 통해 큰 기쁨과 충만함을 주었던 나의 포도를 맛보며 향을 맡는다. 나에게는 지팡이가 귀찮은 물건이라기보다 오히려 자산이다. "와인 메이커는 다리가 셋이어야 한다. 하나는 포도밭에, 하나는 와이너리에, 그리고 세 번째 다리는 시장에. 태어날 때는 다리가 두 개였지만 이제 지팡이는 나의 세 번째 다리가 되었다."

찬바람이 불어오는 겨울이 오면 이제 뼛속까지 찬 기운을 느낀다. 추위에는 늘 약했는데 80대 중반부터는 추수 감사절 이후에는 남부 캘리포니아 코첼라 벨리Coachella Valley로 가서 라 퀸타La Quinta 사막 햇볕에 몸을 녹인다.

라 퀸타에서 지내든 나파에서 지내든 간에 나는 아직도 매일 일하기를 좋아한다. 아메리칸 드림이 이루어진 이 와이너리를 딸과 조카뿐 아니라 이후 손자 대에도 잘 유지할 수 있기 바란다. 손자 노엘Noel은 딸 바이올렛이 같은 음악인인 콜린 시프먼Colin Shipman과 결혼하여 2005년에 낳은 아들이다.

나이가 들어 몸이 늙고 약해지는 것은 쉽게 받아들일 수 있는 일이 아니지만, 하나 좋은 점은 있다. 일생 동안 해온 일들에 대해 인정을 받을 수 있다는 것이다. 나에게 가장 명예스러웠던 순간은 2008년 3월 7일 와인 명예의 전당에 추대되었던 때였다.

한때 내가 자랑스럽게 일했던 크리스천 브라더스의 역사적인 회색 건물은 미국 요리 학교의 서부 지회가 되었다. 대형 통들이 줄지어 있던 배럴 룸은 캘리포니아의 와인 산업에 공헌한 사람들을 기리는 명예의 전당으로 변했다.

오래된 통들에는 로버트 몬다비, 앙드레 첼리스체프, 티모시 수사 등 많은 사람들의 얼굴이 새겨진 청동 장식판이 있다. 그들의 이야기는 캘리포니아 와인의 이야기이며, 나도 그 중 한 명이 되었으니 영광스럽기 그지없다.

전혀 기대하지 않았던 일도 있었다. 자그레브의 HRT 라디오 텔레비전의 영화 감독이며 작가인 밀카 바리시츠Milka Barišić가 진판델의 근원에 대한 영화를 만들기 위해 나파 밸리에 왔다. 인터뷰를 한 후에 그녀는

90세 생일에 딸 바이올렛과 사위 콜린 시프만이
나의 애창곡인 '당신은 나의 태양'과 '마리야나'를 연주했다.

즉시 나에 대한 다큐멘터리를 만들겠다고 말했다. 〈카오 스타라 로자Kao Stara Loza − 오래된 포도나무처럼Like The Old Vine : 미엔코 마이크 그르기치의 인생 이야기The life Story of Milijenko "Mike" Grgich〉이다.

영화는 2012년 나파 밸리 필름 페스티벌에서 개봉되었다. 2012년 11월 7일, 나는 세인트헬레나의 카메오 극장에 앉아 내 인생 이야기를 보고 있었다. 상상이 가는가?

2013년 초에 프랑스의 '국제 포도 와인 필름 페스티벌Oenovideo International Grape and wine Film Festival'에서 〈오래된 포도나무처럼〉을 출품해 달라는 요청을 받았다. 2013년 5월 20일 프랑스 남부의 중세 도시 카르카손Carcassonne에서 심사위원과 페스티발 참석자들은 14개 국가에서 온 26개 영화를 감상했다.

〈오래된 포도나무처럼〉은 심사위원 특별상을 받았다. 2013년 9월 27일, 바이올렛은 나를 대신하여 파리로 가서 다른 수상자들과 함께 룩셈부르크 궁 프랑스 상원에서 열린 시상식에 참석했다. 밀카 바리시츠는 황금 포도나무 트로피를 받았다.

흥분한 나는 심사위원들이 나의 다큐멘터리를 특별상에 선정한데 대해 감사하며, 베레모를 언급하지 않을 수 없었다. 1976년 파리 테이스팅 후 37년이 지났다. 프랑스인들은 또다시 나 마이크 그르기치를 우승자로 택했다. 내가 가난한 학생 시절 자그레브에서 샀던 프랑스 베레가 파리에서의 승리를 예견한 것이 아닐까. 그것도 두 번씩이나?

나에게 영광을 안겨준 또 하나의 상은 권위 있는 토머스 제퍼슨Thomas Jefferson 상이었다. 이 상은 2013년 11월 9일 펜실베이니아 미술 대학이 연례 바카날 와인 갈라Bacchanal Wine Gala에서, 나파와 역사적인 1976 파리 테이스팅을 축하하며 수여한 상이었다. 토머스 제퍼슨

MIKE "MILJENKO" GRGICH

INDUCTED 2008

A FOURTH-GENERATION WINEMAKER IN HIS NATIVE CROATIA, MIKE GRGICH FLED
COMMUNIST YUGOSLAVIA IN 1954. AFTER ARRIVING IN NAPA VALLEY IN 1958,
HE WORKED WITH WINEMAKING LUMINARIES AT SOUVERAIN, CHRISTIAN BROTHERS,
BEAULIEU VINEYARDS AND ROBERT MONDAVI VINEYARDS. IN 1976, A CHARDONNAY HE
CRAFTED AS WINEMAKER AT CHATEAU MONTELENA BEAT THE BEST WHITE WINES IN
FRANCE IN THE NOW FAMOUS 'JUDGEMENT OF PARIS' TASTING, HELPING TO SHATTER THE
MYTH THAT ONLY FRENCH SOIL COULD PRODUCE THE WORLD'S GREATEST WINES.
SINCE FOUNDING GRGICH HILLS CELLARS WITH AUSTIN HILLS IN 1977, GRGICH HAS
CONTINUED RECEIVING INTERNATIONAL AWARDS FOR HIS ESTATE-GROWN WINES, MOST
ESPECIALLY CHARDONNAYS. MIKE GRGICH HAS BEEN AT THE FOREFRONT OF ORGANIC
AND BIODYNAMIC VINEYARD PRACTICES AND HELPED PIONEER THE USE OF COLD
STABILIZATION. HIS CREED: "YOU MAKE WINES WITH YOUR HEART."

대통령과 그의 와인 사랑을 기리며 와인 산업에 종사하는 회원에게 수여하는 명예로운 상이었다.

1996년에는 파리 테이스팅 20주년을 기념하여 워싱턴 D.C.의 스미소니언 협회에서 와인 테이스팅에서 우승한 두 개 와인을 전시하고, 미국 와인의 우수성을 알리기로 결정했다. 나의 1973년 샤르도네와 스택스 립 셀러의 1973년 카베르네 소비뇽이 그 이후로 미국 역사 박물관에 전시되었다.

수년 후에 워싱턴 D.C. 스미소니언 국립 미국 박물관 협회 직원들이 캘리스토가의 집으로 찾아왔다. 역사 자료로 나의 개인 물건 다섯 박스를 챙겨 갔다. 2012년 11월에는 스미소니언에서 "음식: 1950~2000 미국의 식탁을 바꾼 음식"이란 주제로 전시회를 개최했다. 나의 옛날 베레 모자와 크로아티아를 떠날 때 가지고 온 골판지 여행 가방, 크로아티아 와인 교과서, 끓는점 측정기가 포함되어 있었다.

나는 이미 미국 역사의 일부가 된 것만으로도 자랑스러웠는데, 더 놀라운 일들이 기다리고 있었다. 2014년에 협회는 〈미국 역사를 만든 물건 101〉이라는 책을 출간했다. 스미소니언 협회의 역사, 예술 문화 국장인 리처드 쿠린Richard Kurin이 총 1억3천7백만 개의 협회 소장품들 중에서 고른 물건들이었다. 그 중 파리의 심판에서 우승한 두 개의 와인이 포함되었다. 에이브러햄 링컨의 모자, 알렉산더 그레이엄 벨의 전화, 닐 암스트롱의 우주복 등이 선택된 물건들 중에 있었다.

101가지 물건들의 리스트를 보고 난 후의 소감을 물었을 때 답했다. "크로아티아의 작은 마을 데스네에서 자랄 때는 나의 와인이 미국의 '독립 선언서'와 같은 책에 실릴 것이라는 것을 감히 생각하지 못했다. 또한 크로아티아 출신의 유명한 니콜라 테슬라Nikola Tesla의 발명품과 같은

조수 메리앤이 찍은 스미소니언에 전시된 1973 샤토 몬텔레나

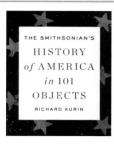   

THE SMITHSONIAN'S
HISTORY
of AMERICA
in 101
OBJECTS

RICHARD KURIN

1973 Chateau Montelena Chardonnay crafted by Miljenko "Mike" Grgich named to Smithsonian's "101 Objects that Made America"

Wine joins Abraham Lincoln's hat, Alexander Graham Bell's telephone and Neil Armstrong's spacesuit.

Rutherford, CA – The 1973 Chateau Montelena Chardonnay crafted by Miljenko "Mike" Grgich that was the champion of the 1976 Paris Tasting is part of the exhibit selected by the Smithsonian Institute as one of "101 Objects That Made America." Chosen from 137 million artifacts in the Smithsonian collection, the Chardonnay is joined by other iconic American objects, such as Abraham Lincoln's hat, Alexander Graham Bell's telephone and Neil Armstrong's spacesuit.

The Smithsonian's *History of America in 101 Objects* chose Julia Child's Kitchen, which includes the 1973 Chateau Montelena Chardonnay crafted by Grgich, in a major exhibition on the revolution in American wine in the second half of the 20th century, and the book features a photo of the winning wine. The author, Richard Kurin, the Smithsonian Institution's Under Secretary for History, Art and Culture, selected objects from the entire collection held by the 19 museums and research centers of the Smithsonian Institution.

Looking over the list of 101 treasures from the Smithsonian's collection, Grgich commented: "When I was growing up in the little village of

Desne in Croatia, I never would have dared to dream that the wine I crafted would be in the same book as America's "Declaration of Independence," or in the same museum as Nikola Tesla, the famous inventor who is also from Croatia. When I arrived in the United States, I thought I was the luckiest man alive to have my dream come true of making wine in California, but this recognition far exceeds my American Dream."

Located at 1829 St. Helena Highway (Hwy. 29) in Rutherford, Grgich Hills Estate was founded in 1977 by Vintners Hall of Fame inductee Miljenko "Mike" Grgich and Austin Hills after the 1973 Chateau Montelena Chardonnay that Grgich made outscored the best of France in the now-famous 1976 Paris Tasting that revolutionized the world of wine. Today this iconic winery farms 366 acres naturally, without artificial fertilizers, pesticides or herbicides, and uses its passion and art to handcraft food-friendly, balanced and elegant wines. Mike is assisted by his daughter, Violet Grgich, Vice-President of Operations, and his nephew, Ivo Jeramaz, Vice-President of Vineyards and Production. For more information, visit www.grgich.com.

박물관에 전시되리라는 것은 꿈에도 몰랐다. 나는 미국에 도착했을 때, 캘리포니아에서 와인을 만들 수 있는 꿈을 실현할 수 있으니 살아있는 사람들 중 가장 운이 좋은 사람이라고 생각했다. 이와 같은 명예는 나의 아메리칸 드림을 훨씬 뛰어넘는 과분한 것이다."

나 자신이 성취한 일에 대해 인정을 받는 것은 기쁜 일이다. 하지만 때로는 나의 와인을 마시며 즐기는 애호가들로부터 그보다 더 큰 기쁨을 받는다. 그들의 많은 이야기들 중 가장 재미있는 편지가 하나 있었다.

수년 전 내가 한 여자 고객을 위해 미엔코즈 올드 바인 진판델 병에 서명을 했다. 그녀는 남편과 같이 마시기 위해 어쩔 수 없이 그 와인을 땄으나 한 가지 조건을 걸었다. 빈 병을 보관했다가 그녀가 죽으면 재를 그 속에 넣어 묻어 달라는 것이었다. 2014년에 그 부부는 와이너리로 특별 여행을 왔다. 와인을 한 병 더 사서 사인을 받고 싶다고 했다. 남편의 재가 그녀의 병에는 들어갈 자리가 없다는 이유였다. 정말 대단한 찬사였다.

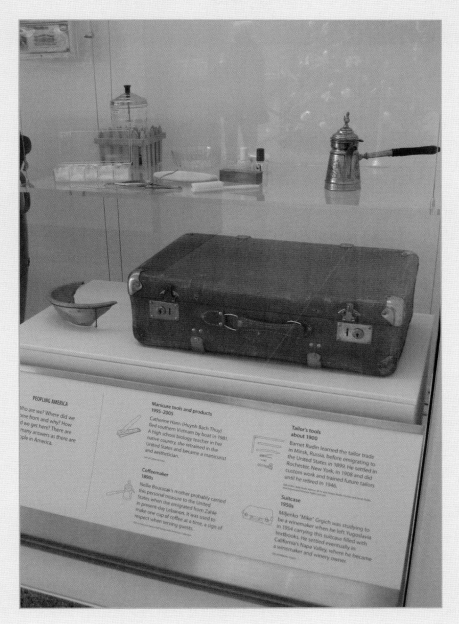

스미소니언 미국 역사 박물관에 전시된 나의 여행 가방

완벽한 와인을 찾아서

22

완벽한 와인

이 책을 시작할 때 나는 제목을 "완벽한 샤르도네를 찾아서The Search for the Perfect Chardonnay"로 하고 싶었다. 샤르도네는 내가 수십 년 동안 추구해온 여정이기도 하며, 나의 성공에서 가장 중요한 비중을 차지한다. 또한 많은 질문 중에서 가장 흔히 받았던 질문이 "그렇게 완벽한 샤르도네를 어떻게 만들지요? 무슨 비법이 있는지요?"였다.

뭐라고 답할 수 있을까?

물론 와인을 만들 때 기술적으로 조심스럽게 다루는 부분들이 있다고 말할 수 있다. 좋은 와인을 만들 때는 아주 작은 디테일에도 집중해야 하고, 한 단계 한 단계를 완벽하게 처리해야 한다. 와인을 만드는 과정은 고리를 연결하는 것과 같다. 사슬은 고리를 연결해서 만든다. 고리 하나하나가 단단하지 않으면 사슬은 끊어지기 쉽다.

와인은 포도로부터 시작하며, 좋은 와인은 좋은 포도에서 시작된다. 포도를 수확하는 타이밍은 정말 중요하다. 와인 메이커는 눈과 마음이 포도밭에 집중되어 있어야만 최고의 샤르도네를 만들 수 있다.

수확이 가까워지면 당도계로 계속 포도의 당도를 측정하고 또 측정하며, 포도알을 맛보고 향을 맡는다. pH와 산도를 실험실에서 분석한다. 포도는 성숙해 갈수록 당과 타닌, pH, 색깔, 아로마와 산도 등이 균형을 이루게 된다. 향을 맡고 맛을 보고, 분석을 통해 마침내 샤르도네를 수확할 때를 결정한다.

수확은 시원한 저녁에 손으로 해야만 섬세한 풍미와 아로마를 간직한 최상의 포도를 딸 수 있다. 다음에는 바로 압착해야 산화를 방지할 수 있다. 필요할 때는 포도를 딴 후 약간의 아황산을 첨가한다.

압착한 포도 주스는 바로 온도 조절이 된 발효 탱크로 옮긴 후 50도(섭씨 10도)로 차게 식혀 안정시킨다. 이틀이 지나면 찌꺼기가 탱크 바닥에 가라앉게 된다. 위의 맑은 주스는 걸러 다른 탱크로 옮기고 발효를 유도하기 위해 60도(섭씨 15도) 정도로 온도를 올린다.

발효는 포도 껍질에 이미 붙어있는 자연 이스트가 활동하기 때문에 다른 이스트는 첨가하지 않아도 된다. 발효가 시작된 후 와인은 다시 50도나 55도(섭씨 10~13도)로 식혀 60갤런 오크 통으로 옮긴다. 그 상태로 발효가 끝나 당분이 없는 드라이 와인이 될 때까지 기다린다.

오크 통 숙성은 와인이 오크의 아로마와 추출물의 영향을 받으며 복합성과 균형감을 더해가는 과정이다. 빈티지에 따라 6개월에서 8개월쯤 오크 통에서 숙성시킨 후 샤르도네는 제균, 여과를 거쳐 병입한다. 코르크로 병을 막는다. 코르크는 자연 물질로 와인이 천천히 숨 쉬며 오래 가게 한다. 이 병들은 종이를 재활용하여 만든 상자에 넣는다.

상자들은 '신혼여행 방Honeymoon Suite'이라고 불리는 셀러에서 최소 1~2년 동안 더 머문다. 왜? 산소가 없는 병 속에서 신혼 생활처럼 새로운 숙성 과정을 시작하기 때문이다. 모든 이질적인 요소들, 과일, 이스트, 약한 오크 향 등이 병 속에서 어울려, 복합적이고 조화로운 '부케 bouquet'로 변해 간다.

나는 아버지 니콜라 그르기츠가 와인을 만들 때처럼 모든 과정은 자연을 거슬리지 않는 방법으로 진행하려 한다.

하지만 이 방법만으로 위대한 와인을 만들 수 있을까? 아니다. 훨씬 더 많은 요소들이 필요하다. 과학을 이용해야 하지만 과학적 지식만으로도 충분하지는 않다. 위대한 와인을 만들기 위해서는 와인 메이커의 예술적 감각이 필요하다.

어릴 때 나는 와인과 음악과 노래는 인간의 영혼을 즐겁게 한다는 어른들의 말을 늘 들어왔다. 화가가 그림으로, 음악가가 작곡으로 자신을 표현하는 것과 같이, 예술적인 와인 메이커는 그의 열정과 과학적 지식, 지적인 창조성을 한 병의 와인에 쏟아 붓는다.

딸 바이올렛은 음악가이다. 하프시코드를 칠 때면 손가락과 몸의 움직임이 얼마나 균형을 잘 유지하고 있는지 감동에 휩싸이게 된다. 음악과 미술, 와인 만들기는 공통점이 있다. 모든 중요한 요소들이 조화를 이룰 때 최고의 명작이 탄생된다.

우리는 예술적인 와인 메이커가 필요하다. 와인을 만드는 것은 예술품을 창조하는 것과 같기 때문이다. 화가는 수백 장의 그림을 그리지만 모두 명작이 되지는 않는다. 하나의 완벽한 그림을 그리기 위해 인내한다. 돌로 형체를 만드는 조각가는 마음 속에 있는 생각을 형상화시키기 위해 부단히 노력한다. "바로 이것이야."라고 자신 있게 말할 수 있을 때까지 끊임없이 노력을 기울인다.

와인 메이커가 그의 와인을 만들 때 느끼는 감정도 마찬가지이다. 지

하프시코드를 치는 딸 바이올렛

식과 예술성, 그리고 더 이상의 것, 즉 마음과 영혼을 합하여 와인을 만든다. 영혼이 담겨있는 와인은 어떤 와인과도 비교할 수 없는 개성이 뚜렷한 한 병의 와인이 된다. 와인 메이커도 이런 와인이 탄생되면 "바로 이것이야."라고 외치게 된다.

와인의 품질은 내가 사는 동안에도 크게 향상되었다. 그러나 "와인이 더 향상될 수 있을까요?"라는 질문을 지금도 받는다. 나는 물론 그럴 수 있다고 대답한다. 발전은 끝이 있을 수 없다. 더 향상된 와인은 예술적인 와인 메이커가 만드는 특별한 와인일 것이다. 마음으로 만드는 소량의 와인만이 완벽한 와인이 될 수 있다.

몸과 마음을 바쳐 특별한 와인을 만드는 와인 메이커는 열정을 갖고 인내하며 희생을 감수한다. 우리는 포도나무를 심으면 4~5년이 지나야 열매를 얻을 수 있다는 것을 알고 있다. 포도를 수확하면 와인이 출시될 때까지 또 시간이 필요하다는 것도 알고 있다. 특별한 와인을 얻기 위해서는 헌신과 노력이 필요하다.

또 한 가지를 덧붙일 수 있다. 많은 와인 메이커들이 나름대로 좀 더 나은 와인을 만들 수 있는 여지는 얼마든지 있다. 와인에는 다양한 스타일이 있고 다른 기술을 사용하여 다른 맛을 낼 수 있으며, 고객층도 다양하다. 그러니 와인에는 정답은 없다. 나에게 제일 맞는 스타일을 어떻게 찾을 수 있을까? 답은 간단하다. 와인이 목으로 넘어갈 때 "더 마시고 싶어!"라고 느끼게 되는 와인이 내가 좋아하는 와인이다.

하지만 결국 과학적이거나, 숨겨진 비책이거나, 위대한 와인을 어떻게 만드는지에 대한 확실한 설명은 없다. 와인은 머리와 느낌만으로 만들 수는 없으며, 마음으로 완성된다고도 할 수 있다. 온 마음과 사랑을 와인에 쏟아 부어야만 한다.

완벽한 와인은? 더 마시고 싶은 와인이다.

나에게 와인은 어린아이와 같다. 사랑하고 이끌고, 당신의 풍부한 영혼을 그들에게 한껏 쏟아 부어야 한다. 인생을 살면서 나는 와인과 대화하는 법을 배웠고, 어떻게 돌보아야 하는지를 배웠다. 교육이 아닌, 경험으로만 배울 수 있는 언어를 습득했다고 감히 말하고 싶다.

　그러나 진정한 와인 메이커는 대자연이다. 우리가 돌보고 키우는 포도나무에서 최고를 얻기 위해서는, 포도나무를 자라게 하는 대지의 어머니와 함께 일해야만 한다. 신이 창조한 것은 인간이 창조할 수 있는 것보다 더 지고하다. "좋은 와인의 영혼은 대지의 목소리와 같다." 이 말은 내가 하고 싶은 바로 그 말이다.

나무에 새겨진 십자가

23

기적

    많은 사람들이 나의 꿈을 실현시키는 여정에 도움을 주었다. 나도 다른 사람을 도우며 보답하고 싶다. 받은 것을 되돌려 주는 일이 인생을 완결 지우는 마지막 고리라고 생각한다.

    평화의 뿌리를 위한 일은 나의 조국이 전쟁의 상흔에서 벗어나는데 도움을 주었다. 이곳 나파 밸리에서도 무언가 중요한 일을 하고 싶었다.

    1981년 초부터 나는 이 지역의 농부들에게 의료 지원을 해주는 나파 밸리 와인 옥션Auction Napa Valley을 지원하고 있다. 그들 없이 무슨 일을 할 수 있겠는가? 와인 옥션은 나파의 올레 클리닉Clinic Ole을 설립하는 씨앗이 되었다. 현재 아무런 의료 혜택을 받지 못하는 많은 지역 주민들에게 의료 지원을 해주고 있으며, 나도 이 보람 있는 일을 도우기 위해 매년 기부하고 있다.

    프랑스에 갔을 때 노인을 위한 요양원에 가본 적이 있었는데, 매우 중요한 곳이라고 생각했다. 현재 나파 밸리 호스피스와 데이 서비스는 인생의 마지막 단계에 있는 노인들과 가족들에게 큰 도움을 주고 있다.

수년 전 호스피스에 기부를 했을 때, 원장이 기념 명판을 만드는데 누구에게 헌정하고 싶으냐고 물었다. 나는 돌아가신 지 오래되었지만 어머니와 아버지의 추억을 기리고 싶다고 말했다. 나파 밸리 호스피스에는 이브카와 니콜라 그르기츠의 명판이 걸려있다. 부모님들이 어떻게 생각하실까?

그러나 무엇보다 중요한 일은 학생들이 배움을 계속할 수 있도록 도우는 일이다. 나에게 교육은 미래를 위한 전진이었다. 학교에서 배우고, 다른 사람들에게서 배우며 지식을 흡수했고, 항상 배움이 나를 성공으로 이끌었다.

신발이 없었던 어린 시절, 하숙방이 추워 레스토랑에서 공부하던 시절, 우산 살 돈이 없어 베레모를 샀던 학생 시절을 돌아보며, 나는 학생들에게 좀 더 쉬운 배움의 길을 닦아 줄 책임이 있다고 생각했다.

2008년 8월 18일 세인트헬레나 미국 요리 학교Culinary Institute of America(CIA)에서 나의 나파 밸리 도착 50주년 기념 만찬이 열렸다. "미엔코 마이크 그르기치의 생애와 업적 축하연 : 아메리칸 드림 이루어지다A Celebration of the Life and Achievements of Miljenko "Mike" Grgich : American Dream Come True"라는 현수막이 걸렸다. 셀러에 있던 1973년 샤르도네와 그르기치 힐스의 특별한 와인들이 경매로 나왔다. 수익금은 CIA의 와인학부에 나의 이름으로 수여하는 장학 기금으로 전액 기부했다.

2014년 3월에는 제임스 비어드 재단James Beard Foundation과 함께 미엔코 마이크 그르기치 아메리칸 드림 장학회를 설립했다. 유망한 젊은 와인 전문가들에게 성공의 기회를 주고, 나에게 많은 것을 베풀어준

나를 도와준 오래된 친구 매리앤과 어머니 수

캘리스토가 집에서, 자그레브 대학에서 양조를 공부하고 있는 증조카 니콜라 그르기츠와 함께

제2의 조국에 영광을 돌리고 싶은 마음이었다.

나는 조국 크로아티아의 자그레브 대학 학생들도 돕고 싶었다. 미국에 있는 크로아티아 장학 기금과 함께 2012년 12월 미엔코 마이크 그르기치 기금 1백만 달러를 확보했다. 포도 재배와 양조학 석사 과정 학생들에게 장학금을 줄 수 있어 매우 기뻤다.

나는 크로아티아의 미래 와인 메이커와 재배자들을 교육시켜, 나의 조국이 세계적 수준의 와인 산업을 이룰 수 있도록 발전시키고 싶었다.

첫 장학금을 받은 다니엘 보자츠Daniel Božač와 페트라 발라지츠Petra Balažić, 마리나 세파로비츠Marina Šeparovič는 2014년 수확기에 북부 캘리포니아에서 인턴을 했다. 일이 끝난 후 나를 만나러 2014년 11월 18일 그르기치 힐스 역사관으로 왔다.

우리는 인생과 와인에 대해 이야기꽃을 피웠다. 나는 89년 동안 포도를 수확하며 포도밭에서 배운 지혜와, 내 아버지의 가르침을 그들에게 말해 주었다. 좋은 와인을 만들기 위해서는 사슬의 고리 하나하나를 중요시해야 하며, 잘 엮어 진주 목걸이를 만들어야 한다. 나는 행복한 인생이란 결국 신과 친구들, 가족, 그리고 와인이라는 것을 깨달았다.

아버지 이름을 그대로 받은 형의 손자, 니콜라 그르기츠는 현재 자그레브 대학의 포도 재배 양조학과에서 공부하고 있다. 그는 우리 가족 중 그의 세대에서 유일하게 가족의 직업을 계승하는 셈이다. 아버지께서는 그의 이름이 이렇게 이어지고 있으니 매우 기뻐하실 것이다.

나는 다니엘과 페트라, 마리나에게 미국으로 오는 이민자들에게 하는 말을 반복했다. 일하고, 노력하고, 매일 배워라. 그러면 성공한다. 매일 최선을 다하면 너의 주위에 널린 기적을 발견할 것이다.

이제 다시 기적에 관한 문제로 돌아왔다. 얼마나 많은 기적들이 나의

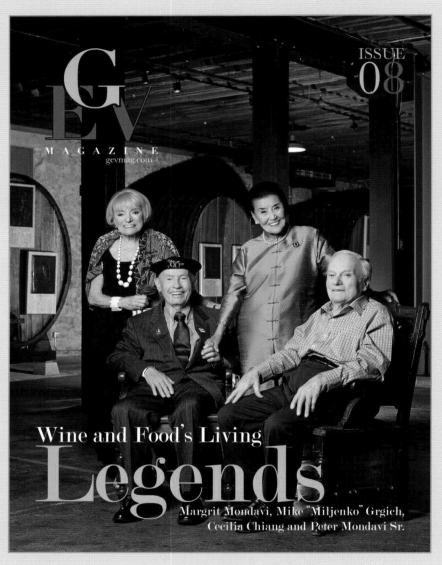

ISSUE
08

GEV
MAGAZINE
gevmag.com

Wine and Food's Living
Legends
Margrit Mondavi, Mike "Miljenko" Grgich,
Cecilia Chiang and Peter Mondavi Sr.

GEV 매거진, 마그릿 몬다비, 세실리아 치앙, 피터 몬다비 Sr.

인생을 바꾸었는가? 나는 어느 날 미엔코즈 빈야드를 거닐다가 입구 쪽에 오래된 나무 한 그루와 마주쳤다. 거기에 큰 구멍이 있었는데 흰 이끼에 십자가 모양이 자라고 있었다. 무슨 의미가 있을까? 뜻이 있는지는 모르겠지만 나에게는 이 또한 작은 기적처럼 보였다.

나는 젊은 시절 크로아티아에서 있었던 기억이 되살아났다. 수확 때였는데 근처 마을의 친구들 몇 명이 데스네의 방앗간에서 밀을 갈려고 왔다. 그들은 우리 집에서 밤을 지내곤 했다.

늦은 밤 우리는 숲을 거닐고 있었다. 어둡고 추운 밤이었다. 하늘을 바라보았더니 별들이 십자가를 그린 것처럼 빛나고 있었다.

"저걸 좀 봐." 내가 친구들에게 소리쳤다. "저 십자가 보여?"

"무엇이?" 그들이 물었다. "뭐가 보인다는 거야?"

어떻게 별들이 그린 십자가가 보이지 않을 수 있을까? 나는 이상하게 생각했다.

나는 평생을 포도밭과 숲을 거닐며, 산을 오르며 사물을 인지하는 법을 배웠다. 와인 메이커는 포도를 주의 깊게 살피고 포도의 소리를 들으려고 노력해야 한다. 그러면 그가 키우는 포도를 잘 알 수 있다. 마찬가지로 인생에서도 주위에서 일어나는 일들을 유심히 살펴야 한다. 그러면 앞으로 나아갈 길이 보일 수 있고, 꿈을 이룰 수 있는 기회를 놓치지 않을 수 있다.

나는 살면서 참 많은 기적들을 경험했다. 기적은 신과 나 사이에 있었다. 그리고 기적을 이룰 수 있는 기회가 주어졌을 때, 나는 온 마음과 영혼을 바쳐 받아들이고 감사했다.

부디 인생에서 일어나는 기적의 순간들을 놓치지 마십시오.

노엘과 바이올렛이 건배하고 있다.

2013년 4월 90세 생일에 모인 가족

2015년 6월 92세에 참석한 와인 스펙테이트 파티.
100세에 참석할 수 있으면 최고령자가 될 것이다.

미국 와인 역사

1000   바이킹 그린란드를 거쳐 야생 포도와 베리가 무성한 북아메리카 도착. '포도의 땅Vinland'이라 불렸음.

1513   스페인 탐험가와 이주민 플로리다와 뉴멕시코 정착.

1562   프랑스 위그노 교도 플로리다로 이주. 미국 토착 품종 무스카딘Muscadine/스커퍼농Scuppernong으로 와인 만듦.

1585   영국인 동부 로어노크Roanoke 아일랜드 이주. '마더 빈야드Mother Vineyard' 설립. 지금도 '마더 바인Mother Vine'이라는 4백 년 된 스커퍼농 포도나무가 있음.

1619   영국 델라웨어Delaware 남작(1577~1618) 유럽 품종 비티스 비니페라 Vitis vinifera 최초 수입. 버지니아에 심었으나 실패. 이후 2백여 년 동안 재배에 성공하지 못함. 미국의 대표적 토착 품종 비티스 라브루스카Vitis labrusca는 신맛과 '폭시Foxy' 향이 강해 와인에는 부적합.

1629   스페인 이주민 뉴멕시코 산안토니오 지역에서 미션Mission 품종으로 와인 만듦. 미션은 비티스 비니페라 변종으로 스페인이 원산지. 16세기 전부터 멕시코 시티 근처에서 재배.

1650   프란체스코 수사 멕시코, 페루 등에서 가지고 온 포도나무 재배. 텍사스, 애리조나, 뉴멕시코, 1600년대 후반에는 캘리포니아에서도 재배.

1683   영국 윌리엄 펜William Penn(1644~1718) 식민 통치를 하던 펜실베이니아에서 알렉산더Alexander 재배. 알렉산더는 프랑스 비티스 비니페라와 미국 비티스 라브루스카의 잡종. 존 알렉산더가 윌리엄 펜의 집 근처에서 발견하여 19세기 초반 광범위하게 재배.

1769	프란체스코 수사 주니페로 세라Junipero Serra(1713~1784) 캘리포니아 샌디에고 근처에 포도밭과 와이너리 설립. 18세기 후반 '캘리포니아 와인의 아버지'(LA 중심)라 불림.
1798	스위스 이주민 존 듀푸어John Dufour(1766~1848) 켄터키 강가 '퍼스트 빈야드First Vineyard' 설립. 미국 최초 상업용 와이너리. 토머스 제퍼슨 대통령에게 와인 보냄(1805). 인디애나 주 브베Vevay로 옮겨 상업용 와인 대량 생산(1809).
1814	존 애들럼John Adlum(1759~1836) 동부 펜실베니아 출신으로 사우스 캐롤라이나 주 컬럼비아 이주. 알렉산더로 와인 만듬. 토머스 제퍼슨 대통령에게 카토바Catawba로 만든 토카이Tokay 보냄(1822). 카토바는 비티스 비니페라와 미국 비티스 라브루스카의 잡종.
1830	니콜라스 롱워스Nicholas Longworth(1783~1863) 동부 오하이오 신시내티 근처 와이너리 설립. 카토바로 첫 스파클링 와인 출시. 전통적 샴페인 방식으로 만든 와인을 유럽에 수출 호평 받음. 미국 와인 문화의 창시자로 '스파클링 와인의 아버지'라 불림.
1831	장 루이 비뉴Jean-Louis Vignes(1780~1862) 보르도의 오크통 장인으로 하와이를 거쳐 로스앤젤레스에 이주. 캘리포니아에 '엘 알리소El Aliso 와이너리' 설립. 보르도에서 카베르네 소비뇽, 소비뇽 블랑 등 프랑스 품종들 수입. 산타바바라와 몬터레이 등 타 지역으로 와인 수출(1840). 당시 캘리포니아 최고가 포도밭으로 조카 피에르와 장 루이 생스뱅Pierre & Jean Louis Sainsevin에게 매각(1855).
1837	마리아노 발레호Mariano Vallejo(1807~1890) 장군. 멕시코인 소노마 지사. 정부로부터 포도밭을 포함한 광활한 땅을 하사받아 소노마 부근에서 상업용 포도 재배. 미국 멕시코 전쟁 후 캘리포니아 주 최초 상원의원 재직(1852). 1870년대 필록세라로 와인 생산 중단.
1839	'브라더후드 와이너리The Brotherhood Winery' 설립. 현재까지 뉴욕 주에

서 와인을 생산하고 있는 미국에서 가장 오래된 와이너리**America's Oldest Winery**. 토착 품종과 허브 향료를 가미한 옛날 와인, 프랑스 품종들과 진 판델 등도 생산.

1846 메인**Maine** 주에서 처음으로 금주 시행. 전국으로 확대.

1848 새크라멘토 인근에서 서터즈 밀**Sutter's Mill** 건축중 1월 24일 목수 제임스 마셜이 금 발견. 2월 2일 미국 멕시코 전쟁 승리로 캘리포니아 미국 영토에 합병.

1850 캘리포니아, 미국 31번째 주로 승격. 골드러시로 샌프란시스코 성장. 나파, 소노마로 확산. 1850년 인구 2만5천에서 1855년 30만으로 늘어남.

1852 '알마덴 빈야즈**Almadén Vineyards**' 설립. 에티엔 테**Étienne Thée** 프랑스에서 이주. 캘리포니아 산 호세 근처에 와이너리 설립. 사위 샤를 르프랑 **Charles Lefranc** 프랑스 품종으로 유럽식 전통적 와인 만듬. 프랑스에서 폴 마송**Paul Masson** 이주. 르프랑과 만남**(1878)**. 토착 품종 '미션**Mission**' 과 프랑스 품종 접목. 알마덴 스파클링 와인 '샴페인**Champagne**' 최초 출시**(1892)**. '캘리포니아 샴페인 왕'으로 불림. 파리 엑스포에서 수상**(1900)**.

1858 존 패체트**John Patchett(1797~1876)** 영국에서 캘리포니아로 이주. 나파 밸리 최초 상업용 포도밭과 셀러 설립. 와인 메이커로 찰스 크루그 영입 **(1858)**.

1857 아고스톤 하라즈시**Agoston Haraszthy(1812~1869)** 헝가리 귀족. 캘리포니아 소노마 정착. 발레호 장군 가족에게서 포도밭 매입**(1849)**. 캘리포니아 최초 현대적 와이너리 '부에나 비스타**Buena Vista**' 설립**(1857)**. 캘리포니아 와인 협회 대표 유럽 여행. 포도나무 묘목 350종 수입**(1861)**. '현대적 포도 재배의 아버지**The Father of Modern Viticulture**'라 불림. 방만한 경영과 필록세라로 몰락**(1867)**.

1861 '크루그 와이너리**Krug Winery**' 설립. 찰스 크루그**(1825~1892)** 프러시아에서 이주**(1847)**. 세인트헬레나에 나파 최초 상업 와이너리 설립. 발레호 가

족의 손녀와 결혼. 존 패체트와 아고스톤 하라즈시, 와인 메이커로 재직. 찰스 웬티Charles Wente, 제이콥 베린저Jacob Beringer의 스승. 체자레 몬다비에게 크루그 와이너리 매도(1943). 체자레 장남 로버트 몬다비 독립(1966). 현재 로버트 동생 피터 몬다비 가족 소유.

1873   버클리 대학, 포도 재배 양조학과 신설. UC 데이비스로 옮김(1906). 미국 필록세라 침범으로 유럽 품종 타격 받음. 보르도 국제 회의에서 미국 종 접목 공인(1881).

1879   '잉글눅 와이너리Inglenook Winery' 설립. 핀란드인 선장 구스타브 니바움 Gustave Niebaum(1842~1908) 나파 러더퍼드에 와이너리 설립. 미국 최초 보르도 스타일 와인 생산. 금주법 해제 후 국제적 명성 얻음. 영화 대부의 감독 프란시스 포드 코폴라, 잉글눅 일부 매입(1975). 니바움 코폴라Niebaum-Coppola 라벨 와인 출시(1977). 루비콘 이스테이트 와이너리 Rubicon Estate Winery로 개칭(2006). 코폴라 나머지 소유권 확보. 잉글눅 와이너리로 다시 명명(2011).

1882   '크리스천 브라더스 와이너리Christian Brothers Winery' 설립. 가톨릭 수사 교육자 협회로 프랑스에서 세인트 장 바티스트 드 라 살르St. Jean-Baptiste de La Salle가 기초 확립(1680). 세계 80여 개국 1천6백여 개 학교로 확장. 캘리포니아에서 와인 만듦(1868). 금주 시기 중 나파 밸리 몽 라 살르로 옮겨 미사용 와인 만듦(1932). 티모시 수사, 앤토니 디에너 Anthony Diener 와인 메이커(1935부터 50년간)로 재직. 세인트헬레나 북쪽 그레이스톤 셀러 매입. 생산량 늘림(1950s). 마이크 그르기치 재직(1959). 교육과 와인생산 병행의 어려움으로 몽라 살르 외 포도밭과 그레이 스톤, 상표를 주류 회사 휴블라인Heublein Inc.에 매각(1989).

1882   '샤토 몬텔레나Chateau Montelena' 설립. 알프레드 L. 텁스Alfred L. Tubbs (1827~1896) 골드러시 때 세인트헬레나 캘리스토가 북쪽 땅 매입. 알프레드 텁스 와이너리 설립. 나파에서 7번째 큰 와이너리로 성장(1896). 금주법으로 와인 생산 중단. 손자 대에 재개. 샤토 몬텔레나로 명명(1940). 중

국인 요츠 & 지니 프랑크Yort & Jeanie Frank에 매도(1958). 리 & 헬렌 파쉬치Lee & Helen Paschich 매입(1968). 변호사 짐 배럿Jim Barret과 부동산업자 어니스트 한Earnest Hahn 파트너로 영입. 마이크 그르기치 와인 메이커로 재직(1972~1977). 파리의 심판에서 1973년 샤토 몬텔레나 샤르도네 우승(1976).

1920 금주법The prohibition law 제정으로 미국 와인 위기 맞음. 금주법 전 2천 5백 개 와이너리 1백여 개로 줄어듦. 금주법 폐기(1933) 후 포도 품질 저하와 대중의 취향 변화로 값싼 저그 와인과 스위트, 강화 와인이 85퍼센트 차지함. 경제공황과 2차 세계대전을 거치며 40여 년간 와인 산업 고전. 캘리포니아 와인 연구소 등 설립이 이어지며 기초 확립.

1938 앙드레 첼리스체프André Tchelistcheff(1901~1994) 러시아 귀족 출신. 러시아 혁명(1917) 때 사관생도로 참전 후 유고슬라비아로 도피. 체코슬로바키아 농업대학, 프랑스 파스퇴르 연구소와 농업 연구소에서 포도 재배, 발효 미생물학 연구. 나파 보리우 빈야드Beaulieu Vineyard의 소유주 조르쥬 드 라투르Georges de Latour, 프랑스 방문중 앙드레와 만나 와인 메이커로 영입(1938). 보리우에서 프랑스 오크통 사용, 저온 발효, 서리 방지, 유산 발효 등 혁신 주도. '미국 와인 메이커의 대부Dean of American Winemakers'라 불림. 35년간 재직 후 은퇴(1973). 마이크 그르기치, 앙드레 조수로 재직(1961~1969).

1940 프랑크 슌메이커Frank Schoonmaker(1905~1976) 저술가, 와인 상. 미국 금주 시기 말 프랑스 와인 산지 여행. 미국 와인 라벨에 유럽식 지역 이름(버건디, 샤블리) 대신 품종 이름(피노 누아, 리슬링) 표기 권장. 로버트 몬다비가 상용한 이후 신세계 와인 라벨의 표준이 됨. '프랑크 슌메이커 셀렉션즈Frank Schoonmaker Selectons' 설립(1936). 미국 와인 시장 형성에 기여.

1943 '샤토 수버랭Chateau Souverain' 설립. 리 스튜어트J. Leland/Lee Stewart (1905~1986), 나파 밸리 하월 마운틴Howell Mountain에 설립. 초기 나파

개척자들인 몬다비 형제들, 쉬램스버그의 잭 데이비스, 크리스천 브라더스의 티모시 수사 등과 교류. 보리우의 앙드레 첼리스체프에게서 양조 학습. 1960년대 캘리포니아 주 와인 상을 휩쓸며 나파 카베르네의 지위를 격상시킴. 소노마 알렉산더 밸리로 이전(1973). 리 스튜어트 은퇴(1980). 현재 트레저 와인 이스테이트Treasure Wine Est. 버지스 셀러스Burgess Cellars.

1966   '로버트 몬다비 와이너리Robert Mondavi Winery' 설립. 부모는 이탈리아 마르케에서 미네소타로 이주. 로버트 몬다비Robert Mondavi(1913~2008) 출생. 스탠포드 대학 졸업. 아버지 체자레 몬다비Cesare Mondavi, 찰스 크루그 와이너리Charles Krug Winery 매입(1943). 로버트, 크루그 와이너리에서 독립(1965). 세인트헬레나 오크빌에 나파 밸리 최초의 현대적 대규모 와이너리 설립. 양조 기술 향상과 뛰어난 경영, 마케팅으로 캘리포니아의 와인 혁명을 주도. 소비뇽 블랑을 오크 통 숙성 한 퓌메 블랑Fume Blanc 출시(1968). 마이크 그르기치 재직(1969~1972). 바롱 필리프 드 로칠드Baron Philippe de Rothschild와 합작 오퍼스 원Opus One 출시(1984). 유럽, 남미, 호주와 합작회사 설립(1990). 경영난으로 컨스텔레이션 브랜즈Constellation Brands에 매각(2004).

1972   '스택스 립 와인 셀러스Stag's Leap Wine Cellars' 설립. 워렌 위니아스키 Warren Winiarski(1928~) 메릴랜드 세인트 존 대학 졸업. 시카고 대학에서 정치학 전공. 이탈리아에서 체류 중 와인 메이커가 되기로 결심. 나파 밸리로 이주(1964). 수버랭에서 리 스튜어트의 견습 와인 메이커. 로버트 몬다비에서 와인 메이커로 재직(1966). 캘리포니아 포도로 콜로라도에서 최초 와인 생산(1968). 나파 밸리로 돌아와 스택스 립 와인 셀러스 설립(1972). 파리의 심판에서 1973 빈티지로 레드 와인에서 1등(1976). 샤토 생 미셸Chateau ste. Michelle과 안티노리Antinori에 매각 (2007).

1975	스티븐 스퍼리어Steven Spurrier(1941~2021) 영국 와인 전문가, 와인상, 저술가, 교육자. 파리로 이주(1970). 패트리샤 갤러거Patricia Gallagher와 프랑스 최초 개인 와인 스쿨 아카데미 뒤 뱅Academie du Vin 설립(1973). '파리의 심판'(1976) 주최. 영국으로 돌아와 와인 컨설턴트, 기고가, 저술가. 디켄터 잡지 편집자. 크리스티 와인 코스Christie's Wine Course 디렉터로 활동.
1978	'그르기치 힐스' 설립. 미엔코 마이크 그르기치Miljenko "Mike" Grgic (1923~) 크로아티아 남부 달마티아 데스네 마을 출생. 자그레브 대학에서 포도 재배와 양조학 전공. 독일을 거쳐 캐나다로 망명. 리 스튜어트의 수버랭 와이너리 재직(1958). 크리스천 브라더스 와이너리Christian Brothers Winery 재직(1959~1961), 보리우 빈야즈Beaulieu Vineyards 앙드레 첼레스체프 조수(1961~1969). 로버트 몬다비 와이너리 재직(1969~1972). 샤토 몬텔레나 와인 메이커 겸 소주주(1972~1977). 1973 샤토 몬텔레나 화이트, 파리의 심판에서 우승(1976). 오스틴 힐스Austin Hills와 그르기치 힐스 셀러Grgich Hills Cellar 설립(1977). 크로아티아 독립 후 조국에 그르기츠 비나 설립(1993). 진판델 연구와 지뢰 제거 사업 지원(1998) 그르기치 힐스 이스테이트Grgich Hills Estate로 개명(2006).
1978	와인 평론가 로버트 파커Robert Parker(1947~) 〈와인 에드버킷*The Wine Advocate*〉 출간. 와인의 색, 향기, 맛, 숙성 잠재력 등 각 항목 점수를 합산하는 1백 점 점수 평가표 사용. 유럽식 포도밭 등급, 제조 방식 등 무시. 합리적이라는 평가를 받음. 세계적으로 와인 가격에 큰 영향력 끼침.
1980	미국 포도 재배 지역 AVAAmerican Viticultural Areas 시행. 품종, 재배, 생산 방법에 대한 규정은 없음. 단순한 지역 구분으로 지역마다 자율적 관리. 캘리포니아는 보당 금지, 농약 사용 규제 등이 있음. 현재 AVA는 캘리포니아 142개, 전국 258개로 점차 늘어나고 있음.
1980대	컬트 와인Cult Wine 등장. 특별한 토양과 기후를 갖춘 최고의 포도밭에서 극히 소량으로 만드는 최고 품질의 와인. 보르도 그랑크뤼 1등급을 지양

하는 최고가 와인으로 생산량보다 수요가 많아 희소가치가 높음. 중간 유통을 거치지 않고 할당 리스트에 있는 고객에게 직접 출시. 연 2천 케이스 미만 생산, 가격 2백 달러 이상, 비평가 점수 등 불문율은 있으나 절대적 기준은 아님.

1988   메리티지Meritage 상표 등록. 품종 표기를 할 수 없는 보르도 스타일의 고급 와인에 붙인 상표.(주품종 75퍼센트 이하는 품종 표기를 할 수 없음) 조셉 펠프스의 '인시그니아Insignia', 몬다비와 로칠드 합작 '오퍼스 원Opus One', 스택스 립 '캐스크 23Cask 23', 잉글 눅 '루비콘Rubicon', 하이츠 와인 셀러 '마사즈 빈야드Marth's Vineyard' 등.

2000   진판델 근원 클리예낙 카스텔란스키Crljenak Kaštelanski 발견. 그르기치 나파 도착 후 크로아티아 플라바츠 말리Plavac Mali와 진판델 유사성 인식(1958). 크로아티아 방문시 나파 진판델과 비교 확인(1993). UC 데이비스의 캐롤 메레디스 교수 크로아티아로 초청. 샘플 150개 채취. 데이비스에서 분석. 유사종으로 판명(1998). 자그레브 말레티츠 교수, 카스텔 노비 스플리트에서 클리예낙 카스텔란스키 발견. UC 데이비스의 메레디스 교수에게 보냄(2000). DNA 분석 결과 동종 판명. 플라바츠 말리는 클리예낙의 자손으로 확인(2001).

하나의 와인을 찾는 것은 하나의 별을 발견하는 것보다 더 위대한 순간이다. 우주는 별들로 가득 차 있다. – 벤자민 프랭클린

미국 주요 와이너리 설립 연도

1857	부에나 비스타Vuena Vista
1861	찰스 크루그 와이너리Charles Krug Winery
1862	쉬램스버그 빈야즈Schramsberg Vineyards
1874	서터 홈 와이너리Sutter Home Winery
1876	베린저 빈야즈Beringer Vineyards
1879	잉글눅 와이너리Inglenook Winery
1882	크리스천 브라더스 와이너리Christian Brothers Winery
1882	샤토 몬텔레나 와이너리Ch. Montelena Winery
1883	웬티 빈야즈Wente Vineyards
1885	리지 빈야즈 몬테 벨로Ridge Vineyards Monte Bello
1885	파 니엔테 와이너리Far Niente Winery
1889	마야카마스 빈야즈Mayacamas Vineyards
1895	세게지오 패밀리 빈야즈Seghesio Family Vinyards
1900	보리우 빈야드Beaulieu Vineyard
1919	샬론 빈야드Chalone Vineyard
1933	E. & J. 갤로E. & J. Gallo
1954	샤토 생 미셸Chateau Ste. Michelle
1961	하이츠 와인 셀러스Heitz Wine Cellars
1966	로버트 몬다비 와이너리Robert Mondavi Winery
1970	스택스 립 와인 셀러스Stag's Leap Wine Cellars
1972	캐이머스 빈야즈Caymus Vinyards
1972	클로 뒤 발 와이너리Clos Du Val Winery

1973   샤토 세인트 진Ch. St. Jean

1973   조셉 펠프스 빈야즈Joseph Phelps Vineyards

1973   도멘 샹동Domaine Chandon

1977   그르기치 힐스 이스테이트Gregich Hills Estate

1983   컬럼비아 크레스트Columbia Crest

주요 컬트 와인 출시 연도

1978   쉐퍼 빈야즈Shafer Vineyards

1978   그레이스 패밀리 빈야드Grace Family Vineyard

1986   달라 발레 빈야즈 Dalla Valle Vinyards

1990   할란 이스테이트Harlan Estate

1991   마카신 빈야즈Marcassin Vineyards

1991   아라우오/아이즐 빈야드Araujo/Eisele Vineyard

1992   콜긴 셀러스Colgin Cellars

1992   브라이언트 페밀리 빈야드Bryant Family Vineyard

1992   스크리밍 이글 와이너리 Screaming Eagle Winery

1994   시네 쿼 넌Sine Qua Non

2000   슈레이더 셀러스Schrader Cellars

* 미국 와인 역사는 방대한 자료 중에 이 책에 참조가 되는 캘리포니아 와인 역사를 역자가 정리하여 추가했으며, 연도는 문서에 따라 일치하지 않을 수 있습니다.

역자 후기

〈기적의 와인〉은 미국 와인에 대한 궁금증으로 자료를 뒤적이다 우연히 발견한 책이다. 현재 미국 와인은 세계적인 고급 와인으로 인정받으며, 보르도 1등급과 맞먹는 컬트 와인도 생산하고 있다. 미국이 어떻게 그 짧은 기간 동안 프랑스 와인을 따라잡을 수 있었던가는 항상 나에게서 떠나지 않던 의문이었다.

지금은 세계 어느 곳에서라도 프랑스 와인을 능가하는 와인을 만들 수 있다는 사실을 누구도 부정하지 않는다. 그러나 1976년 '파리의 심판'에서 미국 와인이 우승하여 세계의 이목을 집중시키는 극적인 반전을 이루기 전에는, 신세계 와인이 유럽 와인과 나란히 경쟁할 수 있으리라고는 아무도 생각하지 못했다.

어떤 문화 현상도 한 면으로만 설명되지 않듯이 와인도 간단히 정의하기는 어렵다. 미국 와인이 발전하게 된 원동력은 아마 풍부한 자본과 기술, 넓은 땅, 전통에 얽매이지 않는 자유로운 사회 등 요인들이 작용했을 것이다. 그러나 이 모든 것보다 더 중요한 것은 와인을 만드는 사람들임을 이 책을 읽으며 다시 깨우쳤다. 인간의 삶은 본성과 가족, 환경, 그가 속한 사회와 정치적 상황 등에 의해 형성된다. 이 책은 와인과 일체가 된 한 와인 메이커의 삶을 통해, 한 잔의 와인 속에 숨어있는 이야기들을 드러내고 있다.

마이크 그르기치는 31세에 크로아티아에서 자유의 나라 미국으로 망명한다. 그의 성공은 미국 와인이 전성기를 향해 발전해 가는 시기에, 캘리포니아의 와인 중심지인 나파에 정착했기 때문이라고 역설적으로 말할 수도 있다. 하지만 그는 당대의 열정적인 와인 메이커들을 만나 배우며 함께 일할 수 있었던 행운을 성공의 중요한 열쇠로 꼽는다. 위대한 와인을 만드는 특별한 기술이나 숨겨진 비책은 없다. 그르기치가 늘 말하듯 포도나무는 주인의 발자국 소리를 듣고 자란다. 과거에도 미래에도 자신의 영혼을 와인 속에 불어 넣을 수 있는 창조적인 예술가만이 위대한 와인을 만들 수 있을 것이다.

이 책이 한국에서 최초로 번역 출판될 수 있도록 기꺼이 협조해 주신 바이올렛 그르기치Violet Grgich(그르기치 힐스 대표)와, 와인 수입 담당 이수현 님의 도움에 감사드린다. 크로아티아 대사관의 다미르 쿠셴 대사님과 양인모 명예 대사님, 추천의 글을 써 주신 마르코 조르치츠 영사님과 김희영 비서관님의 도움에 감사드린다. 특히 김준철 원장님의 노고와 배려에 감사를 드리고 싶다. 1980년대에 캘리포니아 프레즈노 대학에서 양조학을 수학하신 경험과, 미국 와인에 대한 해박한 지식과 강의를 들으며 이 책의 완성도를 높일 수 있었다.

또 가까이에서 도움을 아끼지 않는 남편 구대열 교수, 딸 하원, 사위 김태성, 예쁜 혜진, 동진의 사랑으로 번역에 집중할 수 있었다. 항상 응원해 주시는 가족과 친구들, 즐거운 시간을 함께 하는 와달, 와이니아, BB포럼 회원님들과, 꾸준히 출판을 위해 수고해 주시는 가산출판사 이종헌 대표님께 감사드린다.

박 원 숙

2021년 12월

기적의 와인
'파리의 심판'과 미국 와인 이야기

2021년 12월 26일 초판 발행

저자 미엔코 마이크 그르기치 **역자** 박원숙 **발행인** 이종헌
발행처 가산출판사 **출판 등록** 1995년 12월 7일(제10-1238호)
주소 서울시 서대문구 모래내로 83 / TEL (02) 3272-5530 / FAX (02) 3272-5532
E-mail tree620@nate.com

ISBN 978-89-6707-018-2 03900